7ª edição revista e atualizada

Projeto gráfico Moema Cavalcanti

Nelly Novaes Coelho (1922-2017) foi
Professora Titular de Literatura Portuguesa
e Literatura Infantil e Juvenil
da Universidade de São Paulo

CB053147

© NELLY NOVAES COELHO 2000

COORDENAÇÃO EDITORIAL: Maristela Petrili de Almeida Leite
ASSISTÊNCIA EDITORIAL: Marcelo Gomes
EDIÇÃO E PREPARAÇÃO DE TEXTO: Adalberto Luís de Oliveira
DIGITAÇÃO: Rosa Chadu Dalbem
COORDENAÇÃO DA REVISÃO: Estevam Vieira Lédo Jr.
REVISÃO: José Gabriel Arroio
GERÊNCIA DE PRODUÇÃO GRÁFICA: Wilson Teodoro Garcia
EDIÇÃO DE ARTE E PROJETO GRÁFICO: Moema Cavalcanti
CAPA: Moema Cavalcanti
ILUSTRAÇÕES: Eva Furnari, Claudia Scatamacchia, Avelino Guedes, Odilon Moraes, Leninha Lacerda, Fernando Pisani, Rogerio Borges e Lúcia Brandão
EDITORAÇÃO ELETRÔNICA: Solange de Souza
SAÍDA DE FILMES: Helio P. de Souza Filho, Luiz A. da Silva
COORDENAÇÃO DO PCP: Fernando Dalto Degan
IMPRESSÃO E ACABAMENTO: Log&Print Gráfica, Dados Variáveis e Logística S.A.
CÓDIGO: 12026310
LOTE: 797375

Dados Internacionais de Catalogação na Publicação (CIP)
(Câmara Brasileira do Livro, SP, Brasil)

Coelho, Nelly Novaes
　　Literatura infantil : teoria, análise,
didática / Nelly Novaes Coelho. — 1. ed. —
São Paulo : Moderna, 2000.

　　Bibliografia.

　　1. Literatura infantojuvenil – História e
crítica 2. Literatura infantojuvenil brasileira –
História e crítica 3. Livros e leitura para
crianças I. Título.

ISBN 85-16-02631-0

00-2107   CDD-809.89282

Índices para catálogo sistemático:
1. Literatura infantil : História e crítica   809.89282

Reprodução proibida. Art.184 do Código Penal e Lei 9.610 de 19 de fevereiro de 1998.

Todos os direitos reservados

EDITORA MODERNA LTDA.
Rua Padre Adelino, 758 - Belenzinho
São Paulo - SP - Brasil - CEP 03303-904
Vendas e Atendimento: Tel. (11) 2790-1300
www.modernaliteratura.com.br
2025

Impresso no Brasil

Uma questão de terminologia

Para facilitar a exposição das ideias, usaremos o rótulo geral Literatura Infantil ou Infantil/Juvenil (LIJ) para indicar tanto os livros *infantis* (destinados a pré-leitores, leitores iniciantes e leitores-em-processo), como os *infantojuvenis* (para os leitores fluentes) e os *juvenis* (para leitores críticos). Só quando for necessário especificar, lançaremos mão dos demais rótulos citados.

Todos os que lidam com essa literatura não-adulta conhecem as dificuldades de se encontrar um termo abrangente que não falseie a matéria por ele nomeada. Devido a essa mesma dificuldade, usaremos o termo *criança* para indicar, na generalidade, o pequeno leitor (o ser em formação ou em processo de aprendizagem da vida e da cultura), para quem tal literatura é criada ou produzida. Obviamente não nos preocupamos aqui com as irredutíveis diferenças que fazem de cada criança um caso especial...

A utilização dos direitos autorais de J. U. Campos
foi autorizada por Monteiro Lobato Licenciamentos.
Todos os direitos reservados.

Colaboraram também com a autorização para utilização
de imagens: Eva Furnari (p. 3, 5, 6, 64, 150, 186, 217,
288 e capa); Claudia Scatamacchia (p. 46, 163, 221);
Avelino Guedes (p. 92); Odilon Moraes (p. 196, 275);
Leninha Lacerda (p. 14); Fernando Pisani (p. 12, 13);
Rogério Borges (p. 184, 185).

Ilustrações cedidas pela Família Monteiro Lobato e pelos
autores do livro *Monteiro Lobato: Furacão na Botocúndia*
(São Paulo, Ed. Senac) p. 9, 62, 63, 285.

*Para todas
as crianças,
aprendizes
e continuadoras
da Vida.*

Sumário

Introdução *9*

PRIMEIRA PARTE: A literatura infantil e seus caminhos
1. A literatura infantil: abertura para a formação de uma nova mentalidade *14*
A escola, espaço privilegiado para o encontro entre o leitor e o livro *16*
Pressupostos para um projeto de ensino/estudo da literatura infantil *17*
"Geleia geral" x literatura infantil x formação de nova mentalidade *18*
A natureza da literatura infantil *27*
A literatura e os estágios psicológicos da criança *32*
    O pré-leitor *33*; O leitor iniciante *34*; O leitor-em-processo *36*; O leitor fluente *37*; O leitor crítico *39*
O popular e o infantil *40*
Relações entre história e natureza *42*
A permanência da literatura arcaica nas formas folclóricas e infantis *44*
2. Literatura infantil: arte literária ou pedagógica? *46*
Literatura e consciência de mundo *49*
A literatura infantil ideal: realista ou fantasista? *51*
O maravilhoso e a formação do espírito infantil *54*
A crítica e a literatura infantil *57*
Critérios e modalidades de crítica literária *59*

SEGUNDA PARTE: Uma gramática da literatura infantil
1. Matéria e forma de literatura *64*
O fenômeno literário: a invenção, a palavra e o livro *64*
A matéria literária e seus fatores estruturantes *66*
    O narrador *67*; O foco narrativo *68*; A história *70*; A efabulação *71*; O gênero narrativo *71*; O conto *71*; A novela *72*; O romance *73*; A personagem *74*; O espaço *76*; As funções do espaço *77*; O tempo *79*; A linguagem narrativa *81*; Técnicas ou processos narrativos *83*; A descrição *83*; A narração *83*; O diálogo *85*; O monólogo *86*; Comentário, dissertação, digressão *88*; O leitor ou o ouvinte *89*
2. Da teoria à análise do texto *92*
Da narrativa primordial ao estilo literário para crianças *93*
Textos representativos da narrativa primordial *96*
    Calila e Dimna 96; *Fábulas de Esopo 97*; *Fábulas de La Fontaine 98*; *Contos de Mamãe Gansa 99*; *Contos de Fada para Serões e para Crianças 101*; *Contos de Andersen 102*
Características estilísticas e estruturais da narrativa primordial novelesca *102*

A análise estrutural dos contos de fada e contos maravilhosos *109*
  A Dama e o Leão 111; A Guardadora de Gansos 112; A Donzela Que Não Tinha Mãos 113; O Alfaiate Valente 114; O Semeador 115
Elos entre a literatura e a vida *116*
Da narrativa maravilhosa para a narrativa realista *118*
Textos representativos do estilo literário romântico (séc. XVIII/séc. XIX) *119*
  Aventuras de Robinson Crusoé 119; Viagens de Gulliver 121; Novos Contos de Fada 124; Alice no País das Maravilhas 126; Vinte Mil Léguas Submarinas 127; As Aventuras de Pinóquio 130; Coração 131
Características estilísticas/estruturais da literatura infantil/juvenil romântica *132*
Características estilísticas/estruturais da literatura infantil/juvenil no Brasil: do séc. XIX ao Modernismo *138*
  Lobato e a fusão do real com o maravilhoso *138; A Menina do Narizinho Arrebitado 140; Reinações de Narizinho 141; Emília 143*
3. A literatura infantil/juvenil brasileira no século XX 150
Características estilísticas/estruturais da literatura infantil/juvenil contemporânea *151*
  Efabulação *151;* Seqüência narrativa *152;* Personagens-tipo *152;* Forma narrativa *152;* Voz narradora *153;* Ato de contar *153;* Tempo *153;* Espaço *153;* Nacionalismo *154;* Exemplaridade *154;* Humor *155;* Realismo/verdade/fantasia *155;* Apelo à visualidade *155*
Linhas ou tendências da literatura infantil/juvenil contemporânea *155*
  1. Linha do Realismo Cotidiano 156
  Realismo crítico *156;* Realismo lúdico *157;* Realismo humanitário *157;* Realismo histórico (ou memorialista) *158;* Realismo mágico *158*
  2. Linha do Maravilhoso 158
  Maravilhoso metafórico (ou simbólico) *159;* Maravilhoso satírico *159;* Maravilhoso científico *159;* Maravilhoso popular ou folclórico: contos, lendas e mitos *160;* Maravilhoso fabular *160*
  3. Linha do Enigma ou Intriga Policialesca 160
  4. Linha da Narrativa por Imagens 161
  5. Linha dos Jogos Linguísticos 162
4. A literatura infantil: gênero ou forma? 163
Os gêneros e os subgêneros *163*
Formas simples *164*
  A fábula *165;* O apólogo *168;* A parábola *168;* A alegoria *168;* O mito *168;* A lenda *171*
O conto e seus caminhos *172*
  Conto maravilhoso *172;* Conto de fada *173;* As fadas e a imagem arcana da mulher *176*
As constantes das narrativas maravilhosas *177*
  A onipresença da metamorfose *177;* O uso de talismãs *178;* A força do Destino *178;* O desafio do mistério ou do interdito *178;* A reiteração dos números *179;* Magia e divindade *179;* Os valores ético-ideológicos *179*
Categorias de conto *181*
  Contos exemplares *181;* Contos jocosos *181;* Facécias *181;* Contos religiosos *182;* Contos etiológicos *182;* Contos acumulativos *183*

TERCEIRA PARTE: A literatura infantil – o visual e o poético
1. O álbum de figuras (ou o livro de estampas) e sua dupla tarefa: recreativa e pedagógica 186

Os "Álbuns du Père Castor" (Álbuns do Pai Castor) *186*
Os livros infantis e o desenvolvimento da criança *189*
O "Atélier du Père Castor" *193*
2. Da linguagem iconográfica à verbal *196*
Imagem/Texto/Leitor *198*
   Pré-leitor *198*; *A Bota do Bode 199*; *Todo Dia 200*; *De Vez em Quando 201*; Leitor iniciante *201*; *Gato Que Pulava em Sapato 202*; *Macaquinho 203*; *De Ponta Cabeça 204*; *Lúcia-já-vou-indo 204*; *Assim Assado 205*; *O Tubo de Cola 206*; *Se as Coisas Fossem Mães 206*; *De Hora em Hora 208*; Leitor-em-processo *208*; *Sem Pé nem Cabeça 209*; *A Terrível Arma Verde 209*; João x Sultão *210*; *Nossa Rua Tem um Problema 210*; *O Último Broto 211*
Ideia-eixo x construção formal *212*
   Ideias-eixo *213*
3. Histórias em quadrinhos *217*
4. A poesia destinada às crianças *221*
A poesia e seus mediadores *223*
A poesia tradicional: sentimental e exemplar *223*
   Autores portugueses (séc. XIX): João de Deus/Antero de Quental/Adolfo Simões Müller *226*
   Autor brasileiro (início do séc. XX): Olavo Bilac *227*
Os clichês poéticos *231*
Cantigas folclóricas *231*
A ruptura modernista e a poesia infantil: a defasagem entre uma e outra *235*
Modernismo e Ensino *238*
Poesia infantil dos anos 40 *241*
Poesia infantil a partir dos anos 60/70 *243*
   A Televisão da Bicharada 243; *Ou Isto ou Aquilo 244*; *Caderno de Capazul 246*; *Arca de Noé 248*; *Pé de Pilão 248*
A poesia como desconstrução e construção – a eclosão criativa dos anos 70/80 *249*
A poesia para crianças e adolescentes no início do terceiro milênio *251*
Caminhos e tendências *253*
   O jogo lúdico com palavras e ideias *253*; A busca da identidade: a conscientização do próprio "eu" em relação com o "outro" *255*; O alerta solidário: poesia de conscientização humanitária *256*; Narrativas em verso *259*; O jogo lúdico dos sons, ritmos e pensamentos *263*; O resgate das origens: a reinvenção do lastro popular arcaico *263*; Flagrantes da vida citadina *265*; Apelo à visualidade gráfica do poema: o jogo entre a ideia e sua representação verbal estruturada em imagem *266*
A linguagem poética e sua importância educacional *267*
   Hipóteses de leituras *268*; Da *leitura horizontal* para a *leitura vertical 270*; Questões de reflexão e análise *272*; Pesquisa original *273*
Bibliografia *275*
Obras clássicas *275*
Bibliografia de apoio *275*
Bibliografia de literatura infantil *277*
Bibliografia comentada *279*
Índice de autores e personagens *285*

Introdução

Revisão e atualização são exigências inevitáveis dos livros que se pretendem sintonizados com o contemporâneo, isto é, com as transformações em curso do novo milênio. É o caso desta *Literatura Infantil*, que começou a ser pensada em fins dos anos 70, em meio à efervescência dos debates (Congressos, Seminários, Simpósios nacionais e internacionais) em torno da literatura destinada às crianças e sua importância como formadora das mentes infantis. Debates que se acirravam, principalmente ao denunciarem a defasagem existente entre as novas propostas (ou leituras de mundo) implícitas na Nova Literatura Infantil, que surgia com o *boom* dos anos 70, e a literatura preconceituosa ou "menor" que ainda predominava nas escolas, através de manuais e procedimentos didáticos já superados.

Era um momento de transformações evidentes que atingiam, ao mesmo tempo, o âmbito da *criação literária* e o da *educação e ensino*. Foi dentro desse contexto que, circunstancialmente, desviamos nossa atenção da literatura "adulta" (que, desde os anos 60, vinha sendo nossa área oficial de trabalho na USP), para investigarmos a chamada literatura "infantil" (por ser destinada às crianças). Desse "desvio", surgiu-nos um novo caminho de pesquisa. Em 1979, propusemos a criação da disciplina Literatura Infantil/Juvenil, na área de Letras da Faculdade de Filosofia, Letras e Ciências Humanas da Universidade de São Paulo. A partir de 1980, a disciplina passou a integrar o elenco dos cursos de Letras em nível de graduação e, a partir de 1990, em nível de pós-graduação.

Entre 1979 e 1980, escrevemos a primeira versão desta *Literatura Infantil* (publicada em 1981). Posteriormente, essa primeira versão foi desdobrada em dois volumes independentes: *Literatura Infantil* e *Panorama Histórico da Literatura Infantil/Juvenil*, publicados em 1984. Completando esses estudos gerais com uma pesquisa sobre a produção de LIJ no Brasil, publicamos, em 1983, o *Dicionário Crítico de Literatura Infantil/Juvenil Brasileira*. A seguir, *O Conto de Fadas* (1987). As sucessivas reedições desses títulos receberam sempre pequenos acréscimos ou cortes, sem que as intenções e estruturas originais fossem alteradas.

Fiel à nossa linha de trabalho, fundamentamos as pesquisas e análises, de que resultaram as obras acima referidas, em duas ideias básicas:

1. Literatura é um *fenômeto de linguagem* plasmado por uma *experiência vital/cultural* direta ou indiretamente ligada a determinado contexto social e à determinada tradição histórica.

2. Literatura é *arte* e, como tal, as relações de aprendizagem e vivência, que se estabelecem entre ela e o indivíduo, são fundamentais para que este alcance sua formação integral (sua consciência do *eu + o outro + mundo*, em harmonia dinâmica).

Em relação a essa formação, pode-se afirmar que a literatura é a mais importante das artes, pois sua matéria é a *palavra* (o pensamento, as ideias, a imaginação), exatamente aquilo que distingue ou define a *especificidade do humano*. Além disso, sua eficácia como instrumento de *formação do ser* está diretamente ligada a uma das atividades básicas do indivíduo em sociedade: a *leitura*.

A despeito das muitas discordâncias que, hoje, se defrontam no âmbito do Ensino, principalmente quanto aos métodos ou objetivos do ensino/aprendizagem da leitura e escrita, um fator permanece comum a todos: a certeza de que o *domínio da leitura* pelo indivíduo é um fenômeno que ultrapassa de muito a mera *alfabetização*. Ou melhor, a alfabetização deixou de ser vista como simples aquisição de habilidade mecânica (que se desenvolve ao nível superficial do texto), para ser entendida como possibilidade de penetração no mundo da cultura atual, em acelerado processo de transformações estruturais.

Embora vivamos em plena *era da imagem e do som*, o livro continua a ser o instrumento ideal no processo educativo (ou pelo menos, deveria ser...). Notemos que não há meio de comunicação de massa *eficaz* que não tenha, como fundamento, um *texto*, isto é, uma rede de ideias que só as palavras podem expressar. Sem palavra que a *nomeie*, não há imagem que se *comunique* com eficácia; pois, sem corresponder a uma *representação mental/verbal* na mente do espectador, a imagem não significa nada.

Daí a importância dada atualmente à *iniciação lúdica do pré-leitor* no mundo da literatura, mesmo antes de iniciado o processo de sua alfabetização. Nessa ordem de ideias, torna-se claro que a formação do pequeno leitor deve começar bem cedo e prosseguir em gradativo aprofundamento até o final de seu ciclo de estudos na escola. É de notar, ainda, que a escola está sendo entendida, atualmente, como o grande *espaço de iniciação* à vida que a cada um cumpre viver em seu meio social. Dessa iniciação depende que o convívio essencial do educando com o livro (ou a leitura) possa continuar fecundo pela vida afora. Daí a atual preocupação dos estudiosos, pesquisadores, educadores e organismos educacionais com a literatura para as novas gerações, à medida que ela vem sendo redescoberta também como o grande *espaço de convergência das multilinguagens* que se cruzam no cenário contemporâneo.

Foi através dessa ótica que os caminhos deste livro foram abertos. Embora aparentemente independentes, todas as suas partes estão essencialmente relacionadas entre si.

São Paulo, julho de 2000.

PRIMEIRA PARTE

A literatura infantil e seus caminhos

Chegamos ao ponto em que temos de educar as pessoas naquilo que ninguém sabia ontem, e prepará-las para aquilo que ninguém sabe ainda, mas que alguns terão que saber amanhã.
MARGARET MEAD, 1968

1  A literatura infantil: abertura para a formação de uma nova mentalidade

Há qualquer coisa no ar. Um fantasma circula entre nós nestes anos 80; o pós-modernismo. Uma vontade de participar e uma desconfiança geral. [...] *Video games* em casa, auroras de *laser* na danceteria. Nietzsche e Boy George comandam o desencanto radical. Nessa geleia total, uns veem um piquenique no jardim das delícias; outros, o último tango à beira do caos. [...] O pós-modernismo invadiu o cotidiano com a tecnologia eletrônica de massa e individual, visando a sua *saturação* com informações, diversões e serviços. Na Era da Informática, que é o tratamento computadorizado do conhecimento e da informação, lidamos mais com *signos* do que com *coisas*. [...]
Enfim, o pós-modernismo ameaça encarnar hoje estilos de vida e de filosofia nos quais viceja uma ideia tida como arquisinistra: o *niilismo,* o nada, o vazio, a ausência de valores e de sentido para a vida. (Jair Ferreira dos Santos, 1986.)

É esse o belo/horrível contexto cultural que, atualmente, através de mil meios de comunicação, se oferece como brilhante e equívoco caminho de vida aos adultos, adolescentes e crianças.

Apesar de sermos cidadãos do Terceiro Mundo, vivemos sob o influxo das forças que comandam as sociedades mais avançadas (Estados Unidos, Europa, Japão). Daí os desequilíbrios sociais que definem a realidade brasileira. Em todas as áreas, estudiosos sociais analisam os vários ângulos dos imensos problemas que aí estão à espera de solução. Mas bem sabemos que esta só virá a médio e longo prazo. O mundo está passando por uma das maiores transformações de sua história; e nós, dentro dele, vivemos também as nossas...

Em face dessa realidade concreta e desafiante, torna-se cada vez mais urgente uma nova reflexão sobre a Educação e o Ensino, pois é nessa área que os novos princípios ordenadores da sociedade serão definidos, equacionados e transmitidos a todos, para que uma nova civilização se construa num amanhã próximo (ou longínquo?).

Desde os anos 70/80, as experiências, debates e propostas para reformas educacionais vêm-se multiplicando de maneira significativa, principalmente no âmbito da Língua e da Literatura. E com especial cunho polêmico na área da Literatura Infantil.

Tal predominância pode parecer absurda aos "distraídos" que ainda não descobriram que a verdadeira evolução de um povo se faz ao *nível da mente,* ao nível da consciência de mundo que cada um vai assimilando desde a infância. Ou ainda não descobriram que o caminho essencial para se chegar a esse nível é a palavra. Ou melhor, é a literatura – verdadeiro microcosmo da vida real, transfigurada em arte. Essa afirmação, porém, é ainda questionada. As atitudes em face do problema divergem, e uma das perguntas mais freqüentes que se ouve é: Haverá lugar para a literatura infantil (ou para a literatura em geral) nesse mundo da informática que nos invadiu com força total?

Estamos com aqueles que dizem: Sim. A literatura, e em especial a infantil, tem uma tarefa fundamental a cumprir nesta sociedade em transformação: a de servir como agente de formação, seja no espontâneo convívio leitor/livro, seja no diálogo leitor/texto estimulado pela escola.

É ao livro, à palavra escrita, que atribuímos a maior responsabilidade na formação da consciência de mundo das crianças e dos jovens. Apesar de todos os prognósticos pessimistas, e até apocalípticos, acerca do futuro do livro (ou melhor, da literatura), nesta nossa era da imagem e da comunicação instantânea, a verdade é que a *palavra literária escrita* está mais viva do que nunca. (Que o diga o *boom* da literatura infantil, entre nós, a partir dos anos 70.) E parece já fora de qualquer dúvida que nenhuma outra *forma de ler o mundo dos homens* é tão eficaz e rica quanto a que a literatura permite.

Como sabemos, o impulso para "ler", para observar e compreender o espaço em que vive e os seres e as coisas com que convive, é condição básica do ser humano. Desde que a inteligência humana teve condições para organizar, em conjunto coerente, as formas e situações enfrentadas pelos homens em seu dia a dia, estes foram impelidos a registrar, em algo durável, aquelas experiências fugazes. A descoberta da arte das cavernas, de há 12 ou 15 mil anos, feita pelos arqueólogos, mostra, de maneira inequívoca, esse impulso essencial que leva o homem a expressar através de uma forma (realista ou alegórica) suas experiências de vida.

Ao estudarmos a história das culturas e o modo pelo qual elas foram sendo transmitidas de geração para geração, verificamos que a literatura foi o seu principal veículo. *Literatura oral* ou *literatura escrita* foram as principais formas pelas quais recebemos a herança da Tradição que nos cabe transformar, tal qual outros o fizeram, antes de nós, com os valores herdados e por sua vez renovados.

É no sentido dessa transformação necessária e essencial (cujo processo começou no início do século XX e agora chega, sem dúvida, às etapas finais e decisivas) que vemos na literatura infantil o agente ideal para a formação da nova mentalidade que se faz urgente.

A ESCOLA, ESPAÇO PRIVILEGIADO PARA O ENCONTRO ENTRE O LEITOR E O LIVRO

Nossa linha de trabalho assenta no princípio de que a escola é, hoje, o *espaço privilegiado,* em que deverão ser lançadas as bases para a formação do indivíduo. E, nesse espaço, privilegiamos os *estudos literários,* pois, de maneira mais abrangente do que quaisquer outros, eles estimulam o exercício da mente; a percepção do real em suas múltiplas significações; a consciência do eu em relação ao outro; a leitura do mundo em seus vários níveis e, principalmente, dinamizam o estudo e conhecimento da *língua,* da expressão verbal significativa e consciente – condição *sine qua non* para a plena realidade do ser.

Essa nova valorização do espaço-escola não quer dizer, porém, que o entendemos como o sistema rígido, reprodutor, disciplinador e imobilista que caracterizou a escola tradicional em sua fase de deterioração. Longe disso. Hoje, esse espaço deve ser, ao mesmo tempo, *libertário* (sem ser anárquico) e *orientador* (sem ser dogmático), para permitir ao ser em formação chegar ao seu *autoconhecimento* e a *ter acesso ao mundo da cultura* que caracteriza a sociedade a que ele pertence.

No que diz respeito às atividades com a literatura e a expressão verbal, o espaço-escola deve se diversificar em dois ambientes básicos: o de *estudos programados* (sala de aula, bibliotecas para pesquisa, etc.) e o de *atividades livres* (sala de leitura, recanto de invenções, oficina da palavra, laboratório de criatividade, espaço de experimentação, etc.).

Evidentemente, essa dualidade de ambientes (o programado e o livre) corresponde às duas faces básicas da formação visada: a que exige do educando a *assimilação de informações e conhecimentos* para integrá-los em um determinado conjunto coerente do saber, e a que deve *estimular ou liberar as potencialidades* específicas de cada um deles. Dos anos 70 para cá, cada vez mais se acentua a necessidade de se atribuir à escola e à literatura essa dupla responsabilidade. Entretanto, como bem sabemos, entre a conscientização do problema e sua perfeita equação/resolução, medeia um longo caminho (e muitas veredas falsas...) a ser percorrido.

No sentido de contribuir para a experimentação que se faz necessária, registramos a seguir alguns dos princípios que nos serviram de diretrizes para a organização da matéria reunida neste livro.

PRESSUPOSTOS PARA UM PROJETO DE ENSINO/ ESTUDO DA LITERATURA INFANTIL

1. Concepção da criança como um *ser educável:* o ser humano é (ou deve ser) um aprendiz de cultura, enquanto dura o seu ciclo vital.
2. Concepção da literatura como um *fenômeno de linguagem* resultante de uma experiência existencial/social/cultural.
3. Valorização das *relações* existentes entre literatura, história e cultura.

4. Compreensão da leitura como um *diálogo* entre leitor e texto, atividade fundamental que estimula o ser em sua globalidade (emoções, intelecto, imaginário, etc.), e pode levá-lo da *informação imediata* (através da "história", "situação" ou "conflito"...) *à formação interior,* a curto, médio ou longo prazo (pela fruição de emoções e gradativa conscientização dos valores ou desvalores que se defrontam no convívio social).

5. Compreensão da escrita como *ato-fruto* da leitura assimilada e/ou da criatividade estimulada pelos dados de uma determinada cultura.

6. Certeza de que os *meios didáticos* (métodos, processos, estratégias, técnicas...) são *neutros.* Isto é, sua eficácia depende do *grau de conhecimento* da matéria que o usuário possua; da *adequação* entre esses meios didáticos e a matéria a ser trabalhada, e da *intencionalidade* de quem os escolhe e manipula.

7. Certeza de que a escola é o *espaço privilegiado,* em que devem ser colocados os *alicerces* do processo de autorrealização vital/cultural, que o ser humano inicia na infância e prolonga até a velhice.

Diante desse elenco de princípios ou pressupostos educacionais, ressalta a responsabilidade da escola e, acima de tudo, do professor.

"GELEIA GERAL" × LITERATURA INFANTIL × FORMAÇÃO DE NOVA MENTALIDADE

Aqui voltamos ao ponto inicial deste capítulo – a literatura infantil: abertura para a formação de uma nova mentalidade. Seguindo a ordem de ideias acima expostas, e defendendo a literatura infantil como agente formador, por excelência, chega-se à conclusão de que o professor precisa estar "sintonizado" com as transformações do momento presente e reorganizar seu próprio conhecimento ou consciência de mundo, orientado em três direções principais: da literatura (como leitor atento), da realidade social que o cerca (como cidadão consciente da "geleia geral" dominante e de suas possíveis causas) e da docência (como profissional competente).

Nos capítulos que se seguem, selecionamos matérias que nos parecem básicas para o estudo e/ou ensino da Literatura Infantil. E como esta, em nossa época, tornou-se um dos campos em que estão sendo *semeados valores* que, sem dúvida, integrarão a *nova mentalidade* futura, encerramos estas considerações com um levantamento dos principais conceitos e padrões de pensamento ou de comportamento que se defrontam, hoje, no caos de nossa civilização em mudança. Referimo--nos aos chamados "valores tradicionais" (consolidados pela sociedade romântica no séc. XIX) e aos "valores novos" (gerados em reação aos antigos, mas que ainda não foram equacionados em sistema). Uns e outros determinaram (ou determinam) a *temática* e as *peculiaridades formais* que diferenciam as literaturas de ontem e de hoje.

Esperamos que tal confronto possa ajudar os jovens professores a se situarem, *criticamente,* diante da realidade histórica/social/cultural que os cerca, e poderem relacioná-la com a Tradição herdada pelo nosso século, mas hoje em plena desagregação.

O TRADICIONAL	O NOVO
1 Espírito individualista	1 Espírito solidário
2 Obediência absoluta à Autoridade	2 Questionamento da Autoridade
3 Sistema social fundado na valorização do **ter** e do **parecer**, acima do **ser**	3 Sistema social fundado na valorização do **fazer** como manifestação autêntica do **ser**
4 Moral dogmática	4 Moral da responsabilidade ética
5 Sociedade sexófoba	5 Sociedade sexófila
6 Reverência pelo passado	6 Redescoberta e reinvenção do passado
7 Concepção de vida fundada na visão transcendental da condição humana	7 Concepção de vida fundada na visão cósmica/ existencial / mutante da condição humana
8 Racionalismo	8 Intuicionismo fenomenológico
9 Racismo	9 Antirracismo
10 A Criança: "adulto em miniatura"	10 A Criança: ser-em-formação ("mutantes" do novo milênio)

O Tradicional

1. O *individualismo* e suas verdades absolutas são a pedra angular do sistema. Tudo na sociedade tradicional (cristã, liberal, burguesa, prag-mática, progressista, capitalista, patriarcal) parte do *indivíduo* e nele tem seu maior sustentáculo. Embora ideais generosos visassem o benefício da coletividade, na prática, o individualismo forte e competitivo, que era a base do sistema, acabou por se transformar no poder absoluto das minorias.

Na literatura, essa valorização ideal do indivíduo está patente nas características dos heróis ou personagens românticos: todos eles, seres de exceção, modelos das qualidades e virtudes consagradas pela Sociedade, como padrões ideais a serem imitados.

Desse modelo surgem, na literatura para crianças e jovens, os grandes heróis aventureiros, os tipos corajosos, invencíveis, verdadeiros super-homens que hoje se transformaram nos *super-men* que invadiram as histórias em quadrinhos e os filmes da TV.

Transportada para a vida cotidiana, essa estrutura de herói vai-se transformando no personagem modelar de que a Literatura Infantil/Juvenil Tradicional está povoada. Como exemplares dessa estrutura, e que muita influência exerceram entre nós, na primeira metade do século, lembramos apenas *Coração*, de Edmundo De Amicis; a obra de Condessa de Ségur e a longa linhagem de seus "descendentes" que chegam até os nossos dias, apesar do novo modelo proposto por Monteiro Lobato, nos anos 20/30. Pesquisar essa "linhagem" é dos trabalhos urgentes a serem feitos.

2. Obediência absoluta aos valores, padrões, tabus ou ideais consagrados pelo poder ou pelo saber da autoridade (Igreja, governo, patrão, pai, esposo). Tal dogmatismo, que transformou a "autoridade" em "autoritarismo", derivou da crença de que o sistema elaborado era perfeito. Portanto, para o seu pleno sucesso na prática, só haveria um caminho para os homens: obediência absoluta às autoridades detentoras do saber e do poder.

Observar, na literatura para crianças, o domínio quase absoluto da *exemplaridade;* da rigidez de limites entre certo/errado, bom/mau; etc.

3. O *sistema social* sobrepõe o ter ao fazer e ao ser. Quanto às *classes*: valoriza as minorias privilegiadas pela fortuna; respeita o saber dos que ascenderam socialmente pelo estudo (profissões liberais) e incentiva o paternalismo (como compensação ao desequilíbrio social). Quanto ao *trabalho* (base de todo o sistema social), é visto de maneira dual: de um lado, o ideal democrata que *valoriza o trabalho* como fenômeno de realização do indivíduo (ideal que, na prática, resultou na escravização da massa assalariada a uma vida sem perspectiva de ascensão social); de outro lado, o ideal aristocrata que *valoriza os privilegiados,* donos de bens de raiz ou de fortuna, que não precisam exercer trabalho remunerado. (Dualismo que, sob as mais diversas formas, continua vivo em nossos dias.) Quanto *à família:* a autoridade suprema e decisória é exercida pelo homem, enquanto a responsabilidade pelo comportamento dos filhos ou pelo funcionamento ideal da família e do lar é atribuída à mulher.

Note-se que essa *superioridade do homem,* patente no plano da vida prática, corresponde à *idealização da mulher* no plano dos valores ideais conforme se vê na literatura, num prolongamento evidente da valorização da mulher, iniciada na Idade Média através do *código do amor cortês.* Na literatura para crianças, todas essas características aparecem de maneira evidente, quase caricata, reforçando os limites entre o que é próprio da mulher e do homem.

4. Moral dogmática, maniqueísta, de caráter religioso, isto é, assentada na *avaliação transcendente* da conduta humana − prêmio à virtude ou castigo ao vício, a serem concedidos no além-vida.

Na literatura para crianças, essa moral aparece na rigidez da *conduta certa* ou *errada,* que se condensa na *moral da história* ou no prêmio ou castigo recebidos pelas personagens.

5. Sociedade sexófoba. Resultante dessa ética de base religiosa, consolida--se uma sociedade que *estigmatizou o sexo como pecado,* proibindo terminantemente sua fruição fora do casamento e fora da intenção de procriar. Tal interdição (consagrada pelo Concílio de Trento, no séc. XVI, e até hoje não revogada pela Igreja) transformou um *ato natural* em *ato moral*. Vigente na sociedade tradicional, patriarcal (e essencialmente machista), a interdição ao sexo acabou por se restringir apenas às mulheres, cuja virtude máxima passou a ser a castidade.

Note-se, além disso, que a *sexofobia* que caracteriza a sociedade burguesa poderia também ser explicada pela finalidade eminentemente *pragmática* e *progressista* de seu sistema. Isto é, uma vez que a energia sexual é uma das forças criadoras mais poderosas do ser humano, e essencialmente ligada à autorrealização profunda do ser, quando bloqueada, passa naturalmente a ser absorvida pelo outro canal criador – o do poder da mente, do pensamento ou da razão: forças dinamizadoras do fazer e eminentemente construtoras. O progressismo surpreendente dessa sociedade parece confirmar a hipótese...

6. Reverência pelo passado como modelo a ser seguido, respeitado ou honrado por todos. Daí o culto aos grandes mestres da literatura e das artes em geral.

7. Concepção da vida como passagem por este "vale de lágrimas", para que os homens possam resgatar a culpa original, a "queda de Adão". Ou melhor, para que, pelo culto das virtudes e das boas ações, possam ser novamente dignos de entrar no paraíso, após a morte. Assim, esta última era concebida como *fim da matéria* e *liberação do espírito* para a vida eterna, no céu ou no inferno.

8. Racionalismo é a base do sistema. Tudo é explicado pela razão, apoiada ora pela fé, ora pela ciência. Daí a obsessão do pensamento tradicional em codificar racionalmente o comportamento humano, tentando domar ou explicar pela lógica algo que é, por natureza, puro impulso emotivo, intuição, instinto, fantasia, sonho...

9. Racismo marca a sociedade tradicional, como prolongamento de uma "instituição" que vem do início dos tempos: a *escravização de uma raça pela outra,* resultante das conquistas, sangrentas ou não, de territórios ambicionados por suas riquezas. E, como consequência, a escravização da força-trabalho dos vencidos – força indispensável ao progresso de qualquer grupo social. Nessa imensa luta pelo poder (correspondente à evolução e ao progresso civilizador do homem na Terra), a "raça branca" foi a vencedora; e com isso instaurou no mundo ocidental um processo de injustiça humana e social que até os nossos tempos não pôde ser totalmente extirpada.

A literatura tradicional procurou denunciar essa aviltante injustiça contra as raças consideradas "inferiores" pela raça vencedora, mas se limitou aos aspectos sentimentais e puramente humanos, deixando de lado suas fundas raízes político-econômicas. Na Literatura Infantil, a separação entre brancos e negros é notória: reflete uma situação social concreta.

10. A *criança* é vista como um "adulto em miniatura", cujo período de imaturidade (a infância) deve ser encurtado o mais rapidamente possível. Daí a educação rigidamente disciplinadora e punitiva; e a literatura exemplar que procurava levar o pequeno leitor a assumir, precocemente, atitudes consideradas "adultas".

Em que medida tais valores se transformaram em argumentos das histórias, tipos de personagens, em linguagem literária, em temas, etc. é o que cabe analisar em toda a literatura herdada e em muitos dos livros que vêm sendo escritos ainda hoje nessa linha.

O Novo

Entre os *valores novos,* já presentes no mundo contemporâneo, mas ainda dispersos ou deformados, em meio à "geleia geral" dominante, destacamos:

1. O *espírito solidário,* socializante, que é a consciência de que o indivíduo é parte essencial do todo (a humanidade, a sociedade, o cosmos...) pelo qual cada um é visceralmente responsável.

Na literatura infantil/juvenil, surge a tendência de se substituir o herói individual, infalível, "ser de exceção", pelo *grupo,* pela *patota,* formada por meninos e meninas normais. Ou então, por personagens questionadoras das *verdades* que o mundo adulto lhes quer impor.

2. Questionamento da autoridade como poder absoluto. Repúdio ao autoritarismo. *Consciência da relatividade* dos valores e ideais criados pelos homens, em decorrência da descoberta de que a *transformação contínua* é uma das leis da vida. Exigência de liberdade pessoal, para o conhecimento e a interpretação das novas realidades nascentes no mundo. Daí as verdades múltiplas (e não mais únicas ou unívocas) que se divulgam em nosso tempo, ou a efemeridade das modas e das certezas. A antiga *uniformização de ideias* tende a ser substituída pela *convivência dos contrastes* inevitáveis entre os seres, coisas, fenômenos, etc. Em lugar das *atitudes polêmicas* (em que o certo deve vencer o errado), tende-se para o *equilíbrio dialético* (conciliação das diferenças ou dos contrastes).

3. Sistema social em transformação, que tende a sobrepor o fazer e o ser ao ter. Quanto às *classes,* o ideal a ser atingido é fazer desaparecer, no aspecto econômico, as injustiças e aviltantes diferenças sociais que hoje se agudizam. Quanto ao *trabalho:* para além das reivindicações dos trabalhadores *por maior participação no produto final* de sua força--trabalho, difunde-se cada vez mais a concepção de trabalho como meio de *realização existencial* do indivíduo e não apenas como uma maneira de ganhar dinheiro. Quanto à *família,* devido ao processo de libertação feminista iniciado no princípio do século e ainda em curso, passa por uma grande desestabilização de suas estruturas básicas: tendência a se substituir o *núcleo familiar* (convivência íntima de avós, pais, filhos, netos, que obedecia a uma hierarquia bem nítida de poderes) pelo *casal* (no qual, os direitos e deveres do homem e da mulher tendem a se igualar).

Os efeitos dessa transformação já aparecem na literatura para crianças, ora através da perspectiva dos filhos que perderam o "porto seguro", representado pela mãe dona de casa; ora através da igualdade entre meninos e meninas, não mais estigmatizados pelo que é certo ou errado para o homem e para a mulher. Há ainda uma literatura juvenil "engajada" que se empenha na denúncia da miséria social decorrente do caos presente.

4. Moral da responsabilidade do eu, que procura agir conscientemente em face da relatividade dos valores atuais e em relação ao direito do outro. Mas ainda não surgiu o novo "padrão aferidor" que substituirá o padrão tradicional, já superado.

5. Sociedade sexófila. Em nosso século, uma das rupturas mais profundas com os padrões tradicionais se dá na esfera das relações homem-mulher. No rastro dos movimentos de liberação feminista, o exagero do "interdito ao sexo" tradicional passa para o exagero da "liberação sexual" total. Da sexofobia passa-se à sexofilia. O sexo é assumido como *ato natural* (como comer, dormir...) e como suprema *liberdade* do ser, mas, na prática, descambando para a *libertinagem.* Deformação, para a qual vem contribuindo a indústria cultural, que se apossou da "libertação" conquistada, vulgarizando-a, transformando o sexo, o corpo, em puro espetáculo, em performance. E, com essa vulgarização, o ato sexual é despojado de sua grandeza e importância intrínsecas e, mais, o verdadeiro encontro eu/outro que a união sexual deve proporcionar está sendo minimizado ou... descartado. É este um dos grandes problemas em aberto em nossa época. Urge que a força sexual seja redescoberta, para além do *natural* e da *moral,* como um *ato existencial,* e como tal essencialmente dinamizador das forças criadoras do ser. Esta é uma questão que, em relação à criança, já emerge nas escolas, nos cursos de educação sexual, que por enquanto está se revelando uma "faca de dois gumes"...

6. Redescoberta do passado, como *origem,* como *forma criadora* que, pela primeira vez, expressou as relações essenciais do ser humano consigo mesmo, com o mundo e com os outros seres humanos. Nessa linha se inscreve a *nova consciência do escritor* que se sente *elo* de uma corrente que vem do início dos tempos. Surge também a *aventura de uma escrita* que se sabe nascendo de *outra escrita* que lhe é anterior no tempo.

Dessa atitude surge, na literatura, a *intertextualidade* como processo criador, e a *redescoberta de formas literárias do passado,* que são recriadas pelo novo espírito dos tempos. Ou ainda a redescoberta do folclore da literatura popular autêntica – expressão rudimentar e espontânea da interação homem/mundo, *antes do momento* em que a inteligência ordenadora, codificadora e civilizadora organizasse tudo em sistema fechado. Na literatura infantil/juvenil, essa tendência tem aparecido principalmente na revalorização do indígena e do negro como raízes do povo brasileiro.

7. Concepção da vida como mudança contínua. A tendência já não é o ideal de alcançar a realização completa e definitiva do ser, mas participar da *evolução contínua* da vida. O fim de perfeição almejado pelo pensamento tradicional tende a ser substituído pelo ideal de aperfeiçoamento interior profundo, que ultrapassa os limites da vida. Inclusive a morte, embora continue a ser um mistério para a razão, começa a ser intuída como a suprema metamorfose da vida. E não o seu fim...

8. Valorização da intuição como abertura indispensável ao conhecimento da verdadeira realidade dos homens e do mundo. Estímulo ao poder mental como a grande força a ser ainda descoberta no ser humano. A intuição, pondo em xeque a lógica convencional ou o senso comum, abre campo para um novo conhecimento. Daí o atual renascimento da fantasia, do imaginário, da magia, do ocultismo... Na literatura para crianças ou adultos, o mágico e o absurdo irrompem na rotina cotidiana e fazem desaparecer os limites entre real e imaginário.

9. Antirracismo. Luta para combater os ódios raciais tão fundamente enraizados em nosso mundo. Valorização das diferentes culturas, que correspondem às diferentes etnias, na busca de descobrir e preservar a autenticidade de cada uma. Na literatura, essa luta já está bem evidente. Na infantil mesclam-se, em pé de igualdade, personagens das várias raças, e também é abordado frontalmente o problema do racismo, considerado como uma das grandes injustiças humanas e sociais.

10. A criança é vista como um ser em formação, cujo potencial deve-se desenvolver em liberdade, mas orientado no sentido de alcançar total plenitude em sua realização.

Conclusão: são esses alguns dados extraliterários que, a nosso ver, são fundamentais para a conscientização dos que vão trabalhar literatura com crianças, e também para os que pretendem escrever para elas. Além disso, tais dados são básicos para o exercício de uma leitura crítica avaliadora dessa literatura nova, que, sem deixar de ser um instrumento de emoção, diversão ou prazer, poderá auxiliar, e muito, a tarefa da Educação, no abrir caminho aos que estão chegando, em direção à nova mentalidade a ser conquistada por todos, em breve tempo...

A NATUREZA DA LITERATURA INFANTIL

A literatura infantil é, antes de tudo, literatura; ou melhor, é arte: fenômeno de criatividade que representa o mundo, o homem, a vida, através da palavra. Funde os sonhos e a vida prática, o imaginário e o real, os ideais e sua possível/impossível realização...

Literatura é uma linguagem específica que, como toda linguagem, expressa uma determinada experiência humana, e dificilmente poderá ser definida com exatidão. Cada época compreendeu e produziu literatura a seu modo. Conhecer esse "modo" é, sem dúvida, conhecer a singularidade de cada momento da longa marcha da humanidade em sua constante evolução. Conhecer a literatura que cada época destinou às suas crianças é conhecer os ideais e valores ou desvalores sobre os quais cada sociedade se fundamentou (e se fundamenta...).

Em linhas gerais, as interrogações dos estudiosos quanto à *natureza* e ao *objetivo* da literatura incidiram sobre certos pontos que de época para época são reavaliados. Os principais seriam:

1. Literatura, como arte da palavra, é um *jogo descompromissado,* que visa apenas o prazer estético, ou visa *transmitir conhecimentos* ao homem?

2. Literatura é fruto da *imaginação criadora,* livre? Ou *é condicionada por fórmulas,* conceitos ou valores que a sociedade impõe ao escritor? Ou ainda, literatura é criação *individual* ou *social?*

3. A literatura é *necessidade vital* para o homem, ou é mera *gratuidade, entretenimento* que nada acrescenta de essencial à vida humana?

4. Há uma *essência* eterna e substancial da literatura, ou ela é uma *forma estética da práxis social?* É ela um epifenômeno dependente do progresso ou da alteração das *condições de produção e consumo da obra,* vigentes em cada época ou em cada sociedade?

As interrogações poderiam multiplicar-se. Mas cada resposta a essas preocupações de *natureza literária* dependerá sempre de uma opção ideológica, *extraliterária* (seja esta consciente ou inconsciente...). Como essas opções são múltiplas e mudam continuamente, fácil é compreendermos a quase impossibilidade de se chegar a uma definição clara e unívoca do que seja literatura. Jamais se conseguiu definir a vida de modo cabal e definitivo.

Fenômeno visceralmente *humano,* a criação literária será sempre tão complexa, fascinante, misteriosa e essencial, quanto a própria condição humana. Em nossa época de transformações estruturais, a noção de literatura que vem predominando entre os estudiosos das várias áreas de conhecimento é a de identificá-la como um dinâmico *processo de produção/recepção* que, conscientemente ou não, se converte em favor de *intervenção* sociológica, ética ou política. Nessa "intervenção" está implícita a *transformação das noções* já consagradas de tempo, espaço, personagens, ação, linguagem, estruturas poéticas, valores éticos ou metafísicos, etc., etc.

A pressão do processo social/cultural/político, hoje em plena expansão (principalmente em nosso continente sul-americano), atua sobre a criação, quanto ao aspecto ideológico, e não só altera a matéria literária (em estrutura/forma/linguagem/gênero...), como transforma a possível *função* do produto literário. Para além do prazer/emoção estéticos, a literatura contemporânea visa *alertar ou transformar a consciência crítica* de seu leitor/receptor.

Na verdade, desde as origens, a literatura aparece ligada a essa função essencial: *atuar sobre as mentes,* nas quais se decidem as vontades ou as ações; e sobre os espíritos, nos quais se expandem as emoções, paixões, desejos, sentimentos de toda ordem... No encontro com a literatura (ou com a arte em geral), os homens têm a oportunidade de ampliar, *transformar ou enriquecer sua própria experiência de vida,* em um grau de intensidade não igualada por nenhuma outra atividade.

E quanto à Literatura Infantil?

Em essência, sua natureza é a mesma da que se destina aos adultos. As diferenças que a singularizam são determinadas pela *natureza do seu leitor/receptor*: a criança.

Vulgarmente, a expressão "literatura infantil" sugere de imediato a ideia de belos livros coloridos destinados à distração e ao prazer das crianças em lê-los, folheá-los ou ouvir suas histórias contadas por alguém. Devido a essa função básica, até bem pouco tempo, a literatura infantil foi minimizada como *criação literária* e tratada pela cultura oficial como um gênero menor.

Ligada desde a origem à diversão ou ao aprendizado das crianças, obviamente sua matéria deveria ser adequada à compreensão e ao interesse desse peculiar destinatário. E como a criança era vista como um "adulto em miniatura", os primeiros textos infantis resultaram da adaptação (ou da minimização) de textos escritos para adultos. Expurgadas as dificuldades de linguagem, as digressões ou reflexões que estariam acima da compreensão infantil; retiradas as situações ou os conflitos não-exemplares e realçando principalmente as ações ou peripécias de caráter aventuresco ou exemplar... as obras literárias eram *reduzidas* em seu valor intrínseco, mas atingiam o novo objetivo: atrair o pequeno leitor/ouvinte e levá-lo a participar das diferentes experiências que a vida pode proporcionar, no campo do real ou do maravilhoso.

Compreende-se, pois, que até bem pouco, em nosso século, a literatura infantil fosse encarada pela crítica como um gênero secundário, e fosse vista pelo adulto como algo *pueril* (nivelada ao brinquedo) ou *útil* (nivelada à aprendizagem ou meio para manter a criança entretida e quieta).

O caminho para a redescoberta da literatura infantil, no século XX, foi aberto pela psicologia experimental, que, revelando a inteligência como o *elemento estruturador* do universo que cada indivíduo constrói dentro de si, chama a atenção para os diferentes *estágios de seu desenvolvimento* (da infância à adolescência) e sua importância fundamental para a evolução e formação da personalidade do futuro adulto. Revelou, ainda, que cada *estágio* corresponde a uma *certa fase de idade*. A *sucessão* das fases evolutivas da inteligência (ou estruturas mentais) é constante e igual para todos. As idades correspondentes a cada uma delas podem mudar, dependendo da criança ou do meio em que ela vive. A partir desse conhecimento do ser humano, a noção de "criança" muda e nesse sentido torna-se decisivo para a literatura infantil/juvenil adequar-se ou conseguir falar, com autenticidade, aos seus possíveis destinatários.

Portanto, a valorização da literatura infantil, como fenômeno significativo e de amplo alcance na formação das mentes infantis e juvenis, bem como dentro da vida cultural das sociedades, é conquista recente. Dentro das muitas definições e controvérsias quanto à verdadeira ou possível natureza dessa literatura e sua provável função em nossa época, adotamos a posição de Marc Soriano, na linha semiológica de Roman Jakobson, quando define a linguagem:

> A literatura infantil é uma comunicação histórica (localizada no tempo e no espaço) entre um locutor ou um escritor-adulto (emissor) e um destinatário-criança (receptor) que, por definição,

ao longo do período considerado, não dispõe senão de modo parcial da experiência do real e das estruturas linguísticas, intelectuais, afetivas e outras que caracterizam a idade adulta. (Soriano, 1975.)

Embora não abranja a totalidade do fenômeno em causa, essa definição toca em seus elementos essenciais: o livro infantil é entendido como uma "mensagem" (comunicação) entre um autor-adulto (o que possui a experiência do real) e um leitor-criança (o que deve adquirir tal experiência). Nessa situação, o *ato de ler* (ou de ouvir), pelo qual se completa o fenômeno literário, se transforma em um *ato de aprendizagem*. É isso que responde por uma das peculiaridades da literatura infantil. E Soriano conclui:

> Ela pode não querer *ensinar,* mas se dirige, apesar de tudo, a uma idade que é a da aprendizagem e mais especialmente da aprendizagem linguística. O livro em questão, por mais simplificado e gratuito que seja, aparece sempre ao jovem leitor como uma mensagem *codificada que ele deve decodificar* se quiser atingir o prazer (afetivo, estético ou outro) que se deixa entrever e assimilar ao mesmo tempo as informações concernentes ao real que estão contidas na obra. [...] Se a infância é um período de aprendizagem, [...] toda mensagem que se destina a ela, ao longo desse período, tem necessariamente uma *vocação pedagógica*. A literatura infantil é também ela necessariamente pedagógica, no sentido amplo do termo, e assim permanece, mesmo no caso em que ela se define como literatura de puro entretenimento, pois a mensagem que ela transmite então é a de que não há mensagem, e que é mais importante o divertir-se do que preencher falhas (de conhecimento). (Soriano, 1975.)

Parece-nos particularmente importante essa posição do sociólogo francês, porque é muito forte em nossa época a reação contra a "vocação pedagógica" da literatura infantil e a defesa intransigente de sua qualidade pura de "entretenimento". Tendência que pende para uma radicalização que só pode ser negativa. Por um lado, porque se a literatura resultar de um ato *criador*, forçosamente essa dicotomia não se coloca, pois as duas intenções estarão ali fundidas. E, por outro lado, porque, dentro do sistema de vida contemporânea (pressionado pela imagem, pela velocidade, pela superficialidade dos contatos humanos e da comunicação cada vez mais rápida e aparente...), acreditamos que a literatura (para crianças ou para adultos) precisa urgentemente ser descoberta, *muito menos como mero entretenimento* (pois deste se encarregam com mais facilidade os meios de comunicação de massa), e muito mais como uma *aventura espiritual* que engaje o *eu* em uma experiência rica de vida, inteligência e emoções.

A LITERATURA E OS ESTÁGIOS PSICOLÓGICOS DA CRIANÇA

Para que o convívio do leitor com a literatura resulte efetivo, nessa aventura espiritual que é a leitura, muitos são os fatores em jogo. Entre os mais importantes está a necessária adequação dos textos às diversas etapas do desenvolvimento infantil/juvenil.

Embora a evolução biopsíquica das crianças, pré-adolescentes e adolescentes divirja de uns para outros (dependendo dos muitos fatores que se conjugam no processo de desenvolvimento individual), a natureza e a sequência de cada estágio são iguais para todos, conforme o prova a psicologia experimental. Assim, a inclusão do leitor em determinada "categoria" depende não apenas de sua faixa etária, mas principalmente da inter-relação entre sua idade cronológica, nível de amadurecimento biopsíquico-afetivo-intelectual e grau ou nível de conhecimento/domínio do mecanismo da leitura. Daí que as indicações de livros para determinadas "faixas etárias" sejam sempre *aproximativas*.

Sugerimos, a seguir, alguns *princípios orientadores* que podem ser úteis para a escolha de livros adequados a cada categoria de leitor. Ao estabelecê-los, levamos em consideração as inter-relações acima mencionadas, dentro de uma evolução considerada *normal*.

O pré-leitor

Categoria inicial que abrange duas fases:

Primeira infância (dos 15/17 meses aos 3 anos) A criança inicia o reconhecimento da realidade que a rodeia, principalmente pelos contatos afetivos e pelo tato. É a chamada fase da "invenção da mão", pois seu impulso básico é pegar em tudo que se acha ao seu alcance. É também o momento em que a criança começa a *conquista da própria linguagem* e passa a *nomear as realidades* à sua volta.

Para estimular tal impulso natural, as *gravuras* de animais ou de objetos familiares à criança *devem ser incluídos entre os seus brinquedos* (bichos de pelúcia ou qualquer material macio, fofo; chocalhos musicais, etc.). Tais gravuras, desenhos ou ilustrações podem ser em folhas soltas ou em álbuns, feitos de material resistente e agradável ao tato (pano, plástico, papel grosso…). O importante, nessa fase, é essencialmente a *atuação do adulto,* manipulando e *nomeando* os brinquedos ou desenhos; inventando situações bem simples que os relacionem afetivamente com a criança, etc. É nessa fase que o mundo natural e o mundo cultural (o da linguagem nomeadora) começam a se relacionar na percepção que a criança começa a ter do espaço global em que vive.

Segunda infância (a partir dos 2/3 anos) Fase em que começam a predominar os *valores vitais* (saúde) e *sensoriais* (prazer ou carências físicas e afetivas), e quando se dá a passagem da indiferenciação psíquica para a percepção do próprio ser. Início da fase egocêntrica e dos interesses ludopráticos. Impulso crescente de adaptação ao meio físico e crescente interesse pela comunicação verbal.

Em casa ou na "escolinha", a presença do adulto é fundamental quanto à sua orientação para a *brincadeira* com o livro. Aprofunda-se a descoberta do mundo concreto e do mundo da linguagem através das atividades lúdicas. Tudo o que acontece ao redor da criança é, para ela, muito importante e significativo. Os livros adequados a essa fase devem propor *vivências radicadas* no cotidiano familiar à criança e apresentar determinadas características estilísticas:

• Predomínio absoluto da *imagem* (gravuras, ilustrações, desenhos, etc.), *sem texto escrito* ou com textos brevíssimos, que podem ser lidos ou dramatizados pelo adulto, a fim de que a criança comece a perceber a inter-relação entre o *mundo real* que a cerca e o *mundo da palavra* que nomeia esse real. É a nomeação das coisas que leva a criança a um convívio inteligente, afetivo e profundo com a realidade circundante.

• As imagens devem sugerir uma *situação* (um acontecimento, um fato, etc.) que seja significativa para a criança ou que lhe seja de alguma forma atraente.

• Desenhos ou pinturas, coloridas ou em preto-e-branco, *em traços ou linhas nítidas,* ou em massas de cor que sejam simples e de fácil comunicação visual. A técnica da *colagem* tem-se mostrado muito atraente para o olhar e o interesse infantil.

• A graça, o humor, um certo clima de expectativa ou mistério... são fatores essenciais nos livros para o pré-leitor.

• A *técnica da repetição* ou *reiteração* de elementos é das mais favoráveis para manter a atenção e o interesse desse difícil leitor a ser conquistado.

Livros para o pré-leitor Coleção "Peixe Vivo", de Eva Furnari (Ática); Coleção "Escadinha", Série "Um Degrau", de Lúcia Pimentel Góes/Naomy Kuroda (Ed. do Brasil); Coleção "Crie & Conte", de Cristina Porto/ Tenê de Casa Branca (FTD); Coleção "Só Imagem", de Eva Furnari (Global); Coleção "Hora da Fantasia" (Moderna); Série "Amendoim", de Eva Furnari (Paulinas); Série "Livros de Imagem" (Moderna); Coleção "Conte Outra Vez..." (Formato); Coleção "As Meninas", de Eva Furnari (Formato); Coleção "Canta e Dança" (Brinque-Book); "Livros de Pano", de Paula Valéria (APEL); Coleção "Livros de madeira", de Alice e Lúcia Góes (Ed. Saxônia).

O leitor iniciante (a partir dos 6/7 anos) Fase da aprendizagem da leitura, na qual a criança já reconhece, com facilidade, os signos do alfabeto e reconhece a formação das sílabas simples e complexas. Início do processo de *socialização* e de *racionalização* da realidade.

Nessa fase, a presença do adulto, como "agente estimulador", faz--se ainda necessária, não só para levar a criança a se encontrar com o mundo contido no livro, como também para estimulá-la a decodificar os sinais gráficos que lhe abrirão as portas do mundo da escrita. Nesse sentido, um dos melhores incentivos a lhe ser dado é o aplauso ou o estímulo carinhoso a cada uma de suas pequenas "vitórias". Os livros adequados a essa fase apresentam as seguintes características:

• A *imagem* ainda deve predominar sobre o *texto*.
• A narrativa deve desenvolver uma *situação* (acontecimento, fato, conflito, etc.) simples, linear e que tenha princípio, meio e fim. O pensamento lógico da criança exige unidade, coerência e organicidade entre os elementos da narrativa, independentemente de ser fantástica, imaginária ou realista.
• Como sempre, o humor, a graça, a comicidade... são fatores muito positivos.
• As *personagens* podem ser *reais* (humanas) ou *simbólicas* (bichos, plantas, objetos), mas sempre com traços de caráter ou comportamento bem nítidos. Isto é, com limites precisos entre bons e maus, fortes e fracos, belos e feios, etc.... Embora o *maniqueísmo* seja atualmente recusado como visão do mundo, a verdade é que para as crianças (cujo conhecimento de mundo está ainda em formação) essa delimitação é necessária. Mais tarde, a *ambiguidade* das realidades será descoberta... mas, nesse momento, já terão assimilado parâmetros para julgamento.
• O *texto* deve ser estruturado com palavras de sílabas simples (vogal/consoante/vogal), organizadas em frases curtas nominais ou absolutas (períodos em coordenadas...), enunciadas em ordem direta e jogando com elementos repetitivos, para facilitar a compreensão dos enunciados.
• Os *argumentos* devem estimular a imaginação, a inteligência, a afetividade, as emoções, o pensar, o querer, o sentir... Indiferentemente, podem se desenvolver no *mundo do maravilhoso* (do "Era uma vez") ou no *mundo cotidiano*, no dia a dia do pequeno leitor, com suas alegrias, desejos, travessuras, obstáculos, frustrações, sonhos, etc. Ou ainda resultarem da fusão dos dois mundos: o da fantasia e o do real.

Nessa fase, a criança é atraída particularmente pelas histórias bem--humoradas em que a astúcia do fraco vence a prepotência do forte; ou em que a inteligência vence o mal... Contemporaneamente, a literatura para crianças enfatiza especialmente o fenômeno do pensar, do sentir e do querer, em sua necessária complementariedade.

Livros para o leitor iniciante Coleção "Gato e Rato", de Mary e Eliardo França (Ática); Coleção "Girassol" (Moderna); Série "Um Dois Feijão com Arroz", de Tenê (Ática); Série "Lagarta Pintada", (Ática); Coleção "Escadinha", de Lúcia Góes/Naomy Kuroda (Ed. do Brasil); Coleção "Primeiras Histórias" (FTD); Série "Pega-Pega", "Coleção Didática/Série Descobrindo" e Coleção "Cavalo-Marinho" (Paulinas); Coleção "Hora dos Sonhos", de Ruth Rocha (Quinteto Editorial); Coleção "Mico Maneco 2", de Ana Maria Machado (Salamandra); Série "Jogos Linguísticos" (Moderna); Série "Onda Livre" (Global); Coleção "Mindinho e seu Vizinho" (Atual); Coleção "Marc Brown/Mundo de Arthur" (Salamandra); Coleção "Derek Matthews" (Brinque-Book); Coleção "Beto e Bia" (José Olympio); "Histórias ao pé da letra", de Hebe Coimbra (Formato); Série "Mané Coelho", de Mary/Eliardo França (Ediouro).

O leitor-em-processo (a partir dos 8/9 anos) Fase em que a criança já domina com facilidade o mecanismo da leitura. Agudiza-se o interesse pelo conhecimento das coisas. Seu pensamento lógico organiza-se em formas concretas que permitem as operações mentais. Atração pelos desafios e pelos questionamentos de toda natureza.

A presença do adulto ainda é importante como motivação ou estímulo à leitura; como aplainador de possíveis dificuldades e, evidentemente, como provocador de atividades pós-leitura. Como peculiaridades formais, apontamos:

• Presença das *imagens* em diálogo com o *texto*.
• *Textos* escritos em frases simples, em ordem direta e de comunicação imediata e objetiva. Predominância dos períodos simples e introdução gradativa dos períodos compostos por coordenação.

• A narrativa deve girar em torno de uma *situação central,* um problema, um conflito, um fato bem definido a ser resolvido até o final.

• A *efabulação* (concatenação dos momentos narrativos) deve obedecer ao *esquema linear*: princípio, meio e fim.

• Ainda o humor, a graça e as situações inesperadas ou satíricas exercem grande atração nos leitores dessa fase. O realismo e o imaginário ou a fantasia também despertam grande interesse.

Livros para o leitor-em-processo "Clássicos Infantis" (Moderna); Série "Vento Azul" (Melhoramentos); Coleção "Mico Maneco 3-4", de Ana Maria Machado (Salamandra); Coleção "Texto Imagem" (Ed. do Brasil); Série "Ana Maria Machado" (Moderna); "Série dos Reizinhos", de Ruth Rocha (Salamandra); Coleção "Estórias para Brincar" (Vale Livros); Série "Azul" e Coleção "Primeiras Histórias" (FTD); Coleção "Hora dos Sonhos", de Ruth Rocha (Quinteto Editorial); Coleção "Desafios" (Moderna); Série "Poemas Narrativos" (Moderna); Coleções "Viagem do olhar", de Claudio Martins, "Quatro olhos", de Marta Neves e Fernando Cardoso, e "Quem diria!", de Maurício Veneza (Formato); Coleção "Família Problema", de Babete Cole (Companhia das Letrinhas); "Contos Clássicos" (Martins Fontes); "Coleção Fábulas Brasileiras" (Ediouro).

O leitor fluente (a partir dos 10/11 anos) Fase de consolidação do domínio do mecanismo da leitura e da compreensão do mundo expresso no livro. A leitura segue apoiada pela *reflexão; a capacidade de concentração aumenta,* permitindo o engajamento do leitor na experiência narrada e, consequentemente, alargando ou aprofundando seu conhecimento ou percepção de mundo. A partir dessa fase, desenvolve-se o *pensamento hipotético dedutivo* e a consequente capacidade de *abstração.* O ser é atraído pelo *confronto de ideias e ideais* e seus possíveis valores ou desvalores. As potencialidades afetivas se mesclam com uma nova sensação de poder interior: a da inteligência, do pensamento formal, reflexivo. É a fase da pré-adolescência.

A presença do adulto já não se faz necessária. Há inclusive uma certa tendência do pré-adolescente a rejeitar o apoio do adulto, pois sente-se alimentado por uma grande força interior, uma quase onipotência. Dá-se uma espécie de "revivescência do egocentrismo" infantil; mentalmente, predominam os interesses ludo-afetivos; e ao mesmo tempo pode-se dar um certo desequilíbrio em sua sintonização com o meio em que vive. Fase de atração pelos valores "políticos", no sentido de ser impelido para a participação em grupos, equipes... nos quais as individualidades têm ocasião de se confrontarem. A ação do adulto nesta fase deve ser a de um desafiador generoso, uma espécie de *líder entusiasmado* que confia na capacidade de seus liderados... A variedade da matéria literária, atraente nessa fase, aumenta consideravelmente. Peculiaridades:

• As *imagens* já não são indispensáveis; o *texto* começa a valer por si. Entretanto, uma ou outra ilustração adequada ainda é elemento de atração.

• As *personagens* mais atraentes são da linhagem dos "heróis" ou das "heroínas" essencialmente humanos, que se entregam à luta por um ideal humanitário e justo. Ou, sendo pessoas comuns, devem ser personagens questionadoras. Idealismo, emotividade, desafios à inteligência são fatores básicos.

• A *linguagem* tende a ser mais elaborada; seja no nível coloquial ou no nível culto (evidentemente, sem o lastro retórico, comum à linguagem literária tradicional). A imaginação e a inteligência devem se conjugar no verbal.

• Os *gêneros narrativos* que mais interessam são os contos, as crônicas ou novelas, de cunho aventuresco ou sentimental, que envolvam grandes desafios do indivíduo em relação ao meio em que se encontra. Atração pelos mitos e lendas que expliquem a gênese de mundos, deuses e heróis; pelas novelas de ficção científica (que antecipam o futuro) ou policiais (que desafiam a argúcia da inteligência); ou pelos argumentos realistas que enfoquem os deserdados da sorte ou os problemas que, no cotidiano, se opõem à plena realização de cada um; etc.

• Ainda o maravilhoso, o mágico… existentes em universos diferentes do nosso mundo conhecido, continuam sendo grandes atrações. E principalmente a presença desse maravilhoso, mágico, fantástico ou absurdo como participante natural da vida cotidiana e real. Abre-se espaço para o amor.

Livros para o leitor fluente Séries "Vivência", "Suspense" e "Ficção Científica" (Melhoramentos); "Coleção Girassol" e "Coleção Veredas" (Moderna); "Série Vagalume" (Ática); "Coleção Nossa Gente" (FTD); "Coleção Passe Livre" (Ed. Nacional); "Coleção Segundas Histórias" (FTD); "Coleção Tirando de Letra" (Atual); "Dias Bordados/Memórias do Brasil" (Salamandra); "Coleção Jovens do Mundo Todo" (Brasiliense); "Coleção Jabuti" (Saraiva); "Transas e Tramas" (Atual); Série "História e mais histórias – Girassol" (Moderna): Bartolomeu Campos Queirós, *Faca afiada*; Vivina de Assis Viana, *Será que ele vem?*; Giselda Laporta Nicolelis, *Um Dono para Buscapé*; Wagner Costa, *Aí, Né… e E Depois?*; Ângela Lago, *Ano novo danado de bom!*; "Contos da Mitologia" (FTD); *Entre a espada e a rosa*, de Marina Colasanti (Salamandra); *O Sofá Estampado*, de Lygia Bojunga (José Olympio); "A Turma do Gordo", de João Carlos Marinho (Global); "Contos e Lendas do Japão", de Lúcia Hiratsuka (Estação Liberdade).

O leitor crítico (a partir dos 12/13 anos) Fase de total domínio da leitura, da linguagem escrita, capacidade de reflexão em maior profundidade, podendo ir mais fundo no texto e atingir a visão de mundo ali presente… Fase de desenvolvimento do pensamento reflexivo e crítico, empenhados na leitura do mundo, e despertar da consciência crítica em relação às *realidades consagradas*… agilização da escrita criativa. A ânsia de viver funde-se com a ânsia de saber, visto como o elemento fundamental que leva ao *fazer* e ao *poder* almejados para a autorrealização.

Nesta fase, o adolescente deve se abrir plenamente para o mundo e entrar em relação essencial com o outro. Mas, nesta época de transformações em que vivemos, os caminhos gratificantes para cada indivíduo não são fáceis de serem encontrados. Os estímulos são muitos, na maior parte contraditórios, pois o caos dos valores ainda perdura como marca de nosso mundo. Entretanto, novos valores já estão em gestação e a nova literatura aponta para eles.

O convívio do leitor crítico com o texto literário deve extrapolar a mera fruição de prazer ou emoção e deve provocá-lo para penetrar no *mecanismo da leitura.*

O conhecimento de rudimentos básicos de teoria literária faz-se necessário; pois a literatura é a *arte da linguagem* e como qualquer arte exige uma *iniciação.* É como um jogo: não pode ser jogado por quem não lhe conheça as regras ou não as combine com os parceiros. Embora, como arte que é, a literatura *não comporte regras fixas e imutáveis,* há certos conhecimentos de sua matéria que não podem ser ignorados pelo leitor crítico.

Livros para o leitor crítico "Coleção Jovens do Mundo Todo" (Brasiliense); "Série Literatura Juvenil", "Coleção Travessias" e "Série 7 Faces" (Moderna); "Série Morena", "Série Entre Linhas e Letras" e "Série Tirando de Letra" (Atual); "Série Trans-Ação" (Melhoramentos); "Série Vaga-lume" (Ática); "Coleção Polêmica" (Moderna); "Coleção Jabuti" (Saraiva); "Coleção Reconstruir" (Formato); "Coleção Vertentes" (Quinteto Editorial); "Coleção Por Dentro das Artes" (Companhia das Letrinhas); "Coleção Assim é se lhe parece" (Ediouro).

O POPULAR E O INFANTIL

Ao seguirmos o percurso histórico das histórias infantis que vieram do passado, deparamos com o fato de que, em suas origens, elas surgiram destinadas ao público adulto, e com o tempo, através de um misterioso processo, se transformaram em literatura para os pequenos.

Diante dessa constatação histórica, as pesquisas prosseguiram em suas indagações, tentando descobrir *o que* existiria originalmente em tais obras, para que esse processo de transformação se tivesse operado. E, também, por que certas obras passavam a interessar às crianças e outras não? Dentre os fatores que podem ser apontados como *comuns* às obras adultas que falaram (ou falam) às crianças, estão os da *popularidade* e da *exemplaridade*. Todas as que se haviam transformado em *clássicos* da literatura infantil nasceram no meio popular (ou em meio culto e depois se popularizaram em adaptações). Portanto, antes de se perpetuarem como *literatura infantil,* foram *literatura popular.* Em todas elas havia a intenção de passar determinados *valores* ou *padrões* a serem respeitados pela comunidade ou incorporados pelo indivíduo em seu comportamento. Mostram as pesquisas que essa literatura inaugural nasceu no domínio do mito, da lenda, do maravilhoso...

A identidade entre o popular e o infantil

Essa constatação nos leva, por sua vez, a uma nova indagação: Qual seria a identidade existente entre o popular e o infantil, para que tal transformação se tivesse dado (ou ainda se dê...)?

Uma vez que essa possível identidade obviamente está ligada à natureza ou à especificidade da literatura infantil, passamos a confrontar as duas categorias em questão.

Segundo dados da psicologia, a mentalidade popular e a infantil identificam-se entre si por uma *consciência primária* na apreensão do *eu* interior ou da realidade exterior (seja o *outro,* seja o mundo). Isto é, o *sentimento do eu* predomina sobre a *percepção do outro* (seres ou coisas do mundo exterior). Em consequência, as relações entre o *eu* e o *outro* são estabelecidas, basicamente, através da *sensibilidade,* dos *sentidos* e/ ou das *emoções.*

Em outras palavras, no povo (ou no homem primitivo) e na criança, o conhecimento da realidade se dá através do *sensível,* do *emotivo,* da *intuição...* e não através do racional ou da inteligência intelectiva, como acontece com a mente adulta e culta. Em ambos predomina o *pensamento mágico,* com sua lógica própria. Daí que o popular e o infantil se sintam atraídos pelas mesmas realidades.

RELAÇÕES ENTRE HISTÓRIA E NATUREZA

Ampliando um pouco mais o registro das diferenças entre a mente adulta/culta e a imatura/inculta (porque ela é fundamental para compreendermos melhor as aspirações ou possibilidades de ação e reação cultural dessa importante faixa que é a do povo e da criança), examinemos a distinção, feita por O. Spengler, entre "história" e "natureza" (a primeira, ligada à vida culta e a segunda, à vida instintiva).

Tanto um termo como o outro são tomados pelo filósofo como "rótulos" de um certo conhecimento do real: "significam dois modos possíveis de reduzir [...] a vida e o vivido a uma imagem cósmica uniforme, espiritualizada e bem ordenada, imagem essa que será histórica ou naturalista, segundo seja [...] o 'tempo' ou o 'espaço', o elemento predominante a dar forma àquela impressão global e indivisível".

Note-se, porém, que não se trata de

> "uma alternativa entre duas possibilidades de conhecer", mas de "uma escala infinitamente rica e variada [...] das possíveis formas que o mundo exterior pode assumir para cada um. [...] *O homem primitivo* (povo) – tal como imaginamos sua consciência, e a *criança* – tal como recordamos nossa infância, não possuem ainda a possibilidade de estruturar seus conhecimentos de forma histórica e racional. [...] A condição para esta superior consciência do mundo é, em primeiro lugar, a *linguagem* – não uma linguagem humana qualquer, mas um idioma culto que para o homem primitivo (rudimentar) não existe ainda, e para a criança embora exista não está ao seu alcance. Dito de outro modo: nenhum dos dois possui um pensamento claro e distinto; vislumbram algo *mas não têm um conhecimento real da história em suas* relações com a *natureza* em cujo nexo sua própria existência está incluída. Não têm cultura. [...] E a história é íntima afinidade com a vida, com o futuro, a realização de uma possível cultura. (Spengler, 1952.)

Conclui-se, pois, que tanto o homem rudimentar como a criança manifestam uma *consciência a-histórica* da realidade em que estão situados, pois não compreendem a vida senão no presente. Como diz Spengler, "existe uma grande diferença entre *viver* uma coisa e *conhecer* uma coisa, entre a *certeza imediata*, proporcionada pelas várias classes de *intuição* (iluminação, experiência de vida, inspiração, visão artística, 'golpe de vista', a 'fantasia sensível exata' de Goethe) e o *conhecimento* que resulta da *experiência intelectual* ou da *técnica experimental*. Para comunicar a primeira, servem a *comparação*, a *imagem*, o *símbolo;* para as últimas servem as fórmulas, leis, conceitos, esquemas". (grifos nossos)

Prosseguindo nessa ordem de ideias, torna-se fácil compreender porque a literatura foi usada, desde as origens, como *instrumento de transmissão de valores*. Tendo em vista as peculiaridades da mente popular (rudimentar) e da infantil (imatura), compreende-se que a *linguagem poética* (ou literária em geral) tivesse sido utilizada, desde os primórdios (através dos rituais, por exemplo), para transmitir *padrões de pensamento* ou *de conduta* às diferentes comunidades. Uma vez que tais valores ou padrões (de natureza social, ética, política, artística, econômica, religiosa, etc.) são essencialmente *abstratos,* dificilmente poderiam ser compreendidos ou assimilados por mentes que vivem muito próximas da natureza sensorial, do concreto e, como tal, propensas a conhecerem as coisas através das emoções e da experiência concreta.

Transmitidos em uma linguagem lógica racionalizante e abstrata (como a filosofia...), tais valores não as atingiriam a fundo. Daí a importância que a *linguagem* literária assumiu, para os homens, desde os primórdios da civilização. Ela é a *linguagem da representação, linguagem imagística* que, como nenhuma outra, tem o poder de concretizar o abstrato (e também o indizível), através de comparações, imagens, símbolos, alegorias, etc. Desde o início dos tempos históricos, ela tem sido a *mediadora* ideal entre as mentes imaturas com sua precária capacidade de percepção intelectiva e o amadurecimento da inteligência reflexiva (a que preside ao desenvolvimento do pensamento lógico-abstrato, característico da mente culta).

Daí já se conclui a importância basilar da literatura destinada às crianças: é o *meio ideal* não só para auxiliá-las a desenvolver suas potencialidades naturais, como também para auxiliá-las nas várias etapas de amadurecimento que medeiam entre a infância e a idade adulta.

A PERMANÊNCIA DA LITERATURA ARCAICA NAS FORMAS FOLCLÓRICAS E INFANTIS

Prosseguindo nessa linha de raciocínio, compreende-se por que certa literatura que teve largo sucesso entre os povos antigos (de interesses já tão distantes de nossa realidade atual) continue agradando às massas populares ou às crianças de hoje, como é o caso da *literatura folclórica,* ou das obras clássicas da *literatura infantil.*

Atentando-se para a *natureza* dessa literatura, vemos que sua matéria pertence à área do *maravilhoso,* da *fábula,* dos *mitos* ou das *lendas,* cuja linguagem metafórica se comunica facilmente com o *pensamento mágico,* natural nos seres intelectualmente imaturos. Em última análise, esse maravilhoso, concretizado em imagens, metáforas, símbolos, alegorias... é o mediador, por excelência, dos valores a serem eventualmente assimilados pelos ouvintes ou leitores (para além do puro prazer que sua linguagem possa transmitir...).

E aqui surge uma nova pergunta: Se a *exemplaridade* foi das intenções básicas dessa literatura primordial, como explicar que ela continue interessando, apesar do abismo de diferenças que separam o mundo arcaico do contemporâneo?

Está claro que, com a passagem dos tempos e a transformação dos costumes, perdeu-se a memória das *circunstâncias particulares e imediatas* que teriam atuado na criação dos textos originais. Entretanto, como os valores (humanos, sociais, éticos, políticos, etc.) visados pela transfiguração literária eram *gerais* e *perenes* (pois de alguma forma se ligavam às paixões, vícios, impulsos ou desejos de natureza humana), embora tenha desaparecido no tempo a circunstância particular e real que provocou a invenção do texto, tais valores continuaram presentes e vivos na linguagem imagística ou simbólica que os expressou em arte. Continuam falando aos homens, porque, devido à *verdade geral* que expressam e ao meio metafórico com que foram concretizados, podem ser continuamente *atualizados.* Isto é, aludir a mil outras e diferentes *circunstâncias particulares* com a mesma *verdade* com que foram expressos originalmente.

É esse o caráter fundamental da literatura (ou da arte em geral):

traduzir *verdades individuais,* de tal maneira integradas na *verdade geral e abrangente,* que a forma representativa escolhida, mesmo perdendo, com o tempo, o motivo particular que a gerou, continua falando aos homens por outros motivos, também verdadeiros, no momento em que surgem.

É o caso, por exemplo, dos contos e das fábulas de *Calila e Dimna,* que teriam nascido na Índia, no século V a. C., como ensinamento da ciência política, ou melhor, da *arte de governar.* Obviamente, essa "arte" alterou-se tanto, nestes dois mil e quatrocentos anos que se passaram sobre tais narrativas, que estas fatalmente já deveriam ter sido esquecidas. No entanto, continuam vivas e disseminadas por milhares de outras histórias em todo o mundo.

O que explicaria tal prodígio? Simplesmente o fato de que a verdade particular de alguns reis ou autoridades políticas na Índia daquela época foi expressa em *linguagem simbólica* e, nesta, o que perdurou foram as *verdades gerais* da arte de governar, que é a arte de guiar os destinos dos homens e dos povos, de acordo com determinadas convicções ou valores. Os quais, em última análise, são gerados pelas mesmas e eternas paixões humanas (ambição, inveja, generosidade, ciúmes, ódio, fidelidade, traição, etc.).

Enfim, toda grande obra literária que venceu o tempo e continua falando ao interesse de cada nova geração, atende a outros motivos particulares que, como os que atuaram em sua origem, são decorrentes de uma verdade humana geral.

Em polo oposto, estão as obras realistas ou naturalistas. As que, conscientemente aderidas ao momento, à pura circunstancialidade (e usando uma linguagem referencial e unívoca, sem nenhuma transcendência metafórica), deram voz a motivos precários, contingentes, sem conseguirem a transfiguração poética que as elevaria acima do tempo e do espaço que as gerou. Toda obra, ortodoxamente engajada com a realidade concreta e precária, se for bem realizada poderá atuar de maneira fecunda em seu tempo, mas está fadada, de antemão, a se transformar em mero *documento* de sua época. O ideal é quando, no contingente, o escritor consegue detectar o eterno...

2

Literatura infantil: arte literária ou pedagógica?

Evidentemente, a localização das origens da literatura infantil em remotas expressões da literatura adulta por si só não explica as diferentes formas que ela vem assumindo desde que, no séc. XVII, começou a ser escrita especificamente como tal: *literatura para crianças.*

O que se pode deduzir, diante das tendências que ela vem seguindo nestes três séculos de produção, é que um dos primeiros problemas a suscitar polêmica, quanto à sua forma ideal, teria sido o de sua *natureza* específica: A literatura infantil pertenceria à *arte literária* ou à *área pedagógica?* Controvérsia que vem de longe: tem raízes na Antiguidade Clássica, desde quando se discute a natureza da própria literatura *(utile* ou *dulce?* isto é, didática ou lúdica?) e, na mesma linha, se põe em questão a finalidade da literatura destinada aos pequenos. *Instruir* ou *divertir?* Eis o problema que está longe de ser resolvido. As opiniões divergem e em certas épocas se radicalizam.

Entretanto, se analisarmos as grandes obras que através dos tempos se impuseram como "literatura infantil", veremos que pertencem simultaneamente a essas duas áreas distintas (embora limítrofes e, as mais das vezes, interdependentes): a da arte e a da pedagogia. Sob esse aspecto, podemos dizer que, como objeto que provoca emoções, dá prazer ou diverte e, acima de tudo, modifica a consciência de mundo de seu leitor, a literatura infantil é arte. Sob outro aspecto, como instrumento manipulado por uma intenção educativa, ela se inscreve na área da pedagogia.

Entre os dois extremos há uma variedade enorme de tipos de literatura, em que as duas intenções (divertir e ensinar) estão sempre presentes, embora em doses diferentes. O rótulo "literatura infantil" abarca, assim, modalidades bem distintas de textos: desde os contos de fada, fábulas, contos maravilhosos, lendas, histórias do cotidiano... até biografias romanceadas, romances históricos, literatura documental ou informativa.

Por via de regra, a eventual *opção* do escritor em relação a uma dessas atitudes básicas não depende exclusivamente de sua decisão pessoal, mas de tendência predominante em sua época. Essa aparente dicotomia se coloca como problema para aqueles que têm a seu cargo a educação das crianças, ou para os que escrevem para elas, exatamente em épocas em que a sociedade e a literatura estão em crise de mudança.

Sabe-se que nesses momentos de transformações, quando um sistema de vida ou de valores está sendo substituído por outro, o aspecto arte predomina na literatura: o ludismo (ou o descompromisso em relação ao pragmatismo ético-social) é o que alimenta o literário e procura transformar a literatura na *aventura espiritual* que toda verdadeira criação literária deve ser.

Assim, os que são impelidos mais fortemente pelas forças da renovação exigem que a literatura seja apenas *entretenimento*, jogo descompromissado (pois é justamente a atividade lúdica que tem por função desarticular estruturas estáticas, já cristalizadas no tempo). Os que acreditam que a criança precisa ser preservada da crise e ajudada em sua necessária integração social elegem como ideal a *literatura informativa* (dessa maneira, oferecendo-lhes fatos cientificamente comprováveis ou situações reais, acontecidas e irrefutáveis, transmitem-lhes, ao mesmo tempo, valores consagrados pelo passado e inquestionáveis... e com isso escapam ao difícil confronto com os valores de um presente em plena mutação e ainda um enigma a ser desvendado).

Já em *épocas de consolidação*, quando determinado sistema se impõe, a intencionalidade pedagógica domina praticamente sem controvérsias, pois o importante para a criação no momento é transmitir valores para serem incorporados como verdades pelas novas gerações. Como exemplos bem próximos de nós, temos a literatura ro-

NELLY NOVAES COELHO

mântica que, ainda em plena crise do Classicismo, nasceu como entretenimento ou jogo, abrindo caminho para os valores novos que se impunham. Na luta pela consolidação do sistema liberal-burguês-patriarcal-cristão (resultante daqueles valores e padrões), afirma-se uma grande literatura (para adultos e para crianças). Com a instauração total do sistema, o ideário romântico acaba impondo a todos uma "literatura exemplar" (feita de fórmulas), que entra pelo nosso século adentro, ignorando as mudanças que já se faziam necessárias devido à vitória do próprio sistema (que a si mesmo se supera, ao engendrar um novo homem).

A evolução é fenômeno incessante...

Compreende-se, pois, que essas duas atitudes polares (literária e pedagógica) não são gratuitas. Resultam da indissolubilidade que existe entre a *intenção artística* e a *intenção educativa* incorporadas nas próprias raízes da literatura infantil.

Atualmente, a confusão é grande. Em geral, *uma* das atitudes tem predominado sobre a outra. Daí os excessos e os equívocos que proliferam em certa produção infantil mais recente. Não só os livros publicados, mas também as centenas de originais enviados a concursos ou entregues às editoras, revelam que, na maioria, predomina a *gratuidade* (livros que, em lugar de serem divertidos, como se pretendem, são apenas tolos e cacetes, ou, então, fragmentados e sem sentido). Ou então são obras sobrecarregadas de informações corretíssimas, mas que, despidas de fantasia e imaginação, em lugar de atrair o jovem leitor o afugenta. Não podemos esquecer que, sem estarmos motivados para a descoberta, nenhuma informação, por mais completa e importante que seja, conseguirá nos interessar ou será retida em nossa memória. Ora, se isso acontece conosco, adultos conscientes do valor das informações, como não acontecerá com as crianças?

De qualquer forma, essa circunstância negativa não afeta em nada a alta categoria da nossa produção literária para crianças e jovens, reconhecida internacionalmente. Produção que com rara felicidade conseguiu equacionar os dois termos do problema: literatura para divertir, dar prazer, emocionar... e que, ao mesmo tempo, ensina modos novos de ver o mundo, de viver, pensar, reagir, criar... E principalmente se mostra consciente de que é pela invenção da linguagem que essa intencionalidade básica é atingida...

A literatura contemporânea, expressão das mudanças em curso e que, longe de pretender a *exemplaridade* ou a transmissão de valores já definidos ou sistematizados, busca estimular a *criatividade,* a descoberta ou a conquista dos novos valores em gestação. E aqui entra o *trabalho didático* dos professores, fazendo o papel dos médicos nos partos...

Enfim, entre esses dois polos, está oscilando a produção atual da literatura (para adultos ou para crianças) – polos que não se excluem (a não ser quando se radicalizam...). Resta aos escritores tornarem-se conscientes das forças atuantes em seu tempo e conquistarem a fusão ideal...

Não há dúvida de que essa dialética, natural ao fenômeno literário, é a responsável básica pelas *mutações* de estilo e de temas que a literatura infantil vem apresentando desde as origens e também pela *permanência* de certos fatores que a singularizam como fenômeno específico que é, embora de difícil definição. Tais mutações ou tal permanência dependem essencialmente da *consciência de mundo patente* ou *latente na matéria literária* de cada obra.

LITERATURA E CONSCIÊNCIA DE MUNDO

Atendendo às novas forças atuantes no pensamento culto, podemos dizer, taxativamente, que nenhum escritor poderá criar um universo literário significativo, orgânico e coerente em suas coordenadas básicas (estilísticas e estruturais) e em sua mensagem, se não tiver a orientar sua *escritura* uma determinada consciência de mundo ou certa filosofia de vida (presença atuante que, nos verdadeiros criadores, é talvez inconsciente...). Na ausência destas, o mais que teremos será uma *produção livresca,* que poderá, inclusive, ser atraente e interessante, mas que fatalmente terá vida brevíssima: é mero jogo *literário,* não chega a ser uma *obra literária.*

Da mesma forma, toda *leitura* que, consciente ou inconscientemente, se faça em sintonia com a essencialidade do texto lido, resultará na formação de determinada consciência de mundo no espírito do leitor; resultará na *representação* de determinada realidade ou valores que tomam corpo em sua mente. Daí se deduz o poder de fecundação e de propagação de ideias, padrões ou valores que é inerente ao fenômeno literário, e que através dos tempos tem servido à humanidade engajada no infindável processo de evolução que a faz avançar sempre e sempre...

Esclarecendo o significado que atribuímos aqui ao termo "consciência", valemo-nos da definição dada pelo pedagogo e psicólogo francês René Hubert. Como ele diz: "a consciência se descobre como *relação* entre um objeto e um sujeito claramente distintos um do outro, opostos um ao outro e, ao mesmo tempo, unidos um ao outro". (R. Hubert, 1957.)

É, portanto, de uma relação que se estabelece entre o *eu* e o *outro* (tudo que não seja o próprio eu) que nasce a *consciência,* e desta resulta o conhecimento. E, porque a *consciência* nos leva ao *conhecimento,* ela se nos impõe como fator essencial da obra literária.

Ou melhor, porque sabemos que todo ato criador tem, em sua gênese, uma determinada consciência de mundo (que, de modo consciente ou inconsciente, interfere no ato de criação), torna-se importante, para compreendermos melhor cada obra literária, conhecermos as relações que se estabelecem entre seus fatores constituintes. É dessas relações que resulta sua literariedade, cujas características, por sua vez, resultam da referida consciência de mundo do autor. Consciência que não é outra coisa senão o seu conhecimento de mundo, as *relações* que se estabeleceram entre ele e o espaço/tempo em que vive (seus padrões ideais de comportamento, seus desejos, frustrações, paixões, esperanças, cultura, decepções, medos, revoltas, entusiasmos, etc.). Quanto mais orgânicas e profundas forem tais *relações,* entre o *eu* do escritor e as "suas circunstâncias" (Ortega y Gasset), e quanto mais a sua *escritura* for coerente com tais *relações,* tanto mais perfeita será a criação literária que dela resulta.

No *ato da leitura*, através do literário, dá-se o conhecimento da consciência de mundo ali presente. Assimilada pelo leitor, ela começa a atuar em seu espírito (e conforme o caso a dinamizá-lo no sentido de certa transformação...). Mas, para que essa importante assimilação se cumpra, é necessário que a *leitura* consiga estabelecer uma relação essencial entre o *sujeito* que lê e o *objeto* que é o livro lido. Só assim o conhecimento da obra se fará e sua leitura se transformará naquela *aventura espiritual* de que falamos mais atrás.

Além disso, como lembra Hubert, "esse *conhecimento* não se faz de chofre [...] só progressivamente ele alcança perfeita clareza".

Daí a importância que se atribui, hoje, à *orientação* a ser dada às crianças, no sentido de que, ludicamente, sem tensões ou traumatismos, elas consigam estabelecer *relações* fecundas entre o universo literário e seu mundo interior, para que se forme, assim, uma *consciência* que facilite ou amplie suas relações com o universo real que elas estão descobrindo dia a dia e onde elas precisam aprender a se situar com segurança, para nele *poder agir*.

A LITERATURA INFANTIL IDEAL: REALISTA OU FANTASISTA?

Questão que, de tempos em tempos, volta a provocar discussões e dividir opiniões é a da validade, maior ou menor, de cada uma das formas básicas da literatura infantil: o ideal para os pequenos leitores seria a literatura realista? ou a fantasista?

A verdade é que esse problema se coloca também para a literatura em geral e, conforme a época, uma ou outra dessas duas formas (realismo ou imaginário) acabam por predominar no *ato criador* ou no *gosto do público*. Tal predomínio, evidentemente, não se dá por acaso, mas resulta de uma série de causas interdependentes e complexas que, aqui, não cabe analisar. Entretanto, é importante notar que a atração de um autor pelo *registro realista* do mundo à sua volta ou pelo *registro fantasista* resulta de sua intencionalidade criadora: ora *testemunhar* a realidade (o mundo, a vida real...) *representando-a* diretamente pelo *processo mimético* (pela imitação fiel), ora *descobrir* "o outro lado" dessa mesma realidade – o não imediatamente visível ou conhecido –, transfigurando-a pelo *processo metafórico* (representação figurada). Nesse caso, a matéria literária identifica-se não com a *realidade concreta*, mas com a *realidade imaginada*, com o sonho, a fantasia, o imaginário, o desconhecido.

Nenhuma dessas formas é *melhor* ou *pior*, literariamente. São apenas *diferentes* e dependem das relações de conhecimento que se estabelecem entre os homens e o mundo em que eles vivem.

O pensamento mágico

Em seus primórdios, a literatura foi essencialmente fantástica: na infância da humanidade, quando os fenômenos da vida natural e as causas e os princípios das coisas eram inexplicáveis pela lógica, o *pensamento mágico* ou *mítico* dominava. Ele está presente na imaginação que criou a primeira literatura: a dos mitos, lendas, sagas, cantos rituais, contos maravilhosos, etc. A essa fase mágica, e já revelando preocupação crítica com a realidade das relações humanas, correspondem as fábulas. Nestas, a imaginação representa, em *figuras de animais*, os vícios e as virtudes que eram característicos dos homens. Compreende-se, pois, por que essa literatura arcaica acabou se transformando em literatura infantil: a *natureza mágica* de sua matéria atrai espontaneamente as crianças.

O pensamento lógico

À medida que o homem avança no *conhecimento científico* do mundo, e começa a explicar os fenômenos pela razão ou pelo *pensamento lógico*, também vai exigir da literatura uma *atitude científica* que possa representar a *verdade do real*.

Mas, como nenhuma conquista do conhecimento é definitiva, as épocas de crença na *verdade científica* se alternam com épocas de grande descrença nas verdades exatas e, consequentemente, de *redescoberta da fantasia*, da imaginação ou da magia. A *literatura fantasista* foi a forma privilegiada da literatura infantil desde seus primórdios (séc. XVII) até a entrada do Romantismo, quando o maravilhoso dos contos populares é definitivamente incorporado ao seu acervo. Entretanto, a necessidade de mostrar a nova verdade conquistada pela sociedade romântico-burguesa gera uma nova literatura para crianças, centrada no *realismo cotidiano*: narrativas que se constroem com *fatos reais* (facilmente identificados na vida cotidiana ou na história), e de que a obra da Condessa de Ségur é modelo.

Portanto, à medida que o cientificismo se impõe como única possibilidade de conhecimento (baseado em *fatos* e em suas *leis*), o Realismo passa a dominar a literatura como forma privilegiada de revelar o mundo. Desde finais do século XIX até meados dos anos 50, diferentes correntes de pensamento cientificista se têm sucedido na cultura moderna (positivismo ou materialismo; pragmatismo ou utilitarismo; personalismo, behaviorismo, socialismo, etc.). Embora cada corrente tenha seus fundamentos e suas características próprias, todas se igualam na tendência realista e experimentalista: recusam taxativamente qualquer possibilidade de conhecimento que pretenda ir além da *experiência concreta ou sensível,* seja a dos fatos positivos e da matéria, seja a do jogo das relações sociais (indivíduo ∞ sociedade), etc.

Nos anos 60, o próprio avanço da ciência, descobrindo fenômenos inexplicáveis pela lógica científica, acaba por desacreditar o *enfoque realista* que vai ser superado pelo *enfoque fantasista*. A era dos computadores começa; o homem domina o espaço planetário, lança satélites, chega à Lua e continua avançando na descoberta do desconhecido; o poder da mente começa a ser investigado, através de diferentes processos (em que se alternam religião, parapsicologia, experiências com alucinógenos, ocultismo, etc.); enfim, uma nova mentalidade e uma nova era são vislumbradas num horizonte possível de ser atingido em pouco tempo (pelo menos é o que se crê...).

Em face desse acelerado processo de transformação tecnológica e científica é de se compreender que o conhecimento científico, objetivo e realista fosse novamente superado por suas próprias conquistas. As forças da fantasia, do sonho, da magia, da imaginação, do mistério, da intuição, etc. são desencadeadas como novas possíveis formas de representação da experiência humana. O maravilhoso volta a entrar triunfalmente na literatura. Hoje, as duas tendências coexistem igualmente poderosas e vivas (ora separadas, ora fundidas no realismo mágico ou na ficção científica), tanto na literatura adulta como na infantil.

O MARAVILHOSO E A FORMAÇÃO DO ESPÍRITO INFANTIL

O maravilhoso sempre foi e continua sendo um dos elementos mais importantes na literatura destinada às crianças. Essa tem sido a conclusão da psicanálise, ao provar que os *significados simbólicos* dos contos maravilhosos estão ligados aos eternos dilemas que o homem enfrenta ao longo de seu amadurecimento emocional. O que se processa desde a *fase narcisista* ou *egocêntrica* inicial, em que domina o *eu inconsciente*, primitivo e instintivo (*id*), durante a qual, segundo Jung, a energia psíquica primária (que regula toda a vida humana) é dirigida exclusivamente para o próprio *eu*, até a fase final (a que poucos chegam) de transcendência da própria humanidade, por um *eu* ideal (*superego*). Entre essas duas fases polares, dá-se a evolução mais significativa do ser humano: a passagem do *egocentrismo* para o *sociocentrismo*: a do *eu* para o *nós*, a fase do *eu* consciente (*ego*), real, afetivo, inteligente, que reconhece e valoriza o *outro* como elemento-chave para sua própria autorrealização. Nessa fase se inicia, para a criança, a luta pela defesa de sua vontade e de seu desejo de independência em relação ao poder dos pais ou à rivalidade com os irmãos ou amigos. É quando, inconscientemente, a criança tenta construir sua própria imagem ou identidade e se depara com os muitos estímulos ou interdições aos seus impulsos, etc., etc.

É, pois, nesse período de amadurecimento interior que a literatura infantil e, principalmente, os contos de fada podem ser decisivos para a formação da criança em relação a si mesma e ao mundo à sua volta. O maniqueísmo que divide as personagens em boas e más, belas ou feias, poderosas ou fracas, etc. facilita à criança a compreensão de certos valores básicos da conduta humana ou do convívio social. Tal dicotomia, se transmitida através de uma linguagem simbólica, e durante a infância, a nosso ver, *não será prejudicial à formação de sua consciência ética* (como temem, muitos, ao lembrarem a falsidade das divisões estanques, Bem/Mal, Certo/ Errado, etc., que caracteriza os contos maravilhosos). E não o será, porque através deles a criança incorporará os valores que desde sempre regeram a vida humana. Cabendo sempre a cada sociedade decidir *o que*, para ela, é "bom" ou "mau". O que a criança encontra nos contos de fada são, na verdade, *categorias de valor* que são perenes. Impossível prescindirmos de *juízos valorativos*: a vida humana, desde as origens, tem-se pautado por eles. O que muda é apenas o *conteúdo* rotulado de "bom" ou "mau", "certo" ou "errado"...

Lembra a psicanálise que a criança é levada a se identificar com o herói bom e belo, não devido à sua bondade ou beleza, mas por sentir nele a própria personificação de seus problemas infantis: seu inconsciente desejo de *bondade* e de *beleza* e, principalmente, sua necessidade de segurança e proteção. Identificada com os heróis e as heroínas do mundo do maravilhoso, a criança é levada, inconscientemente, a resolver sua própria situação – superando o medo que a inibe e ajudando-a a enfrentar os perigos e as ameaças que sente à sua volta e assim, gradativamente, poder alcançar o equilíbrio adulto.

Entre os tópicos dignos de reflexão propostos pelo psicólogo B. Bettelheim, está a defesa da presença do *mal* nas histórias para crianças. Diz ele:

> Ao contrário do que acontece em muitas estórias infantis modernas, nos contos de fadas o mal é tão onipresente quanto a virtude.
> Em praticamente todo conto de fadas, o bem e o mal recebem corpo na forma de algumas figuras e de suas ações, já que bem e mal são onipresentes na vida e as propensões para ambos estão presentes em todo homem. É esta dualidade que coloca o problema moral e requisita a luta para resolvê-lo.
> *O mal* não é *isento de atrações* – simbolizado pelo poderoso gigante ou dragão, o poder da bruxa, a astuta rainha na "Branca

de Neve" – e com frequência se encontra temporariamente vitorioso. [...] A cultura dominante deseja fingir, particularmente no que se refere às crianças, que o *lado escuro do homem* não existe, e professa a crença num aprimoramento otimista. [...] As figuras nos contos de fadas não são ambivalentes – não são boas e más ao mesmo tempo, como o somos todos na realidade. Mas dado que a polarização domina a mente da criança, também domina os contos de fadas. Uma pessoa é ou boa ou má, sem meio-termo. Um irmão é tolo, o outro esperto. [...] A apresentação das *polarizações de caráter permite à criança compreender facilmente a diferença entre as duas*, o que ela não poderia fazer tão prontamente se as figuras fossem retratadas com mais semelhança à vida, com todas as complexidades que caracterizam as pessoas reais. As ambiguidades devem esperar até que esteja estabelecida uma personalidade relativamente firme na base das identificações positivas. Então, a criança terá uma base para compreender que há grandes diferenças entre as pessoas e que, por conseguinte, uma pessoa tem que *fazer opções* sobre quem quer ser. Esta *decisão básica*, sobre a qual todo o desenvolvimento ulterior da personalidade se construirá, é *facilitada pelas polarizações do conto de fadas*. (Bettelheim, 1978.) (grifos nossos)

Esse é um problema vital que está sendo enfrentado hoje pela literatura que se quer atualizada: como tratar o "lado escuro do homem", ao nível da mente infantil? Prosseguir com a polarização? Ou, como querem alguns, mostrar desde logo a relatividade das coisas e a ambiguidade dos seres? De nossa parte, concordamos com Bettelheim, "as ambiguidades devem esperar até que esteja estabelecida uma personalidade relativamente firme na base das identificações positivas".

Concluindo a análise desse problema, Bettelheim demonstra que, dando acolhida ao mal – com força quase igual ao bem, embora perdendo no fim –, os contos de fadas ensinam às crianças que, na vida real, é imperioso que estejamos sempre preparados para enfrentar grandes dificuldades. E, nesse sentido, dá também sugestões de coragem e otimismo que serão necessários à criança para atravessar e vencer as inevitáveis crises de crescimento.

Intuitivamente, a criança compreenderá que tais histórias, embora irreais ou inventadas, não são falsas, pois ocorrem de maneira semelhante no plano de suas próprias experiências pessoais.

Sua análise ressalta ainda que a finalidade dessas histórias é confirmar a necessidade de se suportar a dor ou correr riscos para se conquistar a própria identidade. O final feliz acena com a esperança no fim das provações ou ansiedades.

Principalmente os escritores de literatura para crianças, meninos, meninas ou jovens, encontrarão, neste instigante estudo, farto material de reflexão para sua criação literária. Nele, descobrirão também que "hoje, como no passado, a tarefa mais importante e também mais difícil na criação de uma criança é ajudá-la a *encontrar significado na vida*". E aí está a literatura para servir de mediadora para essa tarefa...

A CRÍTICA E A LITERATURA INFANTIL

Embora precária e sem nenhuma organicidade, entre nós, a crítica sobre literatura infantil vem-se realizando e, a despeito de muitos equívocos, gradativamente, ganhando foros de atividade orientadora da criação. O curioso a notar é que muitas das vozes críticas que se fazem ouvir em congressos, mesas-redondas, encontros de professores ou de escritores, seminários ou em artigos em revistas especializadas, raramente são da área de Letras. Vêm de vários ramos das ciências humanas (sociologia, psicologia, antropologia, comunicação, política, educação...). Apenas essa circunstância já prova amplamente que a literatura infantil e juvenil não é, nem pode ser, mero *entretenimento*. Tão ligada ela está ao sistema de valores vigente na sociedade que profissionais das diferentes áreas do conhecimento humano se voltam para ela. As razões podem ser as mais variadas. Mas, a julgar pelo teor desses estudos, a maioria pretende encontrar, nela, melhores subsídios para a compreensão do *fenômeno de mutação* que nosso mundo está sofrendo.

Mas, seja qual for a razão, uma coisa é certa: nenhum desses profissionais está interessado na literatura enquanto *fenômeno literário,* mas enquanto *veículo de ideias* ou *padrões de comportamento.*

Devido à carência de uma *crítica literária organizada* (que sirva de orientação metodológica aos professores, bibliotecários, orientadores educacionais, pais e mães interessados em estimular na criança e nos jovens o gosto e o interesse pela leitura), cabe aqui chamar a atenção para esse interesse das demais áreas pela literatura infantil e juvenil. É importante que entendamos a natureza e os prováveis objetivos dessas análises que vêm sendo divulgadas, porque elas podem, equivocamente, ser tomadas como *análises literárias.* E, se aplicadas com os pequenos leitores, forçosamente darão resultados bem negativos, pois se arriscam a transformar a compreensão ou a valorização literária do texto em mera denúncia de caráter sócio-político-econômico.

Tais "denúncias", se, por um lado, são extremamente úteis para o público adulto, ainda não consciente da deterioração dos valores ou padrões tradicionais ainda vigentes em nossa sociedade, por outro lado, podem induzir os "despreparados" a tomá-las como o caminho mais válido para a leitura e análise da literatura.

Essa diretriz crítica tem sua justificativa em determinadas circunstâncias. E, obviamente, não é privativa dos críticos brasileiros. Expressa uma tendência que se vem manifestando em vários países da Europa e das Américas, e que através dos textos literários infantis vem reivindicando os direitos milenarmente recusados aos grandes "injustiçados" da história: a mulher, a criança e as raças que há séculos têm sido dominadas pelos brancos.

Nesse sentido, ao ser ligada, de maneira radical, a problemas sociais, étnicos, econômicos e políticos de tal gravidade, a literatura infantil e juvenil perde suas características de *literariedade* para ser tratada como simples *meio* de transmitir valores. Ou é lida exclusivamente em função de seus estereótipos sociais.

Daí a urgência que vemos na conscientização e organização de uma *crítica literária* para a literatura infantil brasileira.

CRITÉRIOS E MODALIDADES DE CRÍTICA LITERÁRIA

Sabemos à saciedade que esse importante campo da cultura, que é a *crítica*, é um dos mais carentes entre nós. Deixando de lado as prováveis causas ou os fatores que impedem o amplo desenvolvimento da crítica brasileira em geral, examinemos mais de perto o que é (ou pode ser) a chamada *crítica literária* (de literatura para crianças ou adultos).

Que critérios seriam válidos, hoje, para sua produção efetiva e fecunda?

Dentro do relativismo que comanda o mundo atual, é evidente que não há nenhum critério ou fórmula preestabelecidos que possam determinar o que é a crítica ideal.

Dependendo de seus *objetivos* imediatos e do *público* que ela pretende atingir, os processos se diversificam e surgem os vários tipos de análise. A julgar pelos aspectos de que se reveste hoje, entre nós, a produção desse setor, veiculada pela imprensa ou desenvolvida no meio universitário e divulgada em revistas especializadas, percebe-se que, apesar da diversidade de abordagens e de um evidente desnorteamento quanto aos objetivos a serem alcançados, há um sério esforço para a descoberta de novos processos de leitura crítica.

Desde que, na passagem do séc. XIX para o séc. XX, desapareceram os *modelos literários* e/ou *linguísticos* (que serviam de parâmetro para a crítica decidir do valor ou desvalor das obras que surgiam), uma multiplicidade de *critérios* têm sido aventados e inúmeros *métodos*, experimentados.

Não é aqui o caso de examinarmos as peculiaridades, os acertos ou desacertos desses *critérios*. Quanto aos *métodos*, por diferentes que pareçam ser, quase todos desenvolvem uma *leitura analítico-interpretativa* das obras. Isto é, não têm como objetivo *conhecer o valor* da obra, mas apenas *descrever a sua matéria literária*. É compreensível que, na falta de padrões aferidores, a leitura crítica se visse impossibilitada de apontar os pressupostos valores das obras. Daí sua recusa a qualquer tipo de valorização e sua consciente limitação ao *texto, nada mais do que o texto* – lei básica de todas as análises formalistas. O que importa a essa diretriz metodológica é a descoberta do mecanismo da linguagem ao se estruturar um texto. É a análise do discurso ou a análise semiótica (ou semiológica).

Entretanto, nota-se uma nova preocupação com o *valor*. Embora, não mais com o sentido absoluto de corresponder a um *modelo*, como acontecia com a leitura tradicional. Isto é, não se trata mais de *julgar* o mérito de uma obra em relação a *parâmetros* ou *modelos* considerados ideais, mas de *descrever* e *interpretar* a matéria literária (no caso da literatura infantil, também a matéria imagística, que é fundamental), em sua organicidade estrutural, adequação temática, natureza da linguagem usada, etc., tendo em vista o contexto temporal e cultural.

Na prática atual, têm predominado os métodos descritivos ou formalistas que procuram, no texto, o *o quê?* ele quer comunicar ao leitor e o *como?* essa comunicação se constrói. Há ainda a linha que vimos chamando de *culturalista* e que, para além do *o que* e do *como*, procura descobrir e interpretar o *por quê?* da obra: a intencionalidade que estaria explícita ou implícita em sua construção. A análise de texto através da *ótica culturalista* investiga as *possíveis relações* existentes entre a *escritura literária* (ou *imagística*) e o *universo* criado por ela; isto é, a *obra em seu todo*. Procura também as relações entre a *obra* e o seu *momento*. Com esse processo, a análise visa descobrir em que medida a obra difere ou não das diretrizes propostas pelo seu tempo; em que medida inova ou dá continuidade; em que medida sua matéria literária pode ser classificada como *original, enriquecedora, convencional* ou *diluidora*.

De uma maneira geral, a análise avança através de uma série de perguntas:

a. O que a obra transmite? qual seu enredo, assunto, trama, efabulação?

b. Como isso é expresso em *escritura literária*? quais os recursos de linguagem, de estilo ou de estrutura escolhidos pelo autor? Qual a *intenção* que predominou nessa escolha: a estética ou a ética? (A primeira dá ênfase ao *fazer literário*, a segunda, aos padrões de comportamento...)

c. Qual a *consciência de mundo* (ou sistema de valores) ali presente ou latente? Há ou não coerência orgânica na construção da obra? Entre estilo, recursos expressivos, problemática e consciência de mundo? (É essa organicidade que lha dá o *valor* de obra literária.)

d. Qual a *intencionalidade* do autor que pode ser percebida na obra? qual seria a sua finalidade em relação ao leitor? Divertir, instruir, educar, emocionar, conscientizar...?

A partir dessas perguntas básicas, a análise vai abrindo caminhos imprevisíveis, pois são as respostas dadas pela matéria interrogada que vão decidindo...

Obviamente, só por um artifício didático podemos separar os elementos acima enumerados. Bem sabemos que todos estão integrados em um só fenômeno: a escritura literária.

Qualquer intenção ou finalidade é determinada por uma consciência propulsora e requer meios para se realizar. Por outro lado, só se pode pensar em meios quando se tem uma finalidade ou um objetivo à vista. É, pois, das relações mútuas entre esses fatores básicos, manipulados com arte e com criatividade, que surge a obra, o livro, o fenômeno literário.

Embora, por exigência operativa da análise, sejamos obrigados a separar os vários elementos constituintes da obra, não podemos esquecer que só a interação orgânica entre *intencionalidade* (fins) e sua *concretização* (meios) na *matéria literária* e/ou *imagística* (obra) permitirá que esta adquira *valor* como produto literário que é. E mais: é a adequação entre a *consciência de mundo* (implícita na intencionalidade da obra) e a *natureza do discurso literário* (linguagem que dá corpo à consciência de mundo), que nos permite conhecer o grau de criatividade que dá à obra o seu maior ou menor valor literário.

Uma gramática da literatura infantil

A linguagem é, por si, uma relação com o mundo, com o inconsciente e a história.
Eduardo Prado Coelho, *Reino Flutuante*

1 Matéria e forma de literatura

Aberto o caminho para o estudo da literatura infantil, pela interrogação sobre sua possível natureza, pelo registro de suas relações genéticas com a literatura popular e fontes arcaicas, e as possíveis formas de ser lida e criticada, cabe agora interrogarmos o seu próprio corpo. O que é esse contexto conhecido como literatura infantil? Do quê? e como se constrói essa matéria literária específica? Quais os gêneros, subgêneros, formas ou espécies literárias em que ela se expressa?

Tentando responder objetivamente a tais questões, propusemo-nos a delimitar os *fatores constituintes* do corpo ou da matéria em que a literatura infantil se concretiza e a selecionar *os processos de composição* ou *recursos narrativos* que a produzem.

Sem intenção de fechar essa matéria literária em normas absolutas, dogmáticas ou rígidas (o que é absolutamente impossível, devido à natureza fluida de toda arte), organizamos um *conjunto de princípios e hipóteses teóricas* (extraído da literatura em geral e da infantil em particular) que poderá servir aos interessados, como uma espécie de gramática que os oriente para a prática com o texto literário.

O FENÔMENO LITERÁRIO: A INVENÇÃO, A PALAVRA E O LIVRO

Produto da imaginação criadora do homem, o fenômeno literário se caracteriza por uma duplicidade intrínseca: é simultaneamente *abstrato* e *concreto*. Abstrato, porque é gerado por ideias, sentimentos, emoções, experiências de várias naturezas... Concreto, porque tais experiências *só têm realidade efetiva* quando nomeadas, isto é, transformadas em *linguagem* ou em *palavras*. Estas, por sua vez, precisam ser registradas em algo que lhes dê o indispensável *suporte físico*, para elas existirem como fenômeno, ou seja, para se comunicarem com seu destinatário e também para perdurarem no tempo.

Desde suas origens pré-históricas, o homem procurou se comunicar ou marcar sua presença no mundo através de uma determinada *escrita*, isto é, de uma forma concreta de registrar sua fala e fazê-la perdurar no tempo. Foram vários os *suportes físicos* descobertos pelo homem para inscrever suas mensagens: pedras, tabuinhas de argila, peles de animais, o córtex das árvores, junco, chifres... materiais tirados da natureza e nos quais, com o auxílio do buril, o "escritor" fazia riscos para transmitir seus pensamentos aos outros. A partir dessa escrita rudimentar, em desenhos, os *suportes físicos* foram evoluindo até chegarem à nossa civilização, com a invenção do papel e do *livro*, em cujas páginas a *criação literária* adquire *corpo verbal* e se torna acessível aos leitores.

Em nosso tempo cibernético, vemos o *livro* sendo substituído pelas mil invenções da informática, cuja conquista mais espantosa (até o final do segundo milênio) é a internet. Será superada a forma *livro*? Queremos julgar que não, mas só o tempo nos dirá...

Nessa ordem de ideias, enfatizamos, aqui, a importância dessa tripla conjugação de fatores, mencionada mais acima: a *invenção*, a *palavra* e o *livro*, dando como exemplo *O Patinho Feio*, de Andersen. A julgar pela visão de mundo patente na história, pode-se imaginar que, em certo momento, Andersen, o contador de histórias, tocado pela *ideia* de que a *essência do ser*, a potencialidade ou as qualidades intrínsecas do indivíduo são muito mais importantes do que sua *aparência física* ou sua *classe social*, Andersen inventa uma *situação simbólica* que, atraindo a atenção das crianças e divertindo-as, lhes ensinasse essa grande lição de vida. Portanto, ao inventar a história *O Patinho Feio* (ovo de cisne deixado por acaso entre ovos de pata... e só com o tempo revelado em sua verdadeira natureza), esse grande escritor dinamarquês criou, para sua ideia, uma *linguagem literária* que se transformou na alegre mensagem de esperança e confiança no valor intrínseco do ser humano. Mensagem que há mais de cem anos vem alegrando e encantando crianças do mundo inteiro.

A crer em sua biografia, Hans Christian Andersen era um grande contador de histórias: amava inventá-las para as crianças com quem convivia, e depois as escrevia para publicação na imprensa ou em livro. Tivesse ele *se limitado a apenas contar* tais histórias ao seu pequeno auditório fascinado e o mundo não teria conhecido a grande literatura infantil por ele criada e, hoje, universalmente celebrada.

Do *livro*, suporte essencial ao fenômeno literário, passamos ao exame do *corpo verbal* que ele registra.

A MATÉRIA LITERÁRIA E SEUS FATORES ESTRUTURANTES

A *invenção* transformada em *palavras* é o que chamamos de *matéria literária*. Esta é o *corpo verbal* que constitui a obra de literatura. As *operações* que intervêm na invenção literária, desde as *ideias em germinação* até a *elaboração da matéria* (narrativa, poética ou dramática), são os *recursos estruturais ou estilísticos*, os processos de composição, etc. É, pois, da arte do autor em inventar ou manipular esses processos e recursos que resulta a matéria literária.

Na composição da matéria narrativa, entram dez fatores estruturantes:

1. O *narrador* (a voz que fala, enunciando a efabulação);

2. O *foco narrativo* (o ângulo ou a perspectiva de visão, escolhida pelo narrador para ver os fatos e relatá-los);

3. A *história* (a intriga, argumento, enredo, situação problemática, assunto, etc.);

4. A *efabulação* (a trama da ação ou dos acontecimentos, sequência dos fatos, peripécias, sucessos, situações...);

5. O *gênero narrativo* (dependente da natureza do conhecimento de mundo e implícito na narrativa, podendo assumir três formas distintas: conto, novela e romance);

6. Personagens (aqueles que vivem a ação);

7. Espaço (ambiente, cenário, paisagem, local...);

8. Tempo (período de duração da situação narrada);

9. Linguagem ou *discurso narrativo* (elemento concretizador da invenção literária);

10. Leitor ou *ouvinte* (o provável destinatário, visado pela comunicação).

O narrador

"O termo *narrador* designa um *agente*. Esta desinência *or*, que encontramos em vocábulos como ator, condutor, impressor, etc., nos indica que se trata de uma personagem que tem como função atuar, conduzir ou imprimir e, neste caso, narrar." (W. Kayser, 1970.)

Embora persista, entre os leitores em geral, a ideia de que *autor* (aquela pessoa real que escreve o livro) e *narrador* (a voz que fala na narrativa) são uma mesma entidade biográfica, contemporaneamente inúmeras pesquisas tentam provar que se trata de "pessoas" diferentes. Note-se, nesse sentido, que o *autor implícito* é o ser histórico, a pessoa que produz o texto e não deve ser confundido com o *narrador* – aquela voz que inventa/conta a história. O *narrador* pertence ao texto; fora deste, ele não existe. Entidade fictícia, o *narrador* é responsável pela enunciação ou pela dinâmica que concretiza a narrativa, isto é, que produz o discurso narrativo.

Conforme a natureza de suas relações com a matéria narrada e com o destinatário (leitor ou ouvinte) de sua narrativa, o *narrador* assume diferentes categorias.

1. A do *contador de histórias* ou *narrador primordial* (de linhagem homérica ou mítica): aquele que se assume como *testemunho* ou mediador (e não, como *inventor*) de fatos ou acontecimentos realmente acontecidos, por ele próprio presenciados ou que lhe foram narrados por alguém que os teria vivido ou testemunhado, guardando-os na memória, e transmitido a outros. (É a voz que se faz ouvir nos mitos, lendas, crônicas medievais, livros de linhagem, contos de fada, contos maravilhosos...)

2. A do *narrador demiurgo* ou *onisciente* (de linhagem romanesca) que se quer um "recriador" da realidade e senhor absoluto de seu mundo de ficção, que ele pretende transmitir ao leitor como *verdade* (e não, como *invenção*, assumindo-se como total conhecedor dos fatos e conflitos, do dentro e do fora das personagens e, inclusive, de seu presente, passado e futuro. (É a voz predominante no romance romântico, no realista ou na literatura tradicional em geral.)

3. A do *narrador confessional* ou *intimista*: um *eu-narrador* que expõe as próprias experiências pessoais ou as de outros por ele testemunhadas. (É das vozes narradoras mais encontradiças na literatura de ontem de hoje.)

4. A do *narrador dialógico* (ou dialético): um *eu-narrador* que se dirige continuamente a um *tu*, a alguém que, entretanto, não se faz ouvir na superfície da narrativa, mas de certa forma a provoca. (Tipo de narrador que se faz ouvir no universo rosiano de *Grande Sertão: Veredas*; e também no "novo romance" francês dos anos 50.)

5. A do *narrador insciente* (moderno e pós-moderno): um *eu-narrador* que ignora as razões do que acontece com ele e à sua volta; que duvida e convive com incerteza ou certezas contraditórias que são, ao mesmo tempo, complementares. (Tipo de narrador que tem raízes em Kafka e, contemporaneamente, multiplica-se sem cessar.)

6. A do *narrador in off*: originalíssima variante do narrador dialógico, à medida que a única voz que se faz ouvir na narrativa dialogada é, não a do narrador que fala a um *tu* silencioso, mas a de um *tu* (ou vários interlocutores) que fala, respondendo as prováveis (ou evidentes) perguntas do *eu-narrador* cujas falas não se fazem ouvir na narrativa, mas permanecem *in off*. Ou em outras palavras: trata-se de uma narrativa na qual não se ouve a voz do *narrador*, mas apenas as vozes das *personagens* que com ele interagem.

O foco narrativo

Também chamado *ponto de vista*, *ótica narrativa*, *modos de visão*, etc., o *foco narrativo* corresponde ao ângulo de visão em que se coloca o narrador para contar a sua história. O *foco narrativo* é um dos fatores estruturantes mais importantes do processo narrativo. Como se sabe, o *foco narrativo* indica o olhar através do qual são vistos todos os incidentes do que é narrado. Ele revela a posição em que se encontra o narrador em relação ao que ele conta. Posição que por sua vez determina o grau de conhecimento que ele tem dos fatos ou das situações que ele vai desvendando. Dependendo do ângulo de visão adotado, o narrador ocupa uma das cinco posições possíveis:

1. Foco memorialista (ou *externo objetivo*). Foco do narrador-mediador entre o fato acontecido (que ele guardou na memória ou por escrito) e o seu ouvinte ou leitor. É em 3ª pessoa e, em geral, esclarece todos os fatos e pormenores necessários ao bom entendimento da narrativa. É o narrador que se mantém *fora* dos fatos que estão sendo narrados; isto é, permanece no exterior, sem penetrar no mundo interior das personagens. (Corresponde basicamente à atitude do *narrador primordial* de linhagem homérica e, segundo J. Pouillon, seria a "visão por fora": o moderno "contador de histórias".)

2. Foco onisciente (ou *externo subjetivo*). Foco do narrador demiurgo (de linhagem romântico-realista). É em 3ª pessoa; esclarece completamente todos os pormenores do que é narrado. Além de apreender perfeitamente o *exterior* dos acontecimentos, conhece com segurança o *interior* das personagens ou das situações em causa. Pode assumir duas formas distintas:

a. Foco de consciência parcial, quando apenas parte do que acontece é revelado ao leitor, pois o narrador se limita ao ângulo de visão de apenas uma personagem e esta passa a ser uma espécie de "filtro" através da qual a trama narrativa flui. (Segundo J. Pouillon, é a "visão com", o narrador como que aderido a uma personagem: "tudo fica centralizado numa única personagem [...] a visão mais nítida é a da personagem central. Na realidade, esta é central, não porque seja vista no centro, mas sim porque é sempre a partir dela que vemos os outros [...] é com ela que vivemos os acontecimentos registrados pelo narrador".) (Pouillon, 1974.)

b. Foco de consciência narrativa total, quando o narrador revela pleno conhecimento de seu universo literário, por dentro e por fora: as situações que ali se sucedem e o mundo interior de suas personagens. (Segundo Pouillon, seria a "visão por detrás".)

3. *Foco confessional* ou *intimista* (ou *interno subjetivo*). Foco de um *eu* que está dentro dos fatos narrados; é através de um *eu* que a narrativa flui. É o foco privilegiado das narrativas confessionais ou dos grandes conflitos psicológicos ou das autobiografias. Por vezes, pode ser apenas *testemunhal*: o foco de quem está dentro dos fatos narrados, mas apenas como observador (*foco interno objetivo*).

4. *Foco dialético.* Trata-se do ângulo de visão assumido por um "narrador dialogante", isto é, um *eu* que se dirige continuamente a um *tu*, uma 2ª pessoa que se mantém silenciosa do princípio ao fim da narrativa. (Foi criado pelo "novo romance" francês e ainda não foi muito difundido na ficção contemporânea... é foco que provoca ambiguidade no possível significado da narrativa.)

5. *Foco dialógico.* Foco próprio do "narrador in off", cuja voz presente/ausente só é percebida através das respostas e dos comentários da(s) personagem(ns) que responde(m). Só pelas respostas, o leitor deduz as perguntas feitas. (Como vimos atrás, trata-se do foco em que se coloca Riobaldo, em sua fala com o "doutor", a quem conta a saga do sertão.)

A história

História, estória, enredo, intriga, trama, assunto... são alguns dos rótulos dados ao que *acontece* na narrativa (conto, romance, novela, etc.). Seu conteúdo pode ser tão diversificado quanto o é a vida e a imaginação humanas. Ao contrário do que pode parecer, não é a *história* que dá valor intrínseco à narrativa ou à poesia, como autêntica obra literária, mas sim a maneira, o modo pelo qual sua matéria literária é construída. A *história* resulta, pois, de *como* são inventados e manipulados seus fatores estruturantes básicos: a efabulação, o gênero escolhido, o tipo de personagens, a linguagem adotada, etc., etc. Em geral a *história* surge de uma "situação problemática" que desequilibra a vida normal das personagens. Situação que vai se modificando através da narrativa até sua solução final e a volta ao equilíbrio normal.

A efabulação

Chamamos de *efabulação* o recurso pelo qual os fatos são encadeados na trama, na sequência narrativa. É o recurso básico na estruturação de qualquer narrativa, pois dele depende o desenvolvimento e o ritmo da *ação*. Em se tratando de literatura infantil, a estrutura mais adequada é a *linear*, ou melhor, a que segue a sequência normal dos fatos: princípio, meio e fim. A efabulação que utiliza o *retrospecto (flashback)* pede um leitor mais experiente (leitor fluente ou leitor crítico). As efabulações fragmentadas, muito comuns na ficção contemporânea, exigem mentes intelectualmente maduras, capazes de se movimentar no labirinto narrativo.

O gênero narrativo

O gênero narrativo (ficção) diversifica-se em três formas básicas: *conto*, *novela* ou *romance*. Sua escolha pelo autor nunca é gratuita ou casual. Obedece à visão de mundo que ele pretende transmitir ao leitor e corresponde a *estruturas* distintas.

O conto Em sua forma original, o *conto* registra um momento significativo na vida da(s) personagem(ns). A visão de mundo ali presente corresponde a um fragmento de vida que permite ao leitor intuir (ou entrever) o *todo* ao qual aquele fragmento pertence. A essa intenção de revelar *apenas uma parte* do todo, corresponde a estrutura mais simples do gênero narrativo: há uma unidade dramática ou um motivo central, um conflito, uma situação, um acontecimento... desenvolvido através de situações breves, rigorosamente dependentes daquele motivo. Tudo no conto é *condensado*: a efabulação se desenvolve em torno de uma única ação ou situação; a caracterização das personagens e do espaço é breve; a duração temporal é curta... Daí sua pequena extensão material (geralmente, um conto se estrutura em poucas páginas).

Desde os primórdios, o conto tem-se revelado como a forma privilegiada da literatura popular e da infantil. Por exemplo, o conto

O Chapeuzinho Vermelho registra um "momento significativo" na vida da menina: ir à casa da avó; desobedecer à proibição da mãe, ao seguir pelo caminho em que poderia encontrar o Lobo; encontrá-lo e acabar facilitando a ele o ataque à avó e a ela própria. Esse fragmento de vida, como é fácil notar, pertence a um *todo*, isto é, às normas de comportamento de uma comunidade que procurava perservar suas jovens das ameaças de uma "fera", que vivia por ali sempre alerta para possíveis ataques. Qualquer que seja a intepretação dada a essa situação conflituosa, a estrutura básica do conto é sempre a mesma: a de um "momento significativo" na vida da personagem.

A novela Tal como vem sendo cultivada desde as origens, a novela resulta de uma visão de mundo complexa. É uma *longa narrativa* estruturada por várias *pequenas narrativas* (independentes entre si), cuja unidade global é dada pela presença de *um elemento coordenador*: o herói, que vive as múltiplas aventuras, que se sucedem independentes umas das outras, válidas, cada qual em si mesma. O único elemento que as justifica na trama narrativa é o herói ou a heroína que as vive ou as assiste. Essa estrutura permite que a novela se prolongue, indefinidamente, pelo acréscimo de novos episódios. (O exemplo mais claro desse gênero, em nossos dias, é a *novela da TV*.) Note-se que, na novela, não há conflito central à espera de ser resolvido, como acontece no romance.

É essa a estrutura das novelas de cavalaria que circularam na Idade Média: cavaleiros que saem pelo mundo na conquista de um ideal e vão permitindo que mil diferentes aventuras, vividas por eles ou por outros, se tornem conhecidas dos homens. É o caso de *A Demanda do Santo Graal, Amadis de Gaula,* as aventuras dos *Cavaleiros da Távola Redonda* ou do *Rei Artur,* ou ainda a grande sátira novelesca escrita por Cervantes, *D. Quixote de la Mancha,* que se transformou em uma das obras-primas universais... Muitos episódios dessas novelas arcaicas perduram, hoje, no folclore nordestino e continuam sendo publicados na literatura de cordel.

Outro exemplo importante de novela-fonte medieval é o chamado "romance picaresco" espanhol, cujo rótulo "romance" corresponde não ao seu gênero, mas à língua em que tais narrativas eram feitas: o "romance" – língua de transição entre o latim e as línguas neolatinas (então em gestação) e que foi somente falada, não chegou a ser codificada pela escrita. Através das andanças do pícaro (personagem burlão que se tornou famoso na literatura universal) vamos conhecendo os mil aspectos da sociedade da Espanha na época. Dessa fonte surgiram muitas personagens pícaras que passaram a fazer parte da literatura infantil. Sendo a mais famosa, o Pedro Malasartes.

Na literatura infantil clássica, há novelas famosas como: *Alice no País das Maravilhas*; *Aventuras de Gulliver*; *Aventuras de Pinóquio*; *História da Princesa Blondina*; *Aventuras de Telêmaco*; *Aventuras de Marco Polo*; etc.

Atualmente, a estrutura novelesca é a privilegiada pelo gosto do grande público. São as novelas e os "enlatados" seriados para televisão, tipo *Dallas, Magnum, Millenium, Arquivo X, S. Francisco urgente*, etc., que os Estados Unidos nos fornecem abundantemente.

O romance A visão de mundo que fundamenta a forma romance é a de um *universo organizado* em torno de *um sistema de valores coesos* e unificados por um pensamento ordenador. A época de ouro do romance começa com a consolidação da sociedade romântica, fundada no pensamento burguês, cristão, liberal, cartesiano, etc.

Estruturalmente, a forma romanesca se desenvolve em torno de *um único eixo dramático* (motivo, situação problemática ou nuclear, etc.). São muitas as peripécias, os episódios ou acontecimentos, encadeados pela efabulação; mas todos estão *diretamente ligados ao eixo central* ou, por este, justificados. No romance, tudo quanto acontece está direta ou indiretamente ligado à situação nuclear; nada ali deve existir por si só. Sua natural extensão narrativa, centrada em um problema-eixo, exige um leitor com relativa capacidade de concentração e atenção. Daí que a forma romanesca seja frequente na literatura para adolescentes e adultos.

Nesse sentido, note-se que as narrativas arcaicas, que nasceram sob a forma de romance, se popularizaram como literatura folclórica e literatura infantil, através de *versões condensadas*, que transformaram os *romances* em c*ontos*. É o caso de grande parte dos contos de fadas, como *Branca de Neve e os Sete Anões*, *A Pele de Asno*, *A Bela e a Fera*, *Grisélidis*, etc., que, nas versões originais, apresentavam inúmeras peripécias desenvolvendo a situação nuclear e, nas adaptações, foram simplificados, isto é, tiveram inúmeros episódios cortados.

Há, porém, pequenos romances que conseguiram manter o interesse dos pequenos leitores. É o caso de *Os Cisnes Selvagens*, *A Sereiazinha*, *O Rouxinol*, *O Patinho Feio*, *Os Sapatinhos Vermelhos...* de Andersen. Embora sejam chamados "contos", como os demais da coletânea, são na verdade pequenos "romances", devido às inúmeras peripécias que desenvolvem a situação central e também à longa passagem do tempo em cada um deles.

O verdadeiro conto exige *concisão*, pois se trata de fixar um fragmento de vida. O romance exige *extensão*, pois registra um todo; busca a integração das inúmeras partes em seu contexto global. Na trama romanesca, em geral, interessa muito mais o que as personagens *são* do que o que elas *fazem*. Nas novelas, geralmente, predomina o *acontecimento*, interessa mais o que as personagens *fazem* do que os seus problemas interiores ou o que elas *são*.

A personagem

Personagem é a *transfiguração de uma realidade humana* (existente no plano comum da vida ou num plano imaginário) transposta para o *plano da realidade estética* (ou literária). Não há ação narrativa sem personagens que a executem ou vivam. A personagem é o elemento decisivo da efabulação, pois nela se centra o interesse do leitor. Adultos ou crianças, todos nós ficamos presos àquilo que *acontece* às personagens ou àquilo que elas *são*.

A *personagem* é uma espécie de amplificação ou síntese de todas as *possibilidades de existência* permitidas ao homem ou à condição humana. A palavra "personagem" é oriunda do termo latino *persona, ae*, nome com que os romanos designavam as *máscaras* usadas pelos atores gregos em suas representações teatrais. Tais representações se faziam ao ar livre, em imensos anfiteatros, e essas máscaras caracterizadoras serviam não só para aumentar a figura dos atores, como também para ampliar-lhes a voz ou a postura. A elucidação etimológica da palavra "personagem" é importante, visto que nos esclarece quanto à sua verdadeira função dentro do processo narrativo (ou teatral): ela tem por função *engrandecer* o(s) ser(es) ali representado(s). O termo "engrandecimento" tem aqui o sentido de *visão aumentada* de determinado fenômeno – visão que altera as normais dimensões ou valores de algo. Assim, tanto os aspectos positivos como os negativos, através da visão estética, acham-se engrandecidos ou magnificados.

Basicamente, existem três categorias de personagens que povoam as narrativas: *tipo, caráter* e *individualidade.*

A *personagem-tipo* ("plana", segundo Forster) é bastante simples em sua construção e facilmente reconhecível pelo leitor, pois corresponde a uma *função* ou a um *estado social.* São personagens estereotipadas: não mudam nunca em suas ações ou reações. São personagens-tipos, os reis, rainhas, princesas, príncipes, amas, bruxas, fadas, gigantes, anões, caçadores, animais encantados, etc., etc., que vivem nos contos de fada ou contos maravilhosos. São também personagens-tipos, aquelas que nas narrativas realistas representam *funções de trabalho* ou *estados sociais*: lavrador, pescador, mercador, soldado, alfaiate, grandes senhores, servos, pastores, ministros, mendigos, velhos, crianças, etc. É a categoria de personagem mais encontradiça na literatura popular e na literatura infantil.

A *personagem-caráter* ("redonda", segundo Forster) é mais complexa, porque representa *comportamentos* ou *padrões morais.* Os pensamentos, impulsos ou ações que as movem na trama narrativa revelam sempre aspectos do caráter, da estrutura ética ou afetiva que as caracteriza. É das personagens mais frequentes nas narrativas exemplares e na literatura tradicional.

Obviamente não há uma linha demarcatória que seja absoluta ou rígida entre essas duas categorias. Uma personagem permanece *tipo* quando sua atuação na história se limita à superfície das relações humanas. Pode passar a *caráter* quando tal atuação se torna mais complexa e se aprofunda no questionamento dos *valores*. Um eloquente exemplo dessa passagem é o famoso *D. Quixote*. Aparentemente um tipo caricatural dos "cavaleiros andantes" das novelas de cavalaria medievais, no decorrer da trama novelesca se transforma em um dos mais ricos personagens-caráter da literatura universal devido à genialidade com que Cervantes o criou.

A *personagem-individualidade* (não mencionada por Forster) é típica da ficção contemporânea. Representa o novo homem, revelado pelas descobertas psicanalíticas, que puseram em questão a antiga interpretação do ser humano, visto de maneira maniqueísta e dogmática, como um bloco inteiriço de qualidades ou de defeitos. Assim, a personagem tradicional (de aspecto físico, gestos, ações e sentimentos integrados em uma estrutura coerente e lógica) é substituída pela personagem-individualidade, que se revela ao leitor através das complexidades, perplexidades, impulsos e ambiguidades de seu mundo interior. A personagem-individualidade não pode ser rotulada como boa ou má, generosa ou egoísta, nobre ou vil, etc. – como acontece com as personagens *tipo* ou *caráter*. Representando o ser humano em diferentes graus de seu mistério interior, a personagem-individualidade é ambígua, exige de seu leitor maturidade de espírito e capacidade de reflexão.

Embora não seja a categoria de personagem mais adequada ao leitor imaturo intelectualmente devido à sua natureza questionadora e à ambiguidade, já algumas apareceram e ganharam fama. (É o caso do estranho menininho que se tornou famoso como *O Pequeno Príncipe*, de Saint-Exupéry. Ou, entre nós, a inventiva Raquel, de *A Bolsa Amarela*, de Lygia Bojunga Nunes. Ou a pioneira Emília, de Monteiro Lobato, seguida nos anos 70 pela Clara Luz de *A Fada que tinha idéias*, de Fernanda Lopes de Almeida, e por outras adoráveis "questionadoras de mundo"…).

O espaço

O ponto de apoio para a ação das personagens é o *espaço* (ambiente, cenário, cena, mundo exterior). Ele determina as *circunstâncias locais,* espaciais ou concretas, que dão realidade e verossimilhança aos sucessos narrados. Sua importância na efabulação é idêntica àquela que o mundo real adquire em nossa vida cotidiana. Meio familiar, social e econômico; tipo de habitação; clima; nação; objetos que nos rodeiam na intimidade; a moda de nossos trajes; o local de trabalho; etc., são elementos do *espaço* que nos servem de apoio para vivermos; condicionam nosso *ser social* e atuam decisivamente em nosso *ser interior*. Da mesma forma, a ficção narrativa decorre sempre em um determinado local ou espaço que lhe dá significação e verossimilhança. Basicamente, existem três espécies de espaço:

1. *Espaço natural* (paisagem, gruta, montanha, planície, deserto, mar, rios... enfim, a *natureza livre*, o ambiente aberto, *não modificado* pelo trabalho do homem, pela civilização tecnológica).

2. *Espaço social* (casa, castelo, palácio, tenda, veículo de locomoção como trem, charrete, avião, carro, foguete, etc., ou melhor, os elementos da natureza ou do ambiente *modificados pela técnica*, pelo trabalho de transformação do homem).

3. *Espaço trans-real* (ambiente criado pela imaginação do homem; espaço não-localizável no mundo real, tal como o conhecemos; espaço maravilhoso. É o espaço existente nas antigas novelas de cavalaria, nos contos maravilhosos, nas fábulas, etc. Encontrável também na ficção científica).

As funções do espaço

1. *Função estética.* Exercem essa função os ambientes que servem de *cenário* à ação e que, embora descritos com riqueza de pormenores, *não atuam na ação*. Isto é, não auxiliam o desenvolvimento dos acontecimentos, nem são modificados por eles. Por via de regra, sua presença tem por finalidade dar *verossimilhança* ao conflito ali localizado. Um ambiente que *vemos* como coisa real imprime realidade ao que se passa nele.

2. *Função pragmática.* Exercem essa função os elementos que servem de instrumento para o desenvolvimento da ação narrativa. Dentro da função pragmática, registramos três das mais frequentes:

• *Provocar, acelerar, reatar* ou *alterar* a ação das personagens. É o caso de ambientes que estão intimamente relacionados com o *suspense* da ação, com o evoluir do conflito, etc. Por exemplo: os "castelos encantados"; as "florestas encantadas"; os "bosques intrincados" ou os mil acidentes da natureza que podem auxiliar ou impedir a ação das personagens. (Como a floresta, onde o Pequeno Polegar e seus irmãos se perdem...)

• *Ajudar a caracterizar* a personagem, a revelar sua atitude mental, seus costumes. Muitas vezes, o caráter da personagem é revelado em grande parte pela *descrição do ambiente* em que ela vive. (Não podemos esquecer que, se o homem *é* resultado do seu meio social, por sua vez ele marca, altera ou modela o meio em que vive. Seria o caso de Robinson Crusoé que, ao naufragar e encontrar refúgio numa ilha solitária, tem ocasião de conhecer melhor suas forças, sua capacidade de ação ou sua personalidade.)

• *Criar uma atmosfera propícia* ao desenrolar do conflito. Por exemplo, nas histórias de terror, os castelos mal-assombrados; noites escuras; noites de tempestades; casas abandonadas; portas que se abrem sozinhas; etc. Ou ainda a funcionalidade do espaço na ficção científica, nas narrativas que se desenrolam *além da imaginação*... Nela, os elementos do espaço transreal são responsáveis pela verossimilhança do que se narra. A *atmosfera* criada pelo espaço pode transmitir *sensações* de calor, frio, luminosidade, escuridão, opressão, transparência, bem-estar, fatalidade, leveza, colorido, opacidade, etc.

Dentro dessas três *funções gerais*, o espaço pode ainda adquirir uma *conotação simbólica*. Isto é, ultrapassa a simples *funcionalidade* dentro da ação ou em face da personagem, para adquirir um valor transcendente, um valor que ultrapassa a sua importância objetiva na história. É o caso, por exemplo, dos "moinhos de vento" contra os quais D. Quixote se arremete, julgando serem gigantes malévolos e que, simbolicamente, podem representar as forças negativas ou os inimigos que temos de enfrentar em nossa luta pela vida. Ou ainda, o "mar" em *O Velho e o Mar*, de E. Hemingway.

O tempo

A ficção narrativa (em qualquer de seus gêneros, formas ou espécies) é uma *arte que se desenvolve no tempo*:

1. A narrativa estrutura-se com fatos ou situações que surgem, se desenvolvem e chegam a um final; isto é, *existem durante um determinado tempo.*

2. A efabulação realiza-se através da *linguagem* e esta obedece necessariamente ao movimento do pensamento e à sucessão das palavras que se manifestam, *linearmente, durante determinado tempo.*

3. A leitura, ou melhor, o *conhecimento da narrativa pelo leitor* (ou sua fruição) nunca pode ser feita com um só golpe de vista (como na pintura ou na escultura...), pois depende da apreensão sucessiva das palavras, que se dispõem na linearidade da frase ou do discurso literário.

Assim, enquanto podemos isolar (embora artificialmente) cada um dos três elementos estruturantes já referidos (ação, personagem e espaço), com o *tempo* isso já é bem mais difícil. Pode-se dizer que o tempo não existe por si... surge em função de outros elementos.

Há inúmeros recursos de que o autor lança mão para marcar o tempo em sua narrativa, ou para registrar o processo temporal em que as personagens estão envolvidas. A passagem das horas, dias, anos, etc. é marcada pela sucessão dos dias e das noites; pela sucessão cíclica das estações; pelas modificações do espaço, onde as coisas vão envelhecendo; pelos mil pequenos fatos do cotidiano; pelas datas registradas com precisão; etc.

Há dois tipos de tempo vividos pelo homem (ou pelas personagens de ficção): o *tempo exterior* e o *interior*. Mas há ainda o *tempo mítico.*

• O *tempo exterior* corresponde ao *tempo natural* (dos dias e das noites) e ao *tempo cronológico* (o tempo do relógio ou o tempo histórico, no qual a existência decorre). É este último o tempo predominante nas narrativas realistas, isto é, que decorrem em um mundo semelhante ao nosso.

• O *tempo interior* corresponde ao tempo vivido pelo eu das personagens. Suas mil possibilidades de existência começaram a ser exploradas no século XX, como tempo-emoção ou o tempo-duração, descoberto por Bergson, a partir do desvendamento do mundo do inconsciente realizado por Freud. Seu melhor uso na literatura infantil corresponde ao registro das emoções vividas pelas personagens.

• O *tempo mítico* corresponde ao tempo imutável, eterno, que se repete sempre igual, sem evolução nem desgaste: é o tempo da fábula, das lendas, do mito, da Bíblia, da ficção do "Era uma vez...". É esse o tempo ideal da literatura infantil.

Análise do tempo

1. O tempo da narrativa é *contemporâneo* ao tempo em que o autor vive (ou vivia) quando escreveu o livro? Ou é um tempo *anterior* a esse? Ou em outras palavras: a matéria narrativa pertence ao mesmo *presente* de seu autor ou pertence ao *passado*? Cada uma dessas opções, obviamente, corresponde a uma intencionalidade diferente. Buscar o porquê da escolha pode nos levar a uma das significações da obra ali realizada.

2. Qual a sequência temporal a que obedece o encadeamento dos fatos na estrutura narrativa? À sequência linear, cronológica, que segue o fluxo natural dos acontecimentos? Ou à sequência fragmentada? Ainda dentro dessa fragmentação, o encadeamento é frequentemente interrompido em seu fluxo natural, ou obedece apenas a alguns retrospectos de caráter explicativo? A sequência temporal descoberta deverá ser ligada à ideia motriz da narrativa. Em que esse encadeamento temporal está ligado à problemática central da obra? Na literatura infantil, esse encadeamento é quase sempre natural... pois a complexidade na sequência temporal acarreta uma complexidade na trama dramática que só os leitores mais maduros têm condições de apreender e de apreciar.

3. Qual o *ritmo* insuflado na narrativa? É lento? As ações, os fatos transcorrem de maneira arrastada? Ou é acelerado, rápido... com as situações substituindo-se umas às outras sem muita demora? Qual o elemento (ou elementos) que responde pelo ritmo ali verificado? Ao procurar a resposta, a análise descobrirá a intenção do ficcionista ao escolher um ou outro ritmo narrativo.

4. Quais os *recursos de narração* que resultam da manipulação do tempo? Os mais comuns na literatura para crianças, jovens ou adultos são:
• *Antecipação* – Recurso pelo qual o narrador antecipa, já no início, o desenlace do drama ou do conflito em questão. O *que aconteceu?* é logo revelado ao leitor, e este, com a curiosidade espicaçada, se dispõe à leitura para descobrir *como* e *por que* aquilo aconteceu. É um dos recursos de narração mais antigos. Já aparece em *Calila e Dimna,* cujo primeiro texto começa com o pedido do rei da Índia a um de seus filósofos: "Conta-me uma história que ilustre o caso de dois amigos que o mentiroso e intrigante desune, semeando o ódio entre eles". Como se vê, antecipando no início algo que acontecerá no fim de uma sucessão de fatos, o narrador altera a sequência temporal e com isso aguça o interesse de seu leitor ou ouvinte. Tem sido também uma das técnicas bastante usadas no romance policial e em novelas ou contos de *suspense* ou mistério. É excelente em histórias para crianças.
• *Salto* – É o recurso da *condensação temporal.* O narrador salta por cima de vários anos, meses, etc., resumindo-os em algumas linhas, para atender mais diretamente ao interesse principal da *ação presente* da narrativa ou ainda por outro motivo qualquer, que cabe à análise descobrir. Esse *salto* pode ser *explícito* (isto é, mencionado pelo autor: "20 anos se passaram, sem que nada acontecesse"); ou *implícito* (quando o *salto* é percebido apenas por certos *índices* da efabulação, e não por registro expresso do narrador). Uma ou outra conotação tem implicações com a significação global da narrativa.
• *Condensação* – Recurso pelo qual o narrador resume, em algumas linhas ou páginas, ocorrências que se produziram durante um largo período de tempo. É o caso de certas narrativas-em-retrospecto (*flashback*), que em poucas páginas condensam anos de ação, enquanto o que acontece em horas, dias ou meses ocupa todo o resto do livro.

A linguagem narrativa

A linguagem narrativa, conforme a intencionalidade da obra, pode ser classificada como *linguagem realista mimética* ou *linguagem simbólica metafórica.* Dizemos que é *realista* (ou mimética) quando ela reproduz uma experiência vivida (ou passível de ser vivida) no mundo real cotidiano ou natural, que é o nosso. É *simbólica* (ou metafórica) quando expressa uma realidade X, querendo significar uma realidade Y. Isto é, trata-se de uma linguagem figurada que fala por *imagens* e assim comunica de maneira concreta ideias abstratas. Nos primeiros tempos, quando as ideias, leis e normas de comportamento, destinadas às comunidades eram transmitidas *oralmente* a linguagem simbólica foi predominante. É de se notar que todas as religiões foram difundidas através de narrativas simbólicas, que mais tarde foram recolhidas nos livros sagrados (Bíblia, Alcorão, Mahabarata...).

Na ficção contemporânea, surge uma forma híbrida de linguagem narrativa: a que resulta da fusão da linguagem realista com a simbólica. Trata-se da linguagem usada pela ficção do Realismo Absurdo ou do Realismo Mágico, no qual o cotidiano mais comum passa a conviver com um elemento estranho ou maravilhoso, que ali é visto como absolutamente natural. (A grande fonte dessa forma híbrida é a ficção de Kafka, surgida no início do século XX.)

A *linguagem narrativa simbólica* expressa-se por vários processos:

Pela utilização de *animais* que "representam" ideias, intenções, conceitos e "vivem" situações exemplares (fábulas).

Pela utilização de *seres inanimados* (elementos dos reinos vegetal ou mineral, fenômenos atmosféricos ou objetos fabricados pelo homem) que adquirem vida e falam ou agem como humanos, em situações também exemplares (apólogos).

Pela *alusão* ou *analogia* que permite que uma situação comum, cotidiana, *vivida por homens ou mulheres*, seja compreendida de imediato em um ou outro nível de significação mais alta, que amplia aquele "cotidiano" particular e precário, para um significado moral amplo e perene, geralmente, ligado ao espírito humano (parábolas).

Pela *transposição de sentido* de um *todo completo*, do nível narrativo para o nível ideológico, no qual aquele *todo completo* adquire uma significação diferente daquela que o nível narrativo aparenta (alegoria).

A linguagem metafórica ou simbólica é também usada nas *lendas* e *mitos*.

Note-se que não há maior ou menor valor literário em cada uma dessas linguagens. Tanto a realista como a simbólica oferecem recursos excelentes. Tudo depende do universo que o autor tenciona criar e do modo pelo qual ele cria/manipula a sua linguagem.

Técnicas ou processos narrativos

Ainda no âmbito da *linguagem narrativa,* distinguem-se diferentes técnicas ou processos narrativos: descrição, narração, paráfrase, diálogo, monólogo, dissertação, digressão, comentários...

A descrição Em sua manifestação pura, a *descrição* corresponde a um processo de apreensão da realidade que resulta de uma *atitude estática*. Isto é, atitude de quem observa, analisa e descreve uma realidade parada, imobilizada no tempo. Quem descreve, mostra os detalhes de um objeto, cena, quadro ou fenômeno *imobilizado em um dado momento*. A descrição é, pois, a técnica do observador que vê de fora e mostra o objeto ou fenômeno focalizado como um *espetáculo estático*. É a atitude narrativa que procura deixar *as coisas falarem por si.* (Cf. Lubbock, é o "método cênico" – *a scenic presentation*). É a narrativa estática (processo privilegiado pelo "novo romance"). Na literatura para crianças desempenha uma função muito importante (desde que não seja radicalizado): ensina a criança a *ver* as coisas através da representação mental realizada pelas palavras.

A narração É a técnica de expressão de quem relata um processo; de quem participa emotivamente daquilo que está contando, porque se sente senhor de todos os segredos e de todo dinamismo da situação em foco. Em essência, é o recurso expressivo de quem está tendo uma perspectiva ampla de visão, que compreende e hierarquiza a escala de valores que integram os acontecimentos e tem como objetivo transmitir a alguém o *processo evolutivo de uma situação*.

A natureza da narração é, pois, essencialmente *dinâmica*. (É a técnica que Lubbock chama de "método panorâmico" – *panoramic presentation* –, técnica em que o narrador substitui os fatos ou a situação em si pelo seu próprio discurso, que passa a "representar" aquela situação tal como é *vista e interpretada* por sua consciência de narrador.)

Note-se, porém, que dificilmente encontraremos isolados, em estado puro, esses dois processos básicos de revelação da realidade através da palavra. Em cada texto literário, pode predominar um ou outro, mas ambos sempre estarão presentes, pois não há *descrição* sem um mínimo de *narração* (participação do narrador), nem esta sem um mínimo daquela (observação do narrador).

Analisando esses dois processos, Lukács afirma:

> O contraste entre o *participar* e o *observar* não é casual, pois deriva da posição assumida de princípio pelo escritor, em face da vida, em face dos grandes problemas da sociedade, e não de mero emprego de métodos diversos de representar determinado conteúdo ou parte de conteúdo. [...] Tal como ocorre nos demais campos da vida, na literatura não nos deparamos com "fenômenos puros". O que nos importa nesta análise são os *princípios da estrutura da composição* e não o fantasma de um "narrar" ou "descrever" que constituam "fenômenos puros". O que nos importa é saber como e por que a descrição (que originalmente era uma entre os muitos meios empregados na criação artística, e por certo, um meio subalterno) chegou a se tornar o princípio fundamental da composição contemporânea. Pois, deste modo, o caráter e a função da descrição na composição épica chegaram a sofrer uma mudança radical. (Lukács, 1965.) (grifos nossos)

Lukács refere-se aí à ficção experimentalista (tipo "novo romance" francês), cuja linguagem narrativa é basicamente descritiva, por razões que aqui não cabe analisar.

Na literatura para crianças, tal radicalização descritiva seria inadequada, devido à ambiguidade de sentido que esse processa acarreta.

O diálogo É o *estilo direto*, a comunicação oral entre duas ou mais pessoas. Técnica peculiar à linguagem teatral, que foi assimilada pela ficção. É dos processos narrativos que dão mais objetividade às personagens e situações, pois é o que mais se aproxima da vida real. Daí ser uma das técnicas mais ricas para a caracterização das personagens. E a oportunidade que o autor dá a elas de se revelarem diretamente ao leitor, eliminando a mediação do narrador. Em geral, o diálogo é assinalado, tipograficamente, por signos gráficos de pontuação: travessão, aspas, dois pontos, parênteses.

O diálogo pode ser *elucidativo* quando revelar peculiaridades das personagens ou de quaisquer aspectos da situação em causa, mas sem intervir na sequência narrativa. Exemplo:

> — Oh! perdão, gritou Alice, esqueci completamente que você não gosta de gatos.
> — Não gosto de gatos! guinchou o Rato furioso. Se você fosse eu, gostaria de gatos?
> — Bem... creio que não, respondeu a menininha com meiguice; mas não se zangue, pois apesar de tudo eu gostaria de apresentar-lhe minha gata Mimi. E acho até que, se você a conhecesse, tomaria amizade pelos gatos. (*Alice no País das Maravilhas*)

Aqui, como se vê, configura-se uma situação inessencial ou supérflua à economia narrativa; apenas elucida uma particularidade do personagem Rato.

O diálogo é *funcional* quando faz avançar a ação narrativa ou a efabulação ao revelar sucessos até então desconhecidos do leitor. Neste caso, o diálogo exerce função narrativa, como no fragmento abaixo:

> — Assim, professor, o senhor não adivinha o que devem fazer as pessoas que não podem fugir duma prisão?
> — Não, meu amigo.
> — Nada mais simples. Devem acomodar-se para nela permanecerem. Mas depois de terem posto para fora carcereiros e sentinelas.

– Você pensa, Ned, em apoderar-se deste barco?

– Penso só nisso.

– Mas isso é impossível.

– Por que, professor? Pode apresentar-se a oportunidade favorável. Se eles forem apenas uns vinte a bordo desta máquina. (*Vinte Mil Léguas Submarinas*)

Trata-se de um *diálogo funcional,* porque informa sobre o que vai acontecer.

O recurso ao diálogo foi bastante frequente nas novelas folhetinescas do séc. XIX, cujo estilo era bem marcado pela oralidade, uma vez que era literatura destinada mais à leitura em voz alta para um público ouvinte do que para leitores propriamente ditos. Esse recurso foi assimilado pela ficção moderna, a partir do Romantismo. Na literatura infantil é das técnicas mais adequadas para atrair o pequeno leitor (ou ouvinte), exatamente porque a linguagem oral está mais perto de seu interesse do que a linguagem escrita.

O monólogo É o discurso pelo qual uma personagem se autorrevela ou conta algo da situação em curso. No teatro corresponde ao *solilóquio* (a personagem falando em voz alta consigo mesma). Por exemplo, na peça de Maria Clara Machado, *O Rapto das Cebolinhas,* quando o Camaleão, acreditando-se sozinho, anda de um lado para outro no palco e, pensando em voz alta, revela seu horrível caráter:

Camaleão: Ha, ha, ha, ha! O velhote está crente que sou detetive! Detetive coisa nenhuma! (Arranca o bigode e a estrela de sheriff, joga-os ao chão.) Sou mesmo é ladrão de cebolinhas! Isso mesmo, ladrão de cebolinhas. Todo mundo vai pensar que foi o cachorro. Botei direitinho a culpa para cima daquele bobão [...]

Monólogo funcional é a fala da personagem revelando fatos e esclarecendo ou fazendo avançar a ação narrativa, como acontece no exemplo acima e no seguinte:

Bem, pensou Alice consigo mesma: depois de um belo tombo como este, não chorarei mais quando cair aos trambolhões pelas escadas!

Como me acharão corajosa em casa! Não darei nenhum gritinho, mesmo que caia até do telhado! (*Alice no País das Maravilhas*)

Monólogo direto é a fala da personagem expressando-se diretamente e revelando seu mundo interior. Na literatura para crianças, aparece com mais frequência nas narrativas em primeira pessoa. Como no caso de *Iniciação*, de Mirna Pinsky:

> Dou uma paradinha antes de entrar. Quero sempre ser a última a entrar. Assim ele vai me pedir para fechar a porta e me seguirá com os olhos, quando eu caminhar pra dentro da classe, fingindo que não dou por ele. Daí sigo até a quarta cadeira da primeira fileira a partir da lousa, coloco os cadernos debaixo da cadeira, tiro um chiclete da bolsa, converso com a Mariza que se senta atrás de mim e espero ele dizer: Márcia, como é, posso começar?

Temos aí um *monólogo direto* que é também *funcional*, pois faz avançar a narrativa.

Monólogo indireto é a expressão dos pensamentos, sensações, emoções da personagem, através da voz narradora, em *discurso indireto*. Por vezes, o monólogo indireto é precedido por verbos de elocução: pensou, refletiu, julgou, concluiu, etc. Há ainda o monólogo indireto que coincide com a fala do narrador-aderido-à-personagem (a "visão com" de que fala Pouillon), como no *Burrinho Que Queria Ser Gente*, de Herberto Sales:

> Sim: enquanto andava para os fundos do cercado, o burrinho sentia muito confusa a cabeça. Sua cabeça não era suficientemente espaçosa para abrigar todas as ideias do velho asno filósofo, seu pai e conselheiro. Em sua cabeça cabia apenas uma ideia: só uma. O burrinho chegou facilmente a esta conclusão: ou livrava-se de todas as ideias, para ficar apenas com uma, ou sua cabe-

ça ficaria para sempre confusa. [...] Era claro que teria de fugir dali, deixar o cercado. Afinal, se queria deixar de ser burro, para ser gente, não poderia continuar a viver entre os outros burros ainda que membros de sua família. Transformado em gente, como iriam eles reconhecê-lo? Absolutamente impossível!

O narrador é aí o mediador entre os pensamentos de sua personagem e o leitor, estabelecendo assim uma intimidade muito maior entre este último e o problema vivido pela personagem. Também nesse caso, como estão em causa fatores ligados à ação narrativa (o plano de fuga do burrinho), esse monólogo é também *funcional*, pois elucida o leitor acerca do que vai acontecer.

Na literatura tradicional (ou na literatura em geral...) tanto o diálogo como o monólogo obedecem a uma *ordem lógica* na expressão do pensamento. Na ficção contemporânea, a tendência estrutural de ambos é para a *desorganização lógica*. A matéria psíquica é registrada tal como parece surgir no inconsciente da personagem, daí o ilogismo das frases e a ambiguidade geral do pensamento. Essa alteração no registro do *monólogo* (que vai desembocar no *fluxo de consciência* difundido na ficção contemporânea desde *Ulisses*, de Joyce) resulta da tentativa do autor para captar o pensamento e as emoções ou sensações de suas personagens, na origem, isto é, *antes* de passarem pelo filtro ordenador do pensamento lógico.

No geral, o *monólogo* está sendo um dos recursos mais fecundos para a dinamização da personagem-questionadora, criada pela ficção contemporânea.

Comentário, dissertação, digressão Com pequenas diferenças de intencionalidade, o comentário, a dissertação e a digressão são formas de interferência pessoal do narrador, expondo seu ponto de vista acerca dos fatos narrados. São frequentíssimas nos romances ou nas novelas tradicionais e revelam um autor que está sempre presente na narrativa, como um espectador que comunga efusivamente com as experiências de suas personagens, interpela-as, censura, aplaude, põe em relevo o sentido trágico ou cômico das situações, etc.

Na ficção moderna, o *comentário* praticamente desaparece. Entretanto, na produção mais recente (a partir dos anos 70) nota-se que recomeça a aparecer, dando uma nova ênfase à presença do narrador que se reconhece ou se aceita como criador absoluto de seu mundo de ficção.

É recurso de grande efeito na literatura para crianças e jovens e continua a ser bastante explorado nas narrativas em 1ª ou em 3ª pessoa, como nos dois exemplos a seguir:

> Os anos já correram sobre todos os acontecimentos que aqui vou contando, neste meu diário. Mas foram tão emocionantes e se gravaram tão fundo em minha imaginação de adolescente, que até hoje, tantos anos passados, de tudo me recordo como se tivesse acontecido ontem. Vibro ainda, a cada emoção, relembro os detalhes das aventuras, os perigos e os sofrimentos. E com isso, estou revivendo... (*O Bugre-do-Chapéu-de-Anta*, de F. Marins).

> É preciso que se diga que o burrinho desta história, a qual – não se esqueça o leitor – se chama *O Burrinho Que Queria Ser Gente*, é preciso que se diga que o burrinho desta história estava absolutamente convencido de que, com querer ser gente, não estava querendo o impossível. (Herberto Sales)

Quanto *à dissertação*, pode-se dizer que é um comentário mais ou menos longo, de caráter ideológico ou informativo e, como em geral ela corta ou interrompe a ação, confunde-se com *a digressão* – que é sempre o desenvolvimento de um tema ou ideia paralelos ao assunto da narrativa. (Os romances de Júlio Verne apresentam abundantes exemplos de ambos os recursos.)

O leitor ou o ouvinte

Conscientemente ou não, a verdade é que todo discurso (literário ou pragmático) visa comunicar-se com alguém. Não há *operação verbal* que não tenha em mira *determinado destinatário* a quem comunicar sua mensagem.

Na literatura popular e na infantil (gêneros em que predomina a oralidade), *o apelo ao ouvinte*, interlocutor ou leitor é muito frequente e vem da Antiguidade. Tal preocupação do autor gera diversos recursos estilísticos (exortação, invocação, sugestão, indução, fala imperativa). É muito frequente na poesia patriótica ou exortativa ("Ama, *criança*, a terra em que nasceste!"); e também muito comum nas histórias clássicas, como em *Aventuras de Pinóquio*:

> Era uma vez,,,
> – Um rei! dirão logo os meus pequenos leitores. *Não, meninada, vocês se enganaram*. Era uma vez um pedaço de lenha...

Esse apelo à atenção do leitor ou ouvinte, para levá-lo a determinadas atitudes, é bem característico das narrativas antigas, nas quais há sempre alguém (avô, avó, tio, preto velho, velha ama, etc.) que conta histórias para a criançada. Por vezes, tais "apelos" assumem um *caráter coercitivo*: o narrador a cada momento exige silêncio, bons modos, atenção, etc. Atitude essa que reflete o autoritarismo dos adultos exercido sobre as crianças. (Um dos exemplos desse autoritarismo pode ser visto no livro *João Bolinha Virou Gente*, de Vicente Guimarães, o Vovô Felício.)

Contemporaneamente, tal invocação ao *tu* (o leitor, o outro, o ouvinte) estimula o narrador *a expandir-se com liberdade*. Essas novas relações entre narrador e leitor se fazem em *tom de descontração e familiaridade* – de igual para igual, e não de autoridade e subordinado. Note-se, por exemplo, o estilo de Antônio Barreto, em *Balada do Primeiro Amor*:

1

> Primeiro dia de agosto: segunda-feira de manhã. Que azar!
> Quatorze para quinze é a idade do abismo. A gente vive tendo pesadelo com buraco, caindo na pirambeira, no precipício, na cisterna, no túnel, no rio e até no aquário.
> Meu pai costuma dizer: "A galinha da tristeza, nessa idade, pode estar cacarejando sobre sua cabeça. Mas nunca deixe ela fazer o ninho, nem botar o ovo."

E como dá trabalho crescer! É passar direto do outono para a primavera. E, às vezes, dura menos que uma semana. *Já notaram?* [...] Fim de julho, todo mundo voltou das férias detonado, bronzeado, tostado. [...] O Cultura se mandou para Natal. [...] Sabe o que foi fazer lá? Conhecer a Barreira do Inferno! *Pode?* [...] *Bom, isso aí explico pra vocês depois.* É uma história muito comprida... (grifos nossos)

Há casos em que a familiaridade com o leitor vai mais longe, como no policial *Eu, Detetive – O Caso do Sumiço*, de Stella Carr e Laís Carr Ribeiro. Trata-se de um sequestro misterioso em cuja investigação as autoras acabam envolvendo o leitor abertamente:

Atenção Pessoal! Vocês já sabem quem são os três detetives: Miúdo, Rapa e Rita. Faltou dizer quem sou eu! Eu sou o leitor! E estou doido para tomar parte nessa aventura diferente, que é um eletrizante caso policial, mas é também um *jogo* e uma charada para decifrar.
Você gostaria de jogar com a turma?
É claro que, se preferir, pode apenas ler a história. Mas, se quiser tomar parte de verdade, entre no meu lugar!... (grifos nossos)

2. Da teoria à análise do texto

A *matéria narrativa* ou *corpus narrativo* resulta, pois, de uma voz que narra uma história a partir de um certo *ângulo de visão* (ou foco narrativo) e vai encadeando as sequências (*efabulação*), cuja *ação* é vivida por *personagens*; está situada em determinado *espaço*; dura determinado *tempo* e se comunica através de determinada *linguagem* ou *discurso*, pretendendo ser lida ou ouvida por determinado *leitor/ouvinte*.

Retomando o exemplo de *O Patinho Feio*, veremos que sua matéria narrativa é construída por um *narrador onisciente* que conta, em tom amigo e familiar, uma história que ele conhece bem: a de um patinho que nasceu feio, grande e desajeitado e por isso era maltratado por todos; até que o tempo passou, ele cresceu e descobriu-se, de repente, transformado em formoso cisne.

Para contá-la, o narrador vai organizando os acontecimentos em uma trama, de tal maneira que a *efabulação* registra o *tempo* e o *espaço* em que suas *personagens* começam a viver a história (no verão, em uma velha herdade, uma pata choca seus ovos); logo a seguir surge a *situação problemática* (nasce um patinho diferente) que provoca as *peripécias*: o patinho é zombado por todos e, apesar de defendido pela pata-mãe, sua vida torna-se impossível entre os patos; acaba fugindo e sucessivamente tenta viver em paz com outros companheiros (marrecos, gansos, gato, galinha, etc.), mas sempre fracassando. Até que um dia, ao terminar o rigoroso inverno que quase o mata de frio, chega o Sol e com ele a grande descoberta: o patinho sentiu-se forte, estendeu as asas e voou em direção a "três formosos cisnes" que deslizavam na água. Esperava, como sempre, ser recusado ou maltratado e

... curvou a cabeça para a água, à espera da morte. Mas... que viu ele na água cristalina? Era sua própria imagem, refletida ali. Mas não era a de um pato, de um pardo e feio pato. Era um cisne que ele via no espelho da água.

A *situação problemática* se resolve, pois em lugar do "patinho feio" existe agora o "formoso cisne". E, no final, o narrador sintetiza a filosofia de vida que ele procurou transmitir às crianças através de uma *narrativa simbólica*:

... Não importa ter nascido num galinheiro, entre patos, quando se saiu de um ovo de cisne.

As implicações ideológicas desta visão de mundo, essencialmente ligada ao ideário romântico, do qual Andersen foi um legítimo representante, merecem ser analisadas com o pequeno leitor, em face dos valores atuais. Aí está defendida a igualdade entre os homens, ou a superioridade de minorias privilegiadas? Ou estão enfatizadas as diferenças de dons inatos, que distinguem uns indivíduos dos outros? É preciso esforço e paciência para que cada um descubra e desenvolva o seu dom...

DA NARRATIVA PRIMORDIAL AO ESTILO LITERÁRIO PARA CRIANÇAS

Estabelecidos os fatores básicos que constituem a matéria narrativa em geral, coloca-se uma nova questão: a da diversificação natural de cada um desses fatores e, em especial, quando se trata de literatura destinada aos pequenos leitores.

Vimos que há diferentes tipos de narrador; infinitas variações de histórias, de efabulações, de personagens, etc., etc. E, em face dessa diversidade, pergunta-se: há formas específicas para os pequenos? Ou há formas para adultos que se revelam naturalmente adequadas às crianças? Quais os temas, problemas, assuntos, personagens, linguagem, etc. que poderiam ser considerados *ideais* para esse difícil leitor?

Devido à multiplicidade de aspectos ou à heterogeneidade de formas da produção literária que, através dos tempos, vem sendo consagrada pelos pequenos leitores, quer-nos parecer que o processo mais objetivo, para se chegar a tais valores "ideais", seria iniciarmos com a análise das *narrativas primordiais* que o tempo transformou em populares e que a literatura infantil acabou por transformar em obras clássicas do gênero.

Confrontando, entre si, as peculiaridades temáticas, estruturais e estilísticas dessas primeiras narrativas, teremos dados mais ou menos concretos, que podem servir de ponto de partida para análises mais profundas da matéria. Nessa ordem de ideias, e mais ou menos ao acaso, selecionamos seis textos dentre os muitos que, vindos do *fundo anônimo* da sabedoria popular ou culta, foram recolhidos por diferentes autores e hoje fazem parte da literatura infantil clássica. São eles: *O Homem e a Serpente* (da coletânea indo-europeia *Calila e Dimna,* surgida na Índia, por volta do séc. V a.C.); *A Gralha Soberba e o Pavão* (das *Fábulas* de Esopo, surgidas no séc. V a.C. e reescritas por Fedro no séc. I da era cristã); *A Moça e o Pote de Leite* (recolhida do folclore europeu por La Fontaine no séc. XVII); *As Fadas* (um dos contos maravilhosos recolhidos do folclore francês e reescritos por Perrault no séc. XVII); *Moedas de Estrelas* (incluída na imensa coletânea de contos do folclore alemão, recolhidos pelos Irmãos Grimm no séc. XIX) e *A Rainha da Neve* (um dos contos maravilhosos do folclore dinamarquês, recolhidos/reescritos por Andersen no séc. XIX).

Tais textos refletem um percurso de quase 25 séculos na evolução do homem (do séc. V a.C. ao séc. XIX d.C.) e mostram, através da transfiguração literária, algumas das mudanças havidas no modo de ver o mundo e de viver (as relações entre os homens na luta pela vida, as forças superiores e misteriosas que parecem reger a humanidade, os vícios e as virtudes que se defrontam no próprio homem e o levam a agir bem ou mal, etc.).

Gerados em épocas diferentes, embora venham sendo reescritos ou readaptados através dos séculos, tais textos conservam, em sua visão de mundo, os valores básicos do momento em que surgiram.

Grosso modo, podem-se distinguir, nessa imensa produção narrativa, três representações de mundo diferentes:

1. A do *mundo real, cotidiano*, nos primórdios da história, quando imperava a força bruta ou o direito do mais forte, e cujos vícios e virtudes eram representados nas narrativas através do *simbolismo animal* que deu nascimento às fábulas.

2. A do *mundo das metamorfoses*, resultante da fusão do mundo real e do transreal ou espiritual, representados nas narrativas por uma *realidade mágica*. É este o mundo dos contos de fada ou contos maravilhosos em geral, povoados por personagens que representam, simbolicamente, valores e estruturas sociais arcaicas. Nesse mundo, convivem *seres maravilhosos* (fadas, bruxas, anões, gigantes, ogres...); *seres superiores*, privilegiados pela realeza (reis, rainhas, princesas, príncipes...) e *seres inferiores*, ou seja, plebeus, que exercem funções consideradas "servis" (servos, servas, amas, escudeiros, lacaios, guardas, mercadores, gente do povo em geral).

3. A do *mundo religioso cristão*, no qual a vida terrena é vista como passagem para o céu ou para o inferno; é o "vale de lágrimas" onde o "homem da queda" deve pagar sua culpa... Daí a valorização das *narrativas exemplares*, em que a Virtude é exaltada e o Vício ou Pecado, condenados.

O autor mais importante dessa representação de mundo cristã na literatura infantil foi Hans Christian Andersen, legítimo representante do ideário romântico-cristão. Suas centenas de contos (extraídos do folclore dinamarquês ou inventados por ele) são exemplares como transfiguração literária daquela orientação ético-religiosa. Muitas de suas histórias são realistas: situam-se no mundo real, cotidiano, com personagens simplesmente humanas em luta com as adversidades da vida e, em geral, vencidos por elas, mas vitoriosos na conquista do céu. (Ex.: *A Menina dos Fósforos; Nicolau Grande, Nicolau Pequeno; O Menino Mau; A Casa Velha...*). Outras são *apólogos*: têm *objetos* ou seres da natureza como personagens que vivem problemas idênticos aos dos homens *(O Boneco de Neve;*

NELLY NOVAES COELHO

A Agulha de Cerzir, O Soldadinho de Chumbo, Os Namorados, O Pinheirinho…).
Em grande parte de suas narrativas, aparece o *sobrenatural.* Este pode ser
de caráter espiritual *(Os Sapatinhos Vermelhos, O Rouxinol…*) ou mágico/
maravilhoso (*A Sereiazinha, Os Cisnes Selvagens, A Rainha da Neve…*).

Nota-se, no geral das narrativas de Andersen, a tendência para
fundir o maravilhoso pagão com o espiritualismo cristão. (Um bom
tema para seminários ou análises seria detectar essa fusão em algumas
de suas histórias.)

TEXTOS REPRESENTATIVOS DA NARRATIVA PRIMORDIAL

Calila e Dimna

Livro I: *O Leão e o Boi*

Disse Dabshalim, rei da Índia, a Báidaba, príncipe dos filósofos:
"Conta-me uma história que ilustre o caso de dois amigos que
o mentiroso e intrigante desune, semeando o ódio entre eles".
Disse Báidaba: […] Muitas são as histórias que ilustram esse caso.
Conta-se, numa delas, que…

As histórias que o príncipe dos filósofos vai contando ao rei,
sucedem-se às centenas no livro *Calila e Dimna:* umas saindo de outras,
interrompendo a anterior para dar início a uma nova, voltando depois
a ela, etc., etc., obedecendo a uma estrutura narrativa de "encaixe".
Entre essas múltiplas narrativas, são incluídas fábulas que, levadas por
peregrinos para fora da Índia, acabaram se popularizando e fazendo
parte da literatura europeia. Entre essas fábulas, registramos:

O Homem e a Serpente

Disse o rato:
— Conta-se que um homem ia de viagem, quando encontrou em
seu caminho uma serpente enroscada e enregelada pelo frio.
Apiedou-se dela e colocou-a debaixo de seu casaco, a fim de lhe
dar calor. Pouco tempo depois, a serpente, aquecida, desenroscou-
-se e deu uma forte mordida em seu protetor.

– É assim que recompensas a quem cuida de ti e te salva? – perguntou o homem agonizando.

– Assim sou eu – respondeu a serpente. – Estes são meu caráter e meus costumes. A traição e a ingratidão formam a essência de minha natureza. Quando me socorreste, devias ter pensado nisto, e não esperar de mim outra coisa.

Esta fábula faz parte também da coletânea de Esopo, que viveu no séc. V a.C., na Trácia, como escravo dos gregos. A presença de textos semelhantes na coletânea indiana e na de Esopo não foi suficientemente elucidada até hoje. A verdade é que essa e outras fábulas viajaram pelas mais distantes regiões geográficas do globo e, através dos tempos, foram-se incorporando ao acervo narrativo dos mais diferentes lugares do mundo civilizado. La Fontaine registra-a em suas *Fábulas*. É curioso notar que Monteiro Lobato não incluiu *O Homem e a Serpente* em seu volume de *Fábulas*. Seria pela "mensagem" negativa que ele transmite? Note-se que essa fábula (ou parábola) admite a existência do Mal, em certos seres, como algo definitivo ou irremediável. (Seria um bom tema para seminários o confronto do Bem e do Mal nas fábulas antigas e a discussão do maniqueísmo dessa visão de mundo.)

Fábulas de Esopo

A Gralha Soberba e o Pavão

Para que a ninguém agrade gloriar-se com prendas alheias, mas antes passar a vida em seu próprio estado, Esopo narrou-nos a fábula seguinte:

Uma gralha, estando cheia de vã soberba, apanhou as penas que tinham caído de um pavão e se enfeitou com elas; em seguida, menosprezando as suas companheiras, introduziu-se no formoso bando de pavões. Estes arrancam as penas à imprudente ave e afugentam-na com os bicos. A gralha maltratada começou a volta tristonha para sua própria raça e foi por ela repelida, sofrendo grave infâmia. Então uma das companheiras, antes desprezada, disse-lhe: Se tivesses estado contente com as nossas moradas e tivesses querido suportar o que a natureza te havia outorgado, nem terias experimentado aquela contumélia, nem a tua desgraça sentiria esta repulsa.

Sossega dentro de tua pele.

Esta fábula aparece na coletânea de La Fontaine e também nas *Fábulas* de Monteiro Lobato. (Um confronto entre as várias versões seria um bom exercício para a verificação dos elementos que teriam mudado em cada autor.)

Fábulas de La Fontaine

A Moça e o Pote de Leite

Perrette, tendo sobre sua cabeça um pote de leite, pretendia chegar sem demora à cidade. Rápida e com a roupa curta, ela ia a grandes passos, tendo posto naquele dia uma saia simples e sapatos baixos. Nossa leiteira já pensava em quanto ganharia com o leite e como empregaria o dinheiro. Comprava cem ovos: com sua diligência tudo ia muito bem. É fácil, dizia ela, criar os frangos em torno de casa. Mesmo que a raposa seja bastante hábil, eu ainda poderei comprar um leitão. Ele era quando eu o comprei de um tamanho razoável: obterei ao revendê-lo dinheiro belo e bom. E quem me impedirá de trazer para nosso estábulo, visto o preço que está baixo, uma vaca e seu bezerro, que eu verei pular no meio do gado?

Perrette, a esta altura, pula também, transportada: o leite cai, adeus bezerro, vaca, leitão, frangos. A dona destes bens, desapontada, vai-se desculpar com seu marido, receosa de apanhar.

Esta narração em farsa foi feita

E foi chamada *O Pote de Leite*,

Que espírito não ganha a guerra?

Quem não constrói castelos em Espanha?

Picrocole, Pirro, a Leiteira, enfim todos, sejam sábios ou tolos,

Todos sonham acordados; não há nada mais doce.

Um doce errar leva então nossas almas.

Temos todos os bens do mundo, todas as honras, todas as mulheres.
Quando estou só, desafio o mais corajoso.
Destrono o Sofi. Sou eleito rei, meu povo me ama.
Chovem diademas sobre minha cabeça.
Qualquer acidente faz com que eu volte a mim mesmo:
Sou João Ninguém, como dantes.

É esta uma das mais famosas fábulas da Antiguidade. La Fontaine recolheu-a no folclore francês, no séc. XVII. Sua fonte mais antiga é *Calila e Dimna,* onde tem o título de "O Eremita e a Jarra de Manteiga". Aparece também na cena dos pastores em busca do gado perdido no *Auto de Mofina Mendes,* de Gil Vicente (séc. XVI); e na coletânea oriental *As Mil e Uma Noites,* como "O Asceta e a Jarra de Manteiga". Monteiro Lobato reinventou-a como "A Menina do Leite". (Uma análise de confronto entre todos esses textos será bastante elucidativa para o conhecimento da evolução das ideias e transformação dos valores literários.)

Contos de Mamãe Gansa — Charles Perrault

As Fadas

Era uma vez uma viúva que tinha duas filhas: a mais velha parecia-se tanto com ela em gênio e feições, que quem a olhava era como se visse a mãe. Eram as duas tão desagradáveis e orgulhosas que ninguém podia viver com elas. A caçula, que era o próprio retrato do pai, pela doçura e gentileza, era uma das moças mais belas que era dado ver. Como, naturalmente, amamos o que nos é semelhante, aquela mãe era louca pela filha mais velha e, ao mesmo tempo, tinha uma terrível aversão pela caçula. Fazia-a comer na cozinha e trabalhar sem parar.
Era preciso, entre outras coisas, que essa pobre criança fosse, duas vezes por dia, buscar água a uma légua de distância da casa e carregar bem cheia uma grande bilha. Um dia, quando estava na fonte, chegou uma pobre mulher que lhe pediu água para beber.

"Pois sim, minha boa mulher", disse a bela moça, e enxaguando depressa sua bilha, recolheu água no melhor lugar da fonte e ofereceu-a, sempre sustentando a bilha, a fim de que a mulher pudesse beber mais facilmente. A boa mulher, tendo bebido, lhe disse: "Sois tão bela, tão boa e gentil que não posso me impedir de vos conceder um dom" (porque era uma fada que havia tomado a forma de uma pobre mulher de aldeia, para ver até onde ia a gentileza da jovem). "Dou-vos por dom", continuou a fada, "que a cada palavra que disserdes, saia de vossa boca uma flor ou uma pedra preciosa".

Logo que a jovem chegou à casa, sua mãe repreendeu-a por voltar tão tarde da fonte. "Peço-vos perdão, minha mãe" disse a pobre menina, "de haver demorado tanto". E ao dizer tais palavras, lhe saíram da boca duas rosas, duas pérolas e dois grandes diamantes. "Que vejo?" disse a mãe espantada, "parece que lhe saem da boca pérolas e diamantes. De onde vem isso, minha filha?" (Foi a primeira vez que a chamou de "minha filha".)

A jovem contou o que acontecera e a mãe mandou logo a filha mais velha ir à fonte; mas, indo de má vontade, ela insultou a bela dama que lhe apareceu pedindo água e, como castigo, o seu falar daí para diante transformava-se sempre em serpentes e sapos horrendos.

Moralidade: Os diamantes e as armas / Podem muito sobre os espíritos; / Enquanto as palavras doces / Têm ainda mais força e são de preço mais alto.
Outra Moralidade: A gentileza custa cuidados, / E exige um pouco de complascência; / Mas cedo ou tarde ela tem recompensa, / E muitas vezes no momento em que menos a esperamos.

Este texto é excelente para análise do *maniqueísmo* que estrutura o pensamento tradicional. Notar que, nele, tudo se estrutura de maneira dual ou polar em atitudes antagônicas. Entre os valores ético-sociais aí realçados temos o servilismo atribuído aos afazeres domésticos, a exaltação da beleza, da submissão, bondade, cortesia, paciência, gentileza...

como qualidades fundamentais da mulher; o prêmio ou recompensa futura, como estímulo à virtude; a importância do falar educado e cortês que devia prevalecer no convívio humano; etc. A partir dessas ideias, as análises podem verificar como se deu aqui a transfiguração literária: tipo de enredo, de personagens, situação problemática, etc.

Contos de Fada para Serões e para Crianças — Irmãos Grimm

Moedas de Estrelas

Era uma vez uma meninazinha. Seu pai e sua mãe haviam morrido, e ela ficou tão pobre que não tinha sequer um cantinho onde morar, nem uma caminha onde dormir. Não lhe restava nada mais do que a roupa do corpo e um pedacinho de pão em sua mão, que um coração compadecido lhe havia dado. Era, porém, uma menina boa e piedosa e, por estar sozinha no mundo, saiu pelo campo afora, depositando toda a confiança em Deus. Nisto, encontrou-se com um pobre homem que lhe disse:
– Ah! Dá-me alguma coisa para comer. Tenho tanta fome...

A narrativa prossegue com os atos de caridade da menina que foi dando o pouquíssimo que tinha a todos que lhe solicitavam, acabando quase despida, só com uma camisinha sobre o corpo, numa noite bastante fria.

Estando assim, sem ter mais nada, eis que de repente caíram as estrelas do céu, e elas eram verdadeiras moedas duras e polidas. E embora tivesse dado a sua camisinha, estava a menina vestida com uma outra nova de finíssimo linho. Nela, então, ela recolheu as moedas e ficou rica para toda a vida.

Aí também temos, fundidos, os ideais cristãos (humildade, generosidade, resignação) e os burgueses (valorização do dinheiro e incentivo à caridade ou ao paternalismo); convergência de atitudes como estas é bastante frequente nos contos tradicionais recriados pelos Irmãos Grimm ou por Andersen, pois esses autores representam, de maneira exemplar, a mentalidade pragmática burguesa/romântica, que se consolidava na época. (Como bom exercício de análise, confrontar os valores ideológicos registrados no 1º capítulo deste livro com os presentes nestes contos e a correspondente transfiguração literária.)

Contos de Andersen

A *Rainha da Neve (Fábula em Sete Histórias)*
1ª História: Que Trata do Espelho e dos Cacos

Vamos começar a narrativa. Quando chegarmos ao fim, saberemos mais do que agora sabemos. Vamos falar de um duende maligno, um dos piores, pois é nem mais nem menos que o Tinhoso em pessoa. Certo dia achava-se ele muito bem-humorado. Fabricara um espelho com estranha virtude: o bom e o belo que nele se refletiam encolhiam até serem um quase nada, mas o feio e o mau sobressaíam, tornando-se ainda piores. As mais lindas paisagens, refletidas naquele espelho, pareciam espinafre cozido, e as melhores pessoas tornavam-se repelentes ou apareciam de cabeça para baixo, sem barriga. Os rostos ali ficavam tão contorcidos que eram irreconhecíveis, e quem tivesse uma única sarda podia ter certeza que ela lhe cobriria todo o nariz e a boca.

(Este original conto de Andersen, analisado na íntegra, revela-se como exemplar da grande criatividade do autor. É um texto muito rico para se estudar a invenção literária que funde, de maneira essencial, a intencionalidade lúdica e, ao mesmo tempo, didática, que caracteriza a literatura infantil/juvenil criada pelo Romantismo.)

CARACTERÍSTICAS ESTILÍSTICAS E ESTRUTURAIS DA NARRATIVA PRIMORDIAL NOVELESCA

Além da preocupação com o conteúdo dessas narrativas tradicionais, com a natureza dos exemplos ou dos valores culturais transmitidos pela matéria literária, cabe analisarmos as *peculiaridades formais* que as identificam entre si e que respondem pela ampla aceitação que tiveram (ou têm?) entre crianças de diferentes épocas e nações. Podemos, pois, considerar como adequadas à matéria narrativa infantil as seguintes características estilísticas e/ou estruturais:

1. A efabulação *inicia-se de imediato com o motivo central* da história. Os acontecimentos se sucedem num ritmo narrativo acelerado, ou melhor, num fluir de rio que vai direto ao mar, sem se espraiar em afluentes que o desviem do curso.

É o caso das fábulas de Esopo ou das narrativas independentes que foram reunidas em *Calila...* Cada uma delas é concisa e objetiva no relato da situação em foco. A complexidade narrativa dessa coletânea está na estruturação do todo, isto é, na maneira pela qual as diferentes histórias saem umas das outras pelo processo do *encaixe* (ou da narrativa *en abyme*). É de notar a esse respeito que, à medida que a civilização ocidental impõe um conhecimento de mundo gradualmente mais racional e menos mágico, também a efabulação vai-se enriquecendo de circunstâncias marginais, mas esclarecedoras do fato central; e se compraz nos desvios circunstanciais que ampliam o relato. Tal efabulação, o que perde em objetividade, ganha em riqueza de aspectos complementares. Nos seis textos transcritos mais atrás, é fácil notar que a partir de La Fontaine (no séc. XVII, quando o racionalismo começa sua ascensão definitiva) há uma ligeira tendência para a diluição da objetividade e do imediatismo que caracteriza os anteriores.

2. O *motivo* da efabulação resulta, geralmente, das *três necessidades básicas* do ser humano: *estômago, sexo* e *vontade de poder*. Destas derivam as demais atitudes das personagens, situações ou incidentes em que se envolvem.

Notar que as tramas narrativas se desenvolvem em torno de três situações básicas: *situações de trabalho*, que visam assegurar a sobrevivência das personagens, isto é, superar a miséria em que vivem; *situações de casamento*, com as *provas* que precisam ser vencidas para que o "herói" case com a "princesa" (representação simbólica da união homem/mulher); e *situações de exploração* do homem pelo poder: exploração dos fracos pelos fortes e a astúcia/esperteza dos explorados para escaparem ou vencerem os exploradores.

O *mistério* e o *enigma* são presenças constantes nas tramas narrativas, mostrando a perplexidade do homem diante das causas desconhecidas que regem a vida humana. Também são onipresentes, os *objetos mágicos* que auxiliam as personagens a vencerem. Ou então, a *violência* ou a *ameaça* de antagonistas que provocam o heroísmo ou incentivam as virtudes dos heróis ou das heroínas...

Tais motivos e situações surgem nas narrativas primordiais e persistem através dos séculos até hoje: o que vai mudando é a sua representação simbólica e a reação das personagens (de acordo com a evolução dos tempos).

3. O *tempo é indeterminado,* a-histórico. É expresso geralmente pelo pretérito imperfeito – aquele tempo que registra a ação suspensa, sem conclusão: "era uma vez", "havia outrora", "um homem ia de viagem", "certo dia"...

Tal noção de tempo resulta da consciência mítica, peculiar à humanidade no início dos tempos. Em um mundo explicado pelo pensamento mágico, não havia lugar para a noção de evolução temporal (como temos hoje, com o pensamento histórico). *Grosso modo*, pode-se dizer que as noções passado, presente e futuro eram aspectos de um só tempo abrangente, circular, repetitivo... Daí compreendermos que as narrativas primordiais tenham podido se repetir iguais, durante milênios, sem perderem a força. Sua repetição pelos homens correspondia a um verdadeiro ritual de reiteração ou revivência das experiências passadas. Tal qual as narrativas bíblicas, as primordiais novelescas pertencem a um tempo mítico – eterno, sem começo nem fim, que pode ser reconhecido nas expressões: "Naquele tempo", "Era uma vez", "Conta-se"...

4. O *ato de contar* é referido no corpo da própria efabulação e corresponde a uma voz familiar (a do contador de histórias) que serve de

mediador entre a situação narrada e o leitor. *("Conta-me uma estória que..."; "Conta-se que..."; "Esopo narrou-nos..."; "Essa narração em farsa foi feita"; "Era uma vez"; "Vamos começar a narrativa...".)*

Esse recurso narrativo é antiquíssimo e serve de "gancho" para prender a atenção dos ouvintes. Não podemos esquecer que essas narrativas nasceram da comunicação oral. Nas adaptações que vêm sendo feitas através dos anos, nota-se que esse recurso oral tem sido bastante explorado, pois é dos que atraem de imediato os leitores (grandes e pequenos). Os recursos narrativos gerados por esse tipo de transmissão estão explicados mais atrás, no tópico referente ao narrador e focos narrativos.

5. A forma literária básica é a do *conto*. Pelo predomínio dessa forma, deduz-se que a intenção dos narradores era transmitir os vários fragmentos de vida ou situações particulares que fossem *exemplares* para a vida de todos os homens. Entretanto, como a divulgação de tais contos se fez, geralmente, através de coletâneas (com um elo de ligação entre as diferentes narrativas como a Sherazade), sua estrutura narrativa pode confundir-se com a da *novela* (vários episódios independentes unidos por um fator comum, como o cavaleiro andante nas novelas de cavalaria).

6. A *repetição,* como técnica narrativa, é das mais exploradas na literatura popular ou infantil, tanto em relação ao discurso como em relação à estrutura narrativa. Porém, só pode ser realmente avaliada no contexto global da efabulação. Consiste na repetição exaustiva dos mesmos esquemas básicos (argumentos, invariantes e variantes, tipos e atributos de personagens, motivos de conflito, funções das personagens, valores ideológicos). Da mesma forma que a simplicidade inerente à mente popular ou à infantil repudia estruturas narrativas complexas (devido às dificuldades de compreensão imediata que elas apresentam), também se desinteressa de textos que apresentam excessiva variedade ou novidades que alterem continuamente os elementos já conhecidos.

Lembramos, a propósito, o prazer sempre renovado com que as crianças ouvem repetidas vezes as mesmas histórias, e como as exigem imutáveis em seus termos, reclamando contra quaisquer alterações que o contador lhes queira introduzir. Ou ainda o fascínio com que assistem aos intermináveis e repetidíssimos *desenhos animados* que a televisão lhes oferece. Embora sabendo ponto por ponto o que vai acontecer, permanecem suspensas dos acontecimentos e "torcem" sempre com o mesmo ardor para que os heróis vençam os vilões...

Essa reiteração dos mesmos esquemas na literatura popular-infantil vai, pois, ao encontro de uma exigência psicológica de seus leitores/ouvintes: apreciam a repetição de *situações conhecidas,* porque isso dá o *prazer* de conhecer ou de saber, por antecipação, tudo o que vai acontecer. E mais. Dominando, *a priori,* a marcha dos acontecimentos, o *leitor* sente-se seguro, interiormente. É como se pudesse dominar a vida que flui e lhe escapa.

7. A narrativa se faz pelo processo da *representação simbólica* ou *metafórica* (utilização de imagens, metáforas, símbolos, alegorias que representam o real, e assim comunicam com maior plenitude o que o narrador pretende).

A representação simbólica é um recurso estilístico mais rico do que a representação realista (mimética), porque esta última limita-se a fixar o específico do real a ser transfigurado; e aquela transfigura a *essência* daquele real. Por via de regra, a cada época vai corresponder um tipo dominante de representação, muito embora os dois continuem presentes na criação em geral. Seria essa uma excelente pesquisa: verificar em cada época do passado qual foi o recurso dominante.

8. As *personagens* são basicamente *tipos* (desempenham funções no grupo social a que pertencem: o rei, o filósofo, o sábio, o viajante, a gralha, o pavão, a leiteira, a viúva, as filhas, a fada...) ou *caracteres* (representam comportamento ético ou padrões espirituais: o intrigante, o mentiroso, o odiento, o generoso, o traidor, o mal-agradecido, o malvado, o vaidoso ou presunçoso, o sonhador, o cordial, o malcriado, o caridoso...).

É acentuada a predileção dos antigos pelas personagens-animais para representarem vícios ou virtudes humanas. Há, porém, diferenças entre as que povoam as fábulas de origem oriental e as das fábulas ocidentais. Nas primeiras (como em *Calila e Dimna),* os animais agem como seres humanos e em nada fazem lembrar os seres de sua espécie. Nas fábulas europeias, os animais, embora falem como os homens, mantêm as peculiaridades naturais de sua espécie (é o caso da maioria das *Fábulas* de La Fontaine). Um bom tema para pesquisa seria identificar nas fábulas o tratamento recebido pelas personagens-animais; confundem-se com humanos, ou conservam características próprias e apenas simbolizam comportamentos próprios dos homens?

9. Há uma *convivência natural* entre realidade e imaginário (fantástico/mágico/maravilhoso/sobrenatural), que resulta do *pensamento mágico* predominante no mundo arcaico. Pensamento que continua sendo o da primeira fase da infância. Daí compreendermos a atração que as crianças sentem por tal tipo de literatura "maravilhosa" (que, para elas, é absolutamente real).

Essa convivência do real com o fantástico está presente nos animais e seres inanimados que falam e se comportam como humanos; nas metamorfoses frequentes que, com o avanço do espiritualismo cristão, vão-se identificar com os milagres. Enfim, tudo nesse universo literário arcaico parece dotado de poderes mágicos; inclusive desaparecem as fronteiras entre real e imaginário – recurso ou visão de mundo que, hoje, voltou a dominar na literatura para crianças ou adultos. Análises sobre esse fenômeno serão muito fecundas para uma compreensão mais ampla não só do passado, mas também das transformações em curso em nossos tempos.

10. O *espaço* (cenário, paisagem, ambiente...) nas narrativas arcaicas nem sempre é significativo para o andamento da ação, servindo apenas como ponto de apoio à existência das personagens e dos fatos.

Há casos, porém, em que o local onde se desenrola a ação é funcional; intervém na sequência dos acontecimentos ou cria a atmosfera propícia à sequência dramática. Veja-se a influência do clima frio de rigoroso inverno que provoca a situação problemática em *O Homem e a Serpente* ou aumenta o sofrimento da "meninazinha pobre" em *Moedas de Estrelas* (ou em *A Menina dos Fósforos*). Também em *As Fadas* o espaço desempenha uma função decisiva na criação da situação problemática: os maus-tratos dados à caçula tornam-se evidentes na "distância de légua e meia" que essa precisava caminhar para apanhar água na fonte e carregá-la em uma "grande bilha". Como também é esse mesmo local o motivo da transformação de sua fala em elementos preciosos, como recompensa por seus bons sentimentos.

Esse relacionamento essencial das personagens com o espaço (ou a natureza em geral) pode ser entendido como resquícios dos tempos míticos ou primordiais, quando entre homem e cosmos existia uma ligação natural e decisiva. Daí que, com a evolução do pensamento civilizado (científico/histórico/racionalista), esse forte vínculo vem se enfraquecendo cada vez mais; e o homem se sente cada vez mais divorciado das forças naturais do universo, entregando-se a uma vida cada vez mais artificial. Na época do Romantismo, houve uma reação contra esse distanciamento homem/natureza, e nos momentos em que o cientificismo intensifica seu domínio sobre o homem dá-se novamente a reação contrária: o homem volta a procurar o convívio com o mundo natural. Analise-se em nossa época a preocupação dominante com a *ecologia* e com o *lazer* em meio à natureza. É este um excelente tema para discussões, leituras e debates a partir de textos antigos ou modernos.

11. A *exemplaridade* é um dos objetivos mais evidentes da narrativa primordial novelesca, donde se conclui que as histórias, desde a origem dos tempos, foram o grande instrumento de divulgação de ideias de formação de mentalidades e modelos de comportamento individual, social, ético, político, etc.

É essa intenção de exemplaridade, o fator comum presente nas diversas espécies literárias que tiveram enorme sucesso no mundo antigo:

fábula, apólogo, parábola, exemplos, etc. (Vide, mais adiante, o registro dessas espécies literárias no tópico "Os gêneros e os subgêneros".)

12. O *narrador* presente nesses textos é o *contador de histórias* descendente dos narradores primordiais, isto é, aqueles que não inventavam: contavam o que tinham ouvido ou conhecido. Representavam a *memória* dos tempos a ser preservada pela palavra e transmitida de povo para povo ou de geração para geração. Nesse sentido, Andersen representa uma fronteira ou uma passagem: foi autor que *transmitiu a memória* dos textos arcaicos e também inventou novos textos.

A atitude do *contador de histórias* gerou um estilo narrativo, em que predominam o *discurso direto,* o *diálogo* e frequentes *expressões elocutivas* ("ele disse", "ela respondeu", etc.). A um narrador que apenas sabe o que viu ou lhe contaram (isto é, que não inventou, que não é onisciente...) não cabe o uso do discurso indireto ou de digressões, amplas descrições, etc. Este vai ser o estilo predominante nos narradores oniscientes que se impõem a partir do Romantismo.

A ANÁLISE ESTRUTURAL DOS CONTOS DE FADA E CONTOS MARAVILHOSOS

Embora diferentes em sua problemática central, os *contos de fada* (*problemática existencial,* a busca de realização interior pelo amor) e os *contos maravilhosos* (*problemática social,* a busca de realização da personagem pela fortuna material) apresentam estruturas narrativas idênticas, cujo modelo foi definido por Wladimir Propp (*Morfologia do Conto*). Do modelo estrutural do Propp, extraímos cinco invariantes sempre presentes nos contos em questão: *aspiração* (ou desígnio), *viagem, obstáculos* (ou desafios), *mediação auxiliar* e *conquista* do objetivo (final feliz). Tais *invariantes* multiplicam-se por infinitas *variantes* que correspondem pela riqueza dessa produção arcaica. Definindo tais *invariantes,* temos:

1. Toda efabulação tem, como motivo nuclear, uma aspiração ou um *desígnio,* que levam o herói (ou a heroína) à ação.

2. A condição primeira para a realização desse desígnio é sair de *casa*; o herói empreende uma *viagem* ou se desloca para um ambiente estranho, não-familiar.

3. Há sempre um desafio à realização pretendida, ou surgem *obstáculos* aparentemente insuperáveis que se opõem à ação do herói (ou da heroína).

4. Surge sempre um *mediador* entre o herói (ou a heroína) e o objetivo que está difícil de ser alcançado; isto é, surge um *auxiliar mágico,* natural ou sobrenatural, que afasta ou neutraliza os perigos e ajuda o herói a vencer.

5. Finalmente o herói *conquista* o almejado objetivo.

A essas *invariantes* básicas correspondem inúmeras *variantes,* circunstâncias acidentais que tornam cada conto único ou simplesmente diferente dos demais.

É de se notar que cada conto normalmente pode apresentar uma sucessão de desígnios e consequentes acontecimentos que, por sua vez, geram novos desígnios secundários... Exemplificando essa estrutura narrativa, temos o conto de Grimm:

A Dama e o Leão — conto de fada

Pertencente à temática da bela moça que é obrigada a casar com um *animal* (cf. *A Bela e a Fera*), este segue o conhecido esquema da viagem de um pai que promete trazer presentes para as filhas. E o pedido da mais nova (que pediu uma cotovia) leva o pai a invadir o jardim do Leão e a ser obrigado a prometer-lhe a filha em casamento, a fim de poder levar a cotovia. A união se faz e, com o tempo, a bondade amorosa da jovem acaba por desencantar o Leão, que volta à sua forma humana, de jovem formoso.

O primeiro "desígnio" que surge no conto é o da *viagem* a ser feita pelo pai mercador e a promessa de, na volta, trazer uma cotovia de presente para a filha mais nova. Promessa que o levou ao jardim do Leão, onde encontrou o pássaro e foi obrigado a nova promessa: dar-lhe a filha em casamento. O segundo desígnio, e o mais importante do conto, resulta do cumprimento à promessa feita ao Leão e a aventura da jovem filha, já casada com a fera, tem começo. Estruturando esta aventura, temos:

	INVARIANTES	VARIANTES
1	Desígnio	A filha mais nova *deve* casar com o Leão.
2	Viagem	Para cumprir tal desígnio, a jovem sai de sua casa e viaja para morar no palácio do Leão.
3	Desafio ou Obstáculo	O *obstáculo* à realização feliz da aspiração ou desígnio era a *forma animal* do esposo: um príncipe metamorfoseado em leão.
4	Mediação natural	O *poder mágico* se exerce através da própria jovem que, com suas *virtudes*, quebra o encanto de que fora vítima o marido, que volta à forma de belo príncipe.
5	Conquista do objetivo	Enfim, casados como pessoas normais, vivem felizes para sempre.

A Guardadora de Gansos — conto de fada

Uma princesa viaja para se encontrar com seu noivo, quando no caminho é dominada pela dama de companhia que lhe usurpa o lugar. Mudam de cavalo e de trajes... chegam ao palácio, onde a verdadeira princesa é empregada como guardadora de gansos. Seu cavalo Falante tem a cabeça cortada pela impostora, que temia ser denunciada. Entretanto, a cabeça acaba falando e tudo se esclarece.

A malvada é castigada e a princesa casa-se com o príncipe.

INVARIANTES	VARIANTES
1 Desígnio	A princesa deseja casar-se com o eleito de seu coração.
2 Viagem	Durante a viagem que faz para encontrá-lo, é dominada pela dama de companhia... e despojada de suas prerrogativas.
3 Obstáculo	Transformada em "guardadora de gansos", fica afastada do príncipe, enquanto a usurpadora lhe toma o lugar.
4 Mediação mágica	Surge um auxiliar mágico: a cabeça cortada de seu cavalo Falante conta ao príncipe o que aconteceu e tudo volta aos lugares certos.
5 Conquista do objetivo	A malvada é castigada, os dois enamorados casam-se e vivem felizes para sempre.

A Donzela Que Não Tinha Mãos — conto exemplar

Certo pai, ávido de riquezas, encontra um estranho personagem que se oferece como seu protetor e lhe assegura riquezas sem conta, com a condição de lhe entregar sua filha. O homem aceita, recebe os benefícios, mas, para preservar a pureza da filha, corta-lhe as mãos. Esta sofre tudo resignada, até que, por milagre, suas mãos voltam a nascer nos pulsos.

INVARIANTES	VARIANTES
1 Desígnio	A condenável ambição de riquezas que dirige a vida e a vontade de um pai.
2 Viagem	É em viagem que o pai encontra o "protetor" que lhe assegura a riqueza em troca da promessa de lhe dar a filha em casamento.
3 Desafio ou Obstáculo	Representado pelas "mãos cortadas" – violência que, normalmente, deveria levar a jovem ao desespero e a se revoltar contra o pai, autor dessa crueldade.
4 Mediação natural	Mas, pela força da própria virtude, a jovem resigna-se à violência cometida contra si e permanece dócil e dedicada ao pai.
5 Conquista do objetivo	Por intervenção divina, um milagre se produz: suas mãos voltam a nascer, como recompensa de sua virtude indestrutível. E a narrativa conclui: "... a pureza de coração tudo vence".

O Alfaiate Valente — conto jocoso

História de um pequeno e ingênuo alfaiate que aspirava à categoria de herói e em certo momento, ao matar sete moscas que estavam em sua geleia, sai pelo mundo a apregoar sua façanha de "ter matado sete". É desafiado por um gigante terrível, a quem sua astúcia consegue enganar. Depois enfrenta várias provas sobre-humanas que lhe foram pedidas por um rei, a fim de lhe conceder a mão da princesa em casamento. A esperteza do alfaiate acaba vencendo todas as provas e consegue a mão da princesa, tornando-se rei depois.

INVARIANTES	VARIANTES
1 Desígnio	Fazer-se respeitar como herói invencível.
2 Viagem	Sai pelo mundo a apregoar sua coragem e a pôr-se à prova.
3 Obstáculo	Gigante, muito mais forte do que ele; as provas sobre-humanas pedidas pelo rei…
4 Mediação natural	Os "mediadores", de que se vale para vencer todas as provas, são suas próprias forças: a esperteza, astúcia e inteligência que, afinal, vencem a força bruta que o desafiava…
5 Conquista do objetivo	Casado com a princesa, quando morre o rei, "o pequeno alfaiate continuou a ser rei pelo resto de sua vida".

O Semeador — parábola

Eis que aquele que semeia saiu a semear. E, quando semeava, uma parte da semente caiu junto da estrada, vieram as aves do céu e comeram-na. Outra caiu em pedregulho, onde não tinha muita pedra: e logo nasceu, na pouca altura de terra; mas saindo o sol se queimou e porque não tinha raiz se secou. Outra caiu sobre os espinhos: e estes, crescendo, a afogaram. Outra, enfim, caiu em boa terra: e deu frutos e mais frutos.

	INVARIANTES	VARIANTES
1	Desígnio	Semear em campo fértil.
2	Viagem	O semeador sai a campo, para que seu desígnio possa ser cumprido.
3	Obstáculo	Desatento, deixa cair sementes em terrenos estéreis (pedra, espinhos).
4	Mediação	A atenção ou o acaso fazem cair a semente em boa terra.
5	Conquista do objetivo	De boa semeadura resultam os bons frutos esperados.

(Com essa parábola, Jesus procurou mostrar aos discípulos que, assim como é preciso escolher o lugar adequado à semeadura da terra para que ela dê bons frutos, também é preciso que o pregador encontre ouvidos atentos e preparados para que sua palavra frutifique nos espíritos dos que o ouvem. Enderaçada para todos os homens, essa parábola alerta para a necessidade de todos se tornarem conscientes de que seu trabalho, sua ação fecunda na vida necessita de um lugar adequado para recebê-la. E que é preciso escolher esse lugar. Da mesma forma que nós, educadores, precisamos preparar o espírito dos educandos para que a nossa "semeadura" frutifique.)

ELOS ENTRE A LITERATURA E A VIDA

Importante notar que há uma identificação essencial entre as *invariantes* que estruturam essas narrativas maravilhosas e as *exigências básicas* que a vida faz a cada um de nós, para que nos realizemos plenamente como indivíduos e seres sociais. As personagens desses contos de fada, contos exemplares, parábolas, etc., nada mais são do que símbolos ou alegorias da grande aventura humana, que cada qual vive a seu modo, ou de acordo com as circunstâncias.

Assim, vejamos:

1. cada ser humano precisa ter um *ideal* (ou ideais, desígnios, projetos que se sucedem) para ser alcançado;

2. para tentar alcançá-lo, precisa sair de seu meio familiar (*viagem*) e enfrentar o meio exterior, o confronto com os demais seres;

3. nessa busca, certamente encontrará *obstáculos* (opositores) para serem vencidos;

4. nesse esforço para vencer os obstáculos, encontrará também *auxílio* (mediadores) e

5. finalmente realizará o ideal perseguido (*final feliz*) e, obviamente, recomeçará a caminhada perseguindo um novo *ideal* ou *projeto*. (Processo que só deve terminar com a morte.)

Tornando mais evidente as correlações entre variantes e invariantes, temos:

INVARIANTES	VARIANTES
1 Desígnio	Todo ser humano tem sua aspiração, seu ideal, seu desígnio a ser atingido na vida para sua autorrealização. Os *objetivos* são infinitos, variam de criatura para criatura.
2 Viagem	Normalmente, a luta pela realização se trava *fora de casa*, no corpo-a-corpo com o mundo exterior, o mundo dos outros. São também infindos os caminhos a serem escolhidos e percorridos.
3 Opositores	As dificuldades encontradas nesses caminhos em busca da realização são também inumeráveis.
4 Mediadores	Não se trata apenas da *ajuda exterior* (a que vem dos outros ou das varinhas mágicas), mas principalmente da que vem de nós próprios: a *ajuda interior*, que nos é dada pela nossa inteligência, intuição, força de vontade, paciência, curiosidade, afetividade, paixões, ânsia de *saber* e *conhecer*. Sem dúvida, o melhor *mediador mágico* está em cada *eu* que se dispõe à autorrealização.
5 A conquista do objetivo	Enfim, a realização do ideal visado. É nesta última etapa que está a grande diferença entre a literatura e a vida: um ideal alcançado pelo *eu* não significa o final, mas apenas a conclusão de uma etapa da vida... outros desígnios ou ideais devem surgir, pois na vida não há nada definitivo, a não ser a morte (se é que é definitiva... quem o sabe?)

Conclusão: a vida é *processo* em contínuo fazer-se. Cada conquista deve corresponder a um *fim* e a um *novo começo*. É essa analogia existente entre as *invariantes* do universo literário e as do universo humano que explica a fascinação que, através dos séculos, essas narrativas fantasiosas continuar a exercer sobre os povos e sobre as crianças, em particular.

DA NARRATIVA MARAVILHOSA PARA A NARRATIVA REALISTA

A partir do século XVIII (na passagem do Classicismo para o Romantismo), enquanto os contos maravilhosos continuavam a se difundir pela Europa e pelas Américas, nos "serões familiares", encantando adultos e crianças acomodados "ao pé do fogo" (principalmente nos longos invernos europeus), no âmbito do conhecimento que servia de fundamento à nova sociedade que se consolidava, impunha-se uma nova mentalidade nutrida de racionalidade. O *indivíduo* passa a ser valorizado pelo que ele *é, sabe* ou *faz*, e não mais pela *classe social* a que pertence (isto é, pelo *sangue aristocrático* que tivesse herdado). Uma nova era começa, baseada em uma nova razão: a do direito do indivíduo a ter oportunidades iguais de autorrealização. Passa a ser valorizado o *indivíduo culto*, aquele que tem o *conhecimento das coisas.*

No âmbito da Educação oficial, aprovam-se leis defendendo "a escola para todos" e exigindo reformas pedagógicas que levem a *alfabetização* para todos os cidadãos, independente de sua classe social ou posses. E a *leitura* passou a ser o *ideal básico* de todos, inclusive para a educação infantil.

Devido à inexistência da literatua escrita especificamente para a infância e a juventude, começam a surgir adaptações de romances ou novelas famosas, que encantavam adultos e os menores. Portanto, durante os séculos XVIII e XIX, paralelamente à divulgação das coletâneas de Perrault, La Fontaine, Grimm e outras bem populares, surgem *livros cultos* (isto é, não-populares) que, originalmente, destinados a adultos, acabam por se transformar em leitura para crianças e jovens.

Entre os muitos títulos que fizeram grande sucesso no Brasil, seja no original, seja em traduções, destacamos: *Aventuras de Robinson Crusoé* (1719); *Vinte Mil Léguas Submarinas* (1870); *Os Três Mosqueteiros* (1844); *A Volta ao Mundo em 80 Dias* (1873); etc. Entre as obras originais, nessa época escritas para os pequenos leitores, destacam-se, entre outros: *Os Novos Contos de Fadas* (1856); *Alice no País das Maravilhas* (1862); *Aventuras de Pinóquio* (1881); *Coração* (1886)...

Todas elas expressam o estilo racionalista/romântico, hoje conhecido como *tradicional*. A novidade maior dessa literatura de raiz romântica, em relação à anterior, é a sua preocupação de realismo, sua intenção de expressar a vida realmente vivida pelos homens. Numa primeira fase, a matéria literária resulta de uma fusão entre o registro do real e a invenção do maravilhoso. Nessa época, o mundo real (modificado aceleradamente pela revolução industrial que se expandia) revelava-se aos homens cada vez mais fantástico, devido aos novos e espantosos modos de viver que a máquina punha ao alcance de todos. Com o avanço do racionalismo cientificista e tecnológico, os contos de fada e as narrativas maravilhosas passam a ser vistos como "histórias para crianças". Há um novo maravilhoso a atrair os homens: aquele que eles descobrem não só no próprio real (transformado pela máquina) mas também em si mesmos, ou melhor, no poder da inteligência humana.

TEXTOS REPRESENTATIVOS DO ESTILO LITERÁRIO ROMÂNTICO (SÉC. XVIII/SÉC. XIX)

O inglês Daniel Defoe e o irlandês Jonathan Swift podem ser considerados como continuadores do aventuresco que marcou as novelas ou os relatórios de viagem renascentistas, e também precursores do individualismo romântico.

Aventuras de Robinson Crusoé — Daniel Defoe (Inglaterra, 1660/1731)

Nasci na cidade de York em 1632, em uma família abastada, de origem estrangeira. Meu pai era de Brême e, de início, estabeleceu-se em Hull. Depois de ter conquistado uma apreciável fortuna no comércio, mudou-se para York, onde se casou com minha mãe, cujos pais, chamados Robinson, pertenciam a uma antiga e conceituada casa do condado. Foi por causa deles que me chamaram Robinson Kreutznauer; mas, por uma alteração de palavras muito comum entre os ingleses, pronunciavam – e nós mesmos, também, pronunciávamos e escrevíamos Crusoé.

Eu era o terceiro filho da família; não havia aprendido nenhum ofício e minha cabeça estava cheia de pensamentos aventureiros. Meu pai destinava-me à carreira de advogado, mas eu sonhava com viagens por mar, e essa inclinação natural parecia uma fatalidade que me empurrava para a vida miserável que eu haveria de levar.

Romance escrito para adultos, a versão original de *Aventuras de Robinson Crusoé* foi elaborada por um pensamento lógico essencialmente orientado pela intenção de realismo documental, isto é, de verdade. Daí as longas explicações; constantes digressões, descrições pormenorizadas; desvios da narrativa principal, etc. Seu sucesso com os pequenos ouvintes ou leitores deu origem às primeiras adaptações que simplificaram o texto original, suprimiram as digressões ou extrapolações e se concentraram no dinamismo das aventuras. Compare-se, por exemplo, o início acima transcrito (versão original) com a adaptação brasileira feita por Paulo Bacellar para a Tecnoprint. Nela estão evidentes: a objetividade narrativa e a aceleração dos acontecimentos que visam se comunicar com mais facilidade com as mentes jovens.

Capítulo 1 – Em busca da liberdade

Eu partira do Brasil, onde possuía uma plantação de fumo. Ia num barco de seis canhões e quatorze tripulantes, com destino à África. O barco levava um pequeno carregamento de mercadorias para negociar. Aqui tem início a aventura principal de minha vida, mas talvez queiram saber o que fiz antes disso e como cheguei a ter coragem de arriscar tudo o que tinha para entregar-me aos caprichos do mar que tanto amo.
Devo dizer, então, que fui um menino como muitos outros... mas desde cedo aprendi a fazer valer minha vontade e minha opinião. Meus pais queriam que eu tivesse por profissão a advocacia – ou qualquer outra que estivesse à altura do nome da família. Mas nunca dei importância a nome de família; queria, isto sim, descobrir segredos do mundo, vivendo a vida que tinha escolhido para mim.

Evidentemente o confronto entre o original e a adaptação só revelará suas verdadeiras diferenças se for feito com os *livros*. De qualquer forma, com os fragmentos acima já é possível verificar-se a intenção de condensação e de maior dinamismo narrativo, indispensável em leituras para a meninada. Um seminário que pusesse em confronto as duas versões integrais esclareceria as peculiaridades estilísticas adequadas ao espírito infantil. Em ambas, estará evidente a intenção de realismo. Todos os dados que a efabulação oferece ao leitor visam comunicar-lhe uma aventura realmente vivida. Desde o 1º capítulo, ficamos sabendo da importância das viagens empreendidas pelos mercadores, nesses séculos passados, ligando as regiões mais distantes: aventuras heróicas que abriram caminho ao progresso econômico do mundo. Fica evidente também o menosprezo da personagem pelos nobres valores herdados (mentalidade aristocrática/clássica) e a ênfase no próprio esforço para a conquista da vida (mentalidade burguesa/romântica). Ao naufragar e tornar-se o habitante solitário de uma ilha perdida no oceano, Robinson Crusoé vai viver aventuras absolutamente reais. Isto é, aventuras possíveis ao ser humano e exclusivamente dependentes de sua inteligência e determinação no agir. O realismo desse livro enfatiza a grandeza da condição humana.

Viagens de Gulliver — Jonathan Swift (Irlanda, 1667/1745)

Capítulo 1

Meus pais, cujas propriedades, situadas na província de Nottingham, eram pequenas, tinham cinco filhos: eu era o terceiro. Mandaram-me para o colégio Emanuel, em Cambridge, aos quatorze anos. Permaneci ali três anos, que empreguei de maneira útil. Como, porém, minha educação fosse muito dispendiosa, puseram-me como aprendiz em casa do Sr. James Bates, famoso cirurgião de Londres, onde fiquei até os vinte e um anos. Meu pai, de tempos em tempos, enviava-me algumas pequenas quantias, que empreguei para aprender pilotagem e outros ramos de matemática, muito necessários aos que desejam viajar por mar, pois eu esperava que essa seria minha vida futura.

Deixando a companhia do Sr. Bates, voltei para casa de meu pai, e tanto dele como de meu tio João, e de outros parentes, consegui arranjar a quantia de quarenta libras esterlinas, por ano, para a minha subsistência em Leyde. Entreguei-me aplicadamente ao estudo de medicina, durante dois anos e sete meses, convencido de que tal estudo algum dia me seria útil nas minhas viagens.

[...] Fui depois cirurgião em dois navios, e muitas outras viagens que fiz, durante seis anos, às Índias orientais e ocidentais, aumentaram um pouco a minha fortuna. Empreguei meus ócios lendo os melhores autores antigos e modernos, levando sempre comigo certo número de livros e, quando vinha a terra, não descurava de notar os usos e costumes dos povos, aprendendo, simultaneamente, a língua do país, o que se me tornava fácil, visto possuir boa memória.

[...] Ocioso se torna maçar o leitor com a pormenorização das nossas aventuras por esses mares; basta apenas dizer-lhes que, ao passarmos pelas Índias orientais, fomos acometidos por um temporal de tamanha violência que nos lançou para o noroeste da terra de Van-Diemen. Por observações que fiz, notei que estávamos a 30,2 de latitude meridional. Da tripulação, haviam morrido doze homens, em virtude do exaustivo trabalho e da má alimentação.

....

O autor conta de modo sucinto os principais motivos que o levaram a viajar. Naufraga e salva-se a nado chegando ao país de Liliput. Prendem-no e conduzem-no para o interior.

Um bom exercício será o confronto desse fragmento inicial da novela de Swift com o de uma versão adaptada para a meninada, por Esdras do Nascimento, para a Tecnoprint.

1

Meu nome é Gulliver. Sou médico e tive de lutar muito para me formar. Terceiro de cinco irmãos, passei a infância em Nottingham, na Inglaterra, numa pequena fazenda que meu velho possuía. Quando completei quatorze anos, fui estudar em Cambridge, numa escola particular. Mas os negócios de meu pai iam mal e não pude continuar no colégio. Voltei para Nottingham e passei alguns anos na maior folga, limitando-me apenas a brincar com meus irmãos e os garotos da vizinhança. Foi nessa época que comecei a me interessar pelos assuntos ligados ao mar. Lia tudo que me caía nas mãos a respeito de viagens e navios – e sonhava quase todas as noites com barcos, terras distantes e tempestades. Quando me perguntavam o que eu queria ser quando crescesse, minha resposta era sempre a mesma: "Vou ser comandante de navio".

Mas um dia minha folga terminou. Meu pai se trancou comigo no quarto que lhe servia de escritório, expôs-me a triste situação de nossas finanças – e terminou me aconselhando a ir para Londres, onde seu amigo James Bates, famoso cirurgião da capital, prometera me ajudar, se eu quisesse estudar Medicina.

....

Uma leitura analítica desses dois fragmentos mostrará que neles há a mesma intenção de realismo e, também, as mesmas peculiaridades estilísticas vistas no livro de Defoe: registro de pormenores de toda a espécie, para tornar o relato o mais expressivo e autêntico possível; a valorização do trabalho como meio de ganhar dinheiro, em uma sociedade que já aparece constituída em função das operações de compra e venda. O confronto entre os dois textos tornará evidente a objetividade exigida às narrativas para crianças, e a necessidade de um ritmo narrativo mais ágil do que em narrativas para adultos. Sentir essas diferenças nos textos será um bom exercício para a aprendizagem no lidar com literatura.

Note-se ainda que as aventuras fantásticas em que Gulliver vai-se ver envolvido fogem do realismo comum e verossímil, mas são oferecidas ao leitor como verdades absolutas. Tratar-se-ia de povos ainda desconhecidos, que Gulliver teve ocasião de encontrar. Nas adaptações, perde-se a intencionalidade crítica, bastante cruel, com que Jonathan Swift denuncia os erros de seu tempo e a maldade, presunção, mediocridade ou injustiças de seus contemporâneos. O que, no século XVIII, era uma sátira contundente, perdidos os elos com a realidade que o gerou, torna-se uma divertida e insólita narrativa fantástica, destinada à criançada.

Novos Contos de Fada — Condessa de Ségur (Rússia/França, 1799/1874)

História de Blondina, de Corçalinda e de Gatobelo

1. Blondina

Havia dantes um rei que se chamava Benigno; toda gente o amava porque era bom, e os maus temiam-no porque era justo. Sua mulher, a rainha Dulce, era tão bondosa como ele. Tinham eles uma princesinha que se chamava Blondina por causa dos seus magníficos cabelos loiros, e era tão boa e amável como o rei seu pai e a rainha sua mãe. Desgraçadamente a rainha morreu poucos meses depois do nascimento de Blondina, e o rei amargamente a chorou por muito tempo. Blondina era ainda muito pequenina para notar a morte de sua mãe: por isso não chorou, continuando a rir e a brincar. O rei amava apaixonadamente Blondina, e esta amava o pai mais que a ninguém deste mundo. O rei compra-va- lhe as joias mais lindas, os doces mais delicados e os mais deliciosos frutos. Blondina era muito feliz.

Um dia, foram dizer ao rei Benigno que todos os seus súditos lhe pediam que tornasse a casar, para haver um filho que fosse rei, quando ele morresse. A princípio o rei não queria, mas por fim cedeu às instâncias e aos desejos dos seus súditos e disse ao seu ministro Ligeiro:

– Meu caro amigo, querem que eu volte a casar-me; estou ainda tão triste pela morte da minha pobre esposa Dulce que não quero ocupar-me pessoalmente em procurar outra. Ficas tu encarregado de encontrar-me uma princesa que faça feliz a minha querida Blondina. Não exijo mais nada. Vai, meu caro amigo; quando encontrares uma mulher nestas condições, pede-a em casamento e traze-ma.

....

Consta da reunião de cinco narrativas: *História de Blondina, de Corçalinda e de Gatobelo; O Bondoso Menino Henrique; História da Princesa*

Rosinha; A Ratinha Cinzenta e *Ursino*. A extensa produção literária que a Condessa de Ségur destinou às crianças tornou-se o grande modelo romanesco na linha do realismo humanitário, peculiar ao Romantismo então nascente. A Condessa inicia com o esquema tradicional dos contos de fada, mas já introduz em suas histórias os valores de comportamento que a nova sociedade começava a exigir. Desse livro de estreia, registramos o início da primeira narrativa.

Como se verá, pela leitura de toda a história, essa narrativa obedece à estrutura básica dos tradicionais contos de fada: uma princesinha atingida pela inveja ou maldade da rainha-madrasta, o seu afastamento do palácio e do rei, seu pai; os sofrimentos a que foi submetida; o aparecimento do príncipe metamorfoseado em animal (gatobelo) que no final o seu amor desencanta; o auxílio de fadas benfazejas; etc., etc.

As diferenças que devem ser notadas entre esta nova narrativa e os antigos contos são principalmente a forma narrativa e os valores morais enfatizados. Quanto à forma, vemos a predominância da estrutura de romance sobre a estrutura de conto. Se usarmos de rigor na classificação do gênero dessas narrativas, verificaremos que nenhuma delas tem a *unidade dramática* e a *concisão* exigidas pelo conto e, sim, a complexidade das peripécias em torno de *uma* situação problemática a ser resolvida, tal como acontece no romance.

Quanto aos *valores de comportamento,* são agora enfatizados como *motivos* desencadeadores da situação problemática (desenvolvida pela efabulação), os *pecados capitais* (orgulho, avareza, ira, gula, inveja, luxúria, preguiça...). A esses "pecados", ou melhor, a essas tendências negativas da condição humana (contra as quais a vida cristã está sempre em luta), as narrativas da Condessa de Ségur opõem sempre as virtudes neutralizadoras, que levam a situação em conflito a um final feliz.

(Seminários com a obra da Condessa de Ségur a partir dessa primeira publicação ou de *Meninas Exemplares,* publicado no mesmo ano, podem analisar essa preocupação ética como base da invenção literária e as consequentes opções de argumentos, situações-conflito, tipos de personagens, desenlace, etc. Com isso, os valores de base da mentalidade burguesa ficarão bastante evidentes, e podem ser confrontados com as transformações que o mundo de hoje está exigindo.)

Alice no País das Maravilhas — Lewis Carroll (Inglaterra, 1832/1898)

1. Entrando na toca do coelho

Alice começava a enfadar-se de estar sentada no barranco junto à irmã e não ter nada que fazer: uma ou duas vezes espiara furtivamente o livro que ela estava lendo, mas não tinha figuras nem diálogos: "E de que serve um livro" – pensou Alice – "sem figuras nem diálogos?".

Assim meditava, ponderando (tanto quanto podia, pois o calor a deixava sonolenta e entorpecida) se o prazer de tecer uma grinalda de margaridas valeria o esforço de levantar-se e colher as flores, quando de súbito um Coelho Branco de olhos róseos passou perto dela. Não havia nada de tão notável nisso; nem Alice achou tão extraordinário ouvir o Coelho murmurar para si mesmo: "– Ai, meu Deus! Ai, meu Deus! Vou chegar muito atrasado!" – (quando pensou nisso bem mais tarde, ocorreu-lhe que devia ter-se espantado; na hora pareceu-lhe muito natural). Mas quando o Coelho tirou um relógio do bolso do colete e deu uma espiada apressando-se em seguida, Alice levantou-se sem demora, pois assaltou-a a ideia de que jamais vira na sua vida um coelho de colete e bolso, e muito menos com relógio dentro. Ardendo de curiosidade, correu atrás do Coelho campo afora, chegando justamente a tempo de vê-lo enfiar-se numa grande toca sob a cerca.

Logo depois, Alice entrou atrás dele, sem pensar sequer em como sairia dali outra vez. A toca do Coelho se alongava em linha reta como um túnel, e de repente abria-se numa fossa, tão de repente que Alice não teve nem um segundo para pensar em parar, antes de ver-se caindo no que parecia ser um poço muito profundo.

....

Escrito para crianças, este livro introduz o maravilhoso na própria realidade cotidiana e os funde de tal maneira que se torna impossível separarmos o que seria fantasia da personagem ou o verdadeiro real.

Carroll escreveu-a durante o reinado da rainha Vitória, na Inglaterra (a quem satiriza no livro), e em plena vigência do racionalismo "vitoriano". Um bom exercício de leitura interpretativa seria detectar no fragmento transcrito (ou no texto integral) as críticas feitas à excessiva lógica que então pretendia governar a vida das pessoas, e também a submissão ao pragmatismo necessário ao aproveitamento do tempo, etc. O que pode parecer brincadeira gratuita é, em essência, uma análise lúcida dos exageros a que as convenções dominantes estavam submetendo os homens.

Mas, ao mesmo tempo, analise-se a extraordinária logicidade que Carroll imprime à sua narrativa: uma prova disso é o contínuo *uso de parênteses,* o sinal gráfico mais característico da intenção explicativa por parte do narrador. Na verdade, Carroll realiza em *Alice no País das Maravilhas* uma lúcida crítica aos costumes ou equívocos da civilização de seu tempo, atingindo especialmente as falhas do sistema de ensino vigente.

Sem dúvida, o sucesso desse livro entre as crianças não se deveu à contundência e verdade dessas críticas, mas à transfiguração simbólica das situações reais; a qual, por sua originalidade, inesperado e comicidade, continua seduzindo os pequenos leitores. Nestes últimos anos, *Alice...* vem sendo redescoberta pelos adultos e reinterpretada através de diferentes perspectivas.

Vinte Mil Léguas Submarinas — Júlio Verne (França, 1828/1905)

1ª parte – O Homem das Águas
Cap. 1. Um Escolho Movente

O ano de 1866 foi assinalado por um acontecimento extraordinário, fenômeno inexplicável que ninguém por certo olvidou ainda. Não falando dos rumores que agitavam as povoações dos portos, aguçando a curiosidade pública no interior dos continentes, aqueles que mais interessados se mostraram foram os homens do mar. Os negociantes, armadores, capitães de navios, mestres e contramestres da Europa e da América, oficiais das marinhas militares de todas as nações, e depois os governos dos diversos Estados dos dois continentes, todos se preocuparam com esse faro até ao mais alto ponto.

De fato, havia certo tempo que algumas embarcações se tinham encontrado no mar com "uma coisa enorme", objeto longo, fusiforme, fosforescente, e infinitamente maior e mais rápido que uma baleia. Os fatos relativos a esse aparecimento, consignados nos diversos livros de bordo, eram suficientemente concordes na estrutura do objeto ou ser em questão, na velocidade inaudita dos seus movimentos, na força surpreendente de sua locomoção.

O monstro passou a fazer parte da ordem do dia em todos os grandes centros; cantaram-no nos botequins, mofaram dele nos jornais e até o representaram no teatro. Nas gazetas apareceram – à falta de assunto – todos os seres imaginários e gigantescos, desde a baleia branca, a terrível Moby Dick, das regiões hiperbóreas, até ao desmedido Kraken, cujos tentáculos podem abarcar um navio de quinhentas toneladas e arrastá-lo aos abismos do oceano.

....

Cap. 2. Pró e Contra

Na época em que estes acontecimentos se produziram, regressava eu de uma exploração científica feita nas péssimas terras do Nebrasca, nos Estados Unidos. Na minha qualidade de professor suplente no Museu de História Natural de Paris, o Governo francês tinha-me adido àquela expedição. Depois de seis meses passados em Nebrasca, cheguei a Nova Iorque por fins de março, carregado de coleções preciosíssimas. A partida para a França estava marcada para princípios de maio, e portanto durante o intervalo ia-me entretendo em classificar as minhas riquezas mineralógicas, botânicas e zoológicas, quando sucedeu o desastre do *Scotia*.

....

Seminários sobre Júlio Verne poderão mostrar o *rigor lógico* com que ele elaborou sua matéria literária e também a genial antecipação com que previu o surgimento dos aparelhos teledirigidos, os satélites artificiais, a televisão, a bomba atômica, o helicóptero, o cinema novo, os canhões de longo alcance, a matéria plástica, os foguetes espaciais, ou o submarino nuclear, como no livro aqui em questão.

Manipulando com mão de mestre as técnicas da efabulação romanesca, Júlio Verne antecipa, nestas *Vinte Mil Léguas...*, a invenção do submarino nuclear. Narrado por um cientista, Professor Aronnax, esse romance tem como situação-conflito a invenção do *Nautilus* – uma espécie de submarino desconhecido na época de Verne, e cujas características coincidem com o que hoje é o submarino nuclear.

Um dos tópicos da análise pode ser a dramaticidade do romance gerada pela estranha e poderosa personalidade do Capitão Nemo, o inventor do *Nautilus*, e que nele passa a viver, tendo como único objetivo a vingança contra a sociedade injusta e opressora com quem ele tinha contas a ajustar. Daí a ação destruidora do "monstro" com que se inicia o romance e que se revela como a situação problemática a ser resolvida. Júlio Verne ocupa lugar de destaque na linha da novelística que prolifera a partir de meados do séc. XIX, exaltando o *espírito aventureiro* e a *energia vital* (que fazia dos homens verdadeiros gigantes ou heróis). Rigorosamente apoiado nas conquistas da ciência e possibilidades que ela abria para o progresso do mundo, Verne foi, em seus romances científicos, um verdadeiro profeta do futuro.

Escrevendo para adultos, fascinou também meninos e jovens. Seu estilo é exemplar do pensamento racionalista consolidado pelo positivismo do séc. XIX. A estruturação de suas narrativas romanescas obedece à lógica mais rigorosa e a uma intenção básica de verossimilhança ou de possível verdade. Júlio Verne *não inventava*. Com sua imaginação prodigiosa e grande conhecimento cultural e científico, ele deduzia o que poderia acontecer, a partir daquilo que já estava acontecendo. Partiu de *princípios* experimentados e deduziu os fenômenos que eles poderiam gerar. E, por incrível que pareça, a realidade ultrapassou de muito sua imaginação e hoje, do ponto de vista de possíveis fenômenos, seus livros foram totalmente superados pelas conquistas já em plena expansão no século XX.

As Aventuras de Pinóquio — Collodi (Itália, 1826/1890)

Capítulo 1

Como aconteceu que mestre Cereja, o carpinteiro, encontrou um pedaço de lenha, que chorava e ria como uma criança.

Era uma vez...
– Um rei! dirão logo os meus pequenos leitores.
Não, meninada, vocês se enganaram. Era uma vez um pedaço de lenha. Não era madeira de luxo, mas um simples pedaço de lenha, daqueles que no inverno se põem nas lareiras e nas estufas para acenderem o fogo e aquecerem os quartos.
Não sei como aconteceu, mas o fato é que naquele belo dia aquele pedaço de madeira apareceu na oficina de um velho carpinteiro, que tinha o nome de mestre Antônio, mas que todos chamavam de mestre Cereja, por causa da ponta de seu nariz que estava sempre lustrosa e redonda, como uma cereja madura.
Apenas mestre Cereja viu o pedaço de lenha alegrou-se todo e, esfregando as mãos de contente, comentou a meia voz: – Esta madeira chegou mesmo a tempo, vou usá-la para fazer uma perna de mesinha.
Dito e feito. Apanhou a faca afiada para começar a tirar-lhe a casca e a diminuí-lo, mas quando foi para tirar a primeira camada, ficou com o braço no ar, porque ouviu uma vozinha fina, fina, que disse recomendando: – Não me pique muito forte!
Imaginem como ficou aquele bom velho do mestre Cereja? Girou os olhos perdidos em volta do quarto para ver de onde poderia ter vindo aquela vozinha, e não viu ninguém! Olhou debaixo do banco, e ninguém; olhou dentro de um armário que estava sempre fechado, e ninguém; olhou na cestinha da serragem, e ninguém; abriu a janela da oficina para dar uma olhada na rua, e ninguém! Então... – Compreendo, disse então, rindo e coçando a peruca, fui eu que imaginei aquela vozinha. Voltemos a trabalhar.

....

Ainda na linha que funde a vida cotidiana e o maravilhoso ou mágico, está a criação do boneco Pinóquio, que há um século vem encantando crianças e adultos do mundo todo. No estilo narrativo mais adequado ao espírito infantil (aquele que, pelo tom familiar de dialogante ou pela repetição, estabelece imediata simpatia entre narrador e leitor/ouvinte), *Pinóquio* é igualmente exemplar como diversão sempre renovada e como transmissor dos valores ideológicos e/ou éticos da época. Seu caráter simbólico garante-lhe perenidade no interesse dos leitores.

A diferença entre o estilo de Collodi e o de Carroll estaria no humor; muito mais humorado e descontraído no primeiro; e mais sutil ou sofisticado no segundo.

Coração — Edmundo De Amicis (Itália, 1846/1908)

Outubro, 2ª feira, 17

O Primeiro Dia de Escola

Primeiro dia de escola, hoje. Vão longe como um sonho aqueles três meses de férias no campo! De manhã, mamãe levou-me para matricular na classe adiantada. O campo não me saía da cabeça, e eu ia de mau humor. As ruas estavam cheias de meninos; as duas livrarias apinhavam-se de pais e mães que compravam bolsas, cadernos e carteiras; diante da escola havia tanta gente que o bedel e o guarda civil a muito custo conseguiam deixar a porta desimpedida. Junto à porta, senti que me tocavam no ombro: era o meu mestre da outra classe que eu já tinha deixado. Era ele, alegre, sempre alegre, de cabelos ruivos desgrenhados.

– Então, Henrique, disse-me, vamo-nos separar para sempre!
Bem o sabia eu, mas aquelas palavras me doeram dentro d'alma. A muito custo entramos. [...] Com saudade tornei a ver aquela sala grande, larga, de sete portas que davam para as aulas, por onde todos os dias eu preocupado passava. A gente era demais, e os professores iam e vinham. A minha mestra da primeira classe cumprimentou-me da porta, dizendo e olhando-me com tristeza:
– Tu vais agora para o andar de cima, para a classe adiantada, e nem ao menos te verei passar!

Aí já estão presentes a emotividade e o sentimentalismo peculiares à literatura romântica. Também a intenção de realismo e verdade se faz sentir na forma narrativa escolhida: o *diário*. A exemplaridade e o nacionalismo se juntam aos demais valores ideológicos do livro, expressando bem a diretriz pedagógica que a partir do entre-séculos vai-se impor à literatura infantil/juvenil.

Coração foi dos títulos mais importantes, como modelo literário, que se difundiram no Brasil, desde o entre-séculos até bem entrado o séc. XX. (Seminários ou análises a respeito poderiam discutir as muitas formas narrativas que entram na sua efabulação: *diário, carta, dissertação, descrição*, etc. Ou então, no fragmento transcrito acima, analisar as características do estilo tradicional, conforme temos apontado.)

CARACTERÍSTICAS ESTILÍSTICAS/ESTRUTURAIS DA LITERATURA INFANTIL/JUVENIL ROMÂNTICA

1. A *efabulação* oscila entre a tendência de se *iniciar de imediato* com o *motivo central* e a de começar pelas *circunstâncias* que preparam o espírito do leitor para o desenvolvimento da situação problemática. A sequência narrativa é, geralmente, linear: obedece à sucessão normal dos acontecimentos.

Pelo confronto entre os textos originais e os adaptados de qualquer das obras desse período, essa preocupação com a objetividade e a economia narrativa, adequada à mente infantil, fica bem evidente. Entretanto, como já se pode perceber nos fragmentos oferecidos para exemplificação, a tendência do estilo romântico é a de *substituir a concisão e objetividade* das antigas narrativas exemplares, por um *estilo lógico-explicativo* que se compraz na narração sinuosa que se espraia em detalhes, em lugar de seguir em linha direta até o final. O racionalismo cartesiano (e sua lei de causa/efeito), que orienta o pensamento culto e influi na criação literária romântica, vai atuar também na literatura destinada às crianças. E, quanto mais avança o cientificismo do séc. XIX, mais racionais vão se tornando os estilos literários. É esse um aspecto muito importante para ser analisado nos textos de ontem e de hoje.

2. O *tempo é* essencialmente *histórico,* isto é, os acontecimentos se sucedem pela ordem do calendário e do relógio.

O pensamento mágico, que alimentava o tempo mítico das antigas narrativas, é substituído pelo pensamento racionalista que estrutura o tempo histórico. Uma simples leitura dos textos reproduzidos mais atrás mostra com clareza essa nova atitude (registro de datas, locais, nomes e sobrenomes, peculiaridades de família, estudos, profissão, etc.).

3. O *ato de contar* continua presente no corpo da narrativa.

Se não está presente, explicitamente, por expressões como "conta-se", "era uma vez", etc., aparece no tom familiar usado pelo narrador e em outros índices que mostram, neste último, a consciência de que se dirige a um destinatário ou possível interlocutor. Um desses índices é também a *epígrafe* ou *sinopse* colocada na abertura de cada capítulo, resumindo o que vai ser narrado. Esse recurso tem um duplo resultado: cria um "gancho" para a expectativa em relação ao que vai ser lido ou ouvido e prende de imediato a atenção do leitor, orientando-o para o sentido desejado.

4. A crescente preocupação com o *registro realista* da vida (exigido pelo Romantismo) vai criar *recursos estilísticos* que tendem a expressar cada vez com mais rigor a realidade objetiva dos fatos, seres, coisas, situações, etc., que entram como fatores constituintes da matéria literária. Tais recursos abrangem: *descrições* pormenorizadas (das personagens, dos ambientes, das épocas...); *registro preciso* de datas, nomes e sobrenomes de personagens; *localização geográfica dos acontecimentos; digressões* explicativas, etc.

Em qualquer dos textos dados como exemplo, facilmente poderá ser verificada essa tendência estilística. Mesmo naqueles em que o maravilhoso faz parte essencial da trama (como em *Alice* ou *Pinóquio*), a intenção de realismo e verdade é fundamental. É essa intenção que torna importante a *representação simbólica escolhida* pelos autores para divertirem seus pequenos leitores e, ao mesmo tempo, criticarem a sociedade a que cada um deles pertence.

5. A *intenção de realismo*, na época romântica, vai gerar um *novo tipo* de maravilhoso: o da ciência. O antigo maravilhoso das fadas e objetos mágicos é substituído agora pelas maravilhas científicas, e um novo gênero narrativo nasce: o *romance científico* (hoje conhecido como ficção científica).

O romance científico criado por Júlio Verne abre um novo caminho para a literatura e continua em crescente transformação até os nossos dias, quando a realidade superou infinitamente a fabulosa imaginação dos ficcionistas de ontem.

6. As *personagens-tipo* vão sendo superadas pelas *personagens-caráter*. Ou melhor, as personagens refletem predominantemente a preocupação do autor com a *personalidade* e o *comportamento* dos indivíduos, e não tanto com *a função que* desempenham no grupo social.

Em qualquer dos livros escolhidos para exemplo, o que está em jogo é sempre a personalidade das personagens, seu comportamento ético, seus ideais, suas reações em face das situações, etc. Robinson, Gulliver, Alice, Capitão Nemo, Pinóquio e Henrique são personalidades inconfundíveis, muito embora representem valores peculiares a todos os homens ou à condição humana em geral. Além disso, o que se nota nos livros publicados nessa época é que os *animais* deixam de interessar como personagens; ou melhor, desaparece o interesse da literatura pelas *fábulas*. Época que valoriza a grandeza humana, a romântica não sentiu atração pelos animais para representarem os homens.

É de se notar ainda que a partir do Romantismo (pós-Revolução Francesa, que abalou pela base o mundo da nobreza e abriu caminho para os plebeus), gradualmente desaparecem da literatura as *personagens fidalgas* (reis, rainhas, príncipes, etc.), substituídas por seres *cuja nobreza está no caráter*, na personalidade e não nos brasões herdados. Evidentemente os conflitos sociais que aparecem nos romances ainda mostram a permanência da *consciência aristocrática*, assumida pelos plebeus enriquecidos ou por nobres arruinados que viviam da grandeza de seus antepassados.

Entretanto, o ideário romântico enfatiza os valores democratas da sociedade liberal, progressista, cristã, burguesa, republicana... que tenta se impor definitivamente. Note-se em *Aventuras de Pinóquio* que o pedaço de madeira de que o boneco vai ser feito não era "de lei" ou preciosa, mas um simples "pedaço de lenha" para acender o fogo. Também nesse sentido democratizante, o livro de Amicis, *Coração*, é exemplar. Embora se refira à realidade italiana, na essência o sistema é o mesmo.

7. O *espaço* adquire grande importância na economia narrativa. Cenário, paisagem, ambiente social ou rural... são importantes à medida que provocam os acontecimentos ou determinam seu curso; fazem avançar ou retardar a ação, etc.

É o que se comprova nos livros aqui em questão: do espaço é que surgem as causas ou circunstâncias das diferentes aventuras vividas pelas personagens. Sejam os naufrágios e o isolamento em uma ilha deserta; o perder-se em uma floresta encantada; o embrenhar-se por uma toca de coelho adentro; o ser levado para uma oficina de carpinteiro; o ir para a escola ou o viajar em um fantástico submarino...

8. Ainda decorrente dessa intenção de realismo e verdade, impõe-se na literatura a *ideia de nacionalismo* (amor, exaltação e entusiasmo pelo país em que se nasceu).

Coração foi o livro modelar dessa tendência patriótica e inspirou uma abundante literatura escolar que exalta a terra brasileira e se empenha em torná-la conhecida dos pequenos e grandes. (Uma das mais famosas, entre nós, no início do século, foi *Através do Brasil*, de Olavo Bilac.)

9. A *exemplaridade* (ou a crítica ao certo/errado das ações humanas), que sempre foi marcante nas narrativas populares ou infantis do período arcaico, vai sofrer uma alteração: torna-se fundamental na produção didático/literária destinada às crianças, principalmente a partir da

segunda metade do séc. XIX. É tendência, porém, que não aparece com evidência nas obras verdadeiramente literárias, como as que aqui nos ocupam. Nestas, o *humor* tende a substituir a antiga seriedade com que as críticas aos homens eram feitas. E, devido ao humor, o didatismo é neutralizado, muito embora a essência das críticas se infiltre no espírito do leitor.

Resultante da "pedagogia maternal" que se difunde no século XIX (pela qual a escola devia ser a continuadora do lar na formação das crianças), surge uma abundante literatura moralizante, informativa e pueril, que pretendia auxiliar os infantes a se prepararem o mais depressa possível para a vida adulta. (Eram os "tesouros", os "exemplários", os "ramalhetes"...) A passagem da infância para a vida adulta se fazia quase sem transição. A criança era ainda vista como um "adulto em miniatura". Daí os raros livros escritos especialmente para leitores da faixa intermédia, puberdade e adolescência (como *Alice, Pinóquio, Coração...*). Até bem entrado o séc. XX, a maior parte das leituras ao alcance dessa faixa de leitores era a literatura adulta, no original ou nas adaptações que também proliferaram na época, sem dúvida para preencherem uma lacuna: a existência de livros escritos especialmente para as crianças.

10. Embora o rótulo "narrativa" sirva para designar qualquer matéria de ficção, cumpre lembrar que, no período romântico e realista, são as formas de *romance* ou de *novela* que tendem a predominar. Os *contos* que continuam a circular, principalmente para crianças, são os do passado. Nos exemplos que nos servem, podemos dizer que *Robinson, Alice,* "História de Blondina", *Pinóquio* e *Vinte Mil Léguas Submarinas* estruturam-se como romances. *Gulliver* e *Coração*, como novelas.

As narrativas exemplares arcaicas, geradas por um pensamento que ainda não conhecia *racionalmente* o universo, nem as causas da multiplicidade dos fenômenos que faziam parte da vida, naturalmente tenderam a registrar as *experiências isoladas* (forma do *conto*) e no máximo ligá-las entre si por um *elemento externo* ou *casual* (determinado tipo de narrador ou de personagem). A partir da consolidação do racionalismo como forma de conhecer o mundo, foram sendo descobertas as *mil relações que a vida tece entre os homens*, e as narrativas que pretendiam expressá-las tornaram-se mais complexas. Surge a forma romance (criação da visão de mundo burguesa) e é redescoberta a forma novela (que na Idade Média registrou as façanhas de famosos cavaleiros, como o Rei Artur, os Cavaleiros da Távola Redonda, Amadis de Gaula, etc.).

11. O *narrador* é uma voz que se torna cada vez mais familiar em relação ao leitor. Sua presença é permanente no decorrer da efabulação, servindo como uma espécie de guia ou companheiro para o leitor. É o *ser onisciente*, por excelência: conhece tudo a respeito dos acontecimentos, dos personagens, causas e efeitos de cada fato...

Valoriza-se, a partir do Romantismo, a noção de *autor*, aquele que *inventa* a narrativa e a transmite ao leitor através da voz do *narrador*. O autor é aquele que se sabe ou se quer *testemunho* do mundo e dos homens. Como se nota nos fragmentos registrados mais atrás, aparecem dois tipos de narrador: o de 3ª pessoa (foco narrativo onisciente), alguém que narra o que sabe ou que inventa *(Novos Contos de Fadas, Alice e Pinóquio)*; e o narrador em 1ª pessoa (foco narrativo confessional), um *eu* que narra uma experiência pessoal, supostamente autobiográfica (Gulliver, Robinson, o Prof. Aronnax e Henrique). Entretanto, em essência, não há nenhuma diferença entre eles: todos aparecem como narradores oniscientes. Só nos romances psicológicos (não adequados aos leitores infantis) é que aparece o verdadeiro narrador confessional, pois está interessado em revelar apenas seus próprios problemas de vida interior ou de cunho psicológico. Em livros destinados ao povo ou às crianças em geral, o recurso ao narrador em 1ª pessoa visa apenas dar *maior verdade ao relato,* mas não tem nenhuma diferença do narrador onisciente em 3ª pessoa.

No século XX, entretanto, esse foco em 1ª pessoa será decisivo na renovação da literatura destinada às crianças.

CARACTERÍSTICAS ESTILÍSTICAS/ESTRUTURAIS DA LITERATURA INFANTIL/JUVENIL NO BRASIL: DO SÉC. XIX AO MODERNISMO

Desde meados do séc. XIX até o aparecimento de *A Menina do Narizinho Arrebitado*, em 1920, escrito por Monteiro Lobato, as leituras oferecidas às crianças, meninos ou jovens eram praticamente as mesmas que foram vistas nos tópicos precedentes.

Foi Monteiro Lobato que, entre nós, abriu caminho para que as inovações que começavam a se processar no âmbito da literatura adulta (com o Modernismo) atingissem também a infantil.

Lobato e a fusão do real com o maravilhoso

Um dos grandes achados de Lobato, tal como o de seus antecessores L. Carroll e Collodi, foi mostrar o *maravilhoso* como possível de ser vivido por qualquer um. Misturando o *imaginário* com o *cotidiano real*, mostra, como possíveis, aventuras que normalmente só podiam existir no mundo da fantasia.

Evidentemente, a linguagem que expressava tal fusão foi elemento fundamental. Fluente, coloquial, objetivo, despojado e sem retórica ou rodeios, o discurso que constrói a efabulação de *A Menina do Narizinho Arrebitado* é dos que agarram de imediato o pequeno leitor. Principalmente pelo humor que o impregna. À medida que os livros vão-se sucedendo, mais dinâmico vai-se tornando o humor lobatiano (outra das grandes novidades que a sua literatura infantil trazia...).

É certo que a verdadeira fusão entre o real e o maravilhoso não se fez logo na primeira versão de *A Menina do Narizinho Arrebitado*. Ainda sob o magistério do pensamento materialista/positivista em que foi formado, Monteiro Lobato via o mundo real e o da fantasia perfeitamente delimitados – cada qual com sua natureza específica. Além disso, pode-se talvez explicar o *predomínio do racionalismo* sobre a livre fantasia, nessa primeira versão, pelo fato de o livro ter sido escrito para servir como "leitura escolar", a qual, nesse início de século, deveria ser "exemplar", oferecer "modelos" de comportamento.

Usando a fantasia, mas disciplinando-a com a lógica, Lobato faz com que a aventura maravilhosa de Narizinho no Reino das Águas Claras termine no momento em que ela vai responder ao príncipe Escamado que a pede em casamento:

> ... toda perturbada, ia responder, quando uma voz conhecida a despertou: – Narizinho, vovó está chamando!
> A menina sentou-se na relva, esfregou os olhos, viu o ribeirão a deslizar como sempre e lá na porteira a tia velha de lenço amarrado na cabeça. Que pena! tudo aquilo não passara dum lindo sonho...

Esclarecendo, nesse final, que *tudo não passara de um sonho,* Lobato *anula a presença do maravilhoso dentro do cotidiano,* que tão bem soubera criar. Deixa que predomine o pensamento racional sobre o pensamento mágico.

Entretanto, o sucesso obtido por esse pequeno livro escolar vai levá-lo a escrever outras historietas e gradativamente vai conquistando o *seu estilo,* a partir da consciência de que o mundo das crianças é diferente daquele que o adulto vê. Cada vez mais, deixa-se impregnar pela psicologia infantil (onde o real e o maravilhoso não se diferenciam...), e nas histórias que continua a inventar e a publicar, os limites entre o mundo real e o outro vão-se enfraquecendo, até desaparecerem completamente. É o que se prova pela última versão dada à cena acima registrada.

Em 1934, Lobato refunde as aventuras do pessoalzinho do Sítio do Picapau Amarelo e publica a versão definitiva, *Reinações de Narizinho.* Neste, a fusão real/maravilhoso é total, e fica bem evidente na nova versão já referida. Narizinho se dirigia para o palácio do príncipe Escamado, onde ia haver uma festa.

> ... Mas assim que entrou na sala de baile, rompeu um grande estrondo lá fora – o estrondo duma voz que dizia:
> – Narizinho, vovó está chamando!...
> Tamanho susto causou aquele trovão entre os personagens do reino marinho, que todos sumiram, como por encanto. Sobre-

veio então uma ventania muito forte, que envolveu a menina
e a boneca, arrastando-as do fundo do oceano para a beira do
ribeirãozinho do pomar.

Estavam no sítio de Dona Benta outra vez!

E a narrativa prossegue abrindo-se para uma nova "aventura":
a anunciada chegada de Pedrinho. Não mais o sonho, mas o real
penetrado de magia. Uma análise comparativa entre a primeira e a
última versão de *A Menina do Narizinho Arrebitado* (ou de qualquer dos
títulos publicados entre 1921 e 1934) mostrará com clareza a evolução
do pensamento e da arte literária de Monteiro Lobato destinada às
crianças.

Como exemplo, confrontemos os primeiros parágrafos das duas
versões.

A Menina do Narizinho Arrebitado
(1ª ed. 1921)
O Sono à Beira do Rio

Naquela casinha branca – lá muito longe, mora uma triste velha
de mais de setenta anos. Coitada! Bem, no fim da vida que está,
e trêmula e catacega, sem um só dente na boca – jururu… Todo
o mundo tem dó dela:

– Que tristeza viver sozinha no meio do mato…

Pois estão enganados. A velha vive feliz e bem contente da
vida, graças a uma netinha órfã de pai e mãe, que lá mora
des'que nasceu. Menina morena, de olhos pretos como duas
jaboticabas – e reinadeira até ali!… Chama-se Lúcia, mas
ninguém a trata assim. Tem apelido. Yayá? Nenê? Maricota?
Nada disso. Seu apelido é "Narizinho Rebitado", – não é preciso dizer por quê.

Além de Lúcia, existe na casa a tia Nastácia, uma excelente negra
de estimação, e mais a Excelentíssima Senhora Dona Emília, uma
boneca de pano, fabricada pela preta e muito feiosa, a pobre, com
seus olhos de retrós preto e as sobrancelhas tão lá em cima que
é ver uma cara de bruxa.

Mas, apesar disso, Narizinho quer muito bem à Sra. Dona Emília, vive a conversar com ela e nunca se deita sem primeiro acomodá--la numa redinha armada entre dois pés de cadeira.

Fora esta bruxa de pano, o outro encanto de Narizinho é um ribeirão que passa ao fundo do pomar de águas tão claras que se veem as pedras do fundo e toda a peixaria miúda.

Reinações de Narizinho
(reedição de 1931)
Narizinho Arrebitado

Numa casinha branca, lá no sítio do Picapau Amarelo, mora uma velha de mais de sessenta anos. Chama-se dona Benta. Quem passa pela estrada e a vê na varanda, de cestinha de costura ao colo e óculos de ouro na ponta do nariz, segue seu caminho pensando:
– Que tristeza viver assim tão sozinha neste deserto...
Mas engana-se. Dona Benta é a mais feliz das vovós, porque vive em companhia da mais encantadora das netas – Lúcia, a menina do narizinho arrebitado, ou Narizinho como todos dizem. Narizinho tem sete anos, é morena como jambo, gosta muito de pipoca e já sabe fazer uns bolinhos de polvilho bem gostosos.
Na casa ainda existem duas pessoas – tia Nastácia, negra de estimação que carregou Lúcia em pequena, e Emília, uma boneca de pano bastante desajeitada de corpo. Emília foi feita por tia Nastácia, com olhos de retrós preto e sobrancelhas tão lá em cima que é ver uma bruxa.
Apesar disso Narizinho gosta muito dela; não almoça nem janta sem a ter ao lado, nem se deita sem primeiro acomodá-la numa redinha entre dois pés de cadeira.
Além da boneca, o outro encanto da menina é o ribeirão que passa pelos fundos do pomar. Suas águas muito apressadinhas e mexeriqueiras correm por entre pedras negras de limo, que Lúcia chama as "tias Nastácias do rio".

Alterações havidas:
1. O espaço, que, à maneira realista, se apresentava próximo e visível ao leitor (*naquela* casinha branca), torna-se indefinido, como nos

contos maravilhosos (*numa* casinha branca, *lá* no Sítio do Picapau Amarelo).

2. As personagens são alteradas por uma dimensão afetiva que as torna mais próximas e mais queridas do leitor. D. Benta, em lugar de uma "triste velha [...] trêmula e catacega", passa a ser "uma velha de mais de sessenta anos" muito ativa com suas costuras e "óculos de ouro na ponta do nariz".

Narizinho deixa de ser a "netinha órfã de pai e mãe", apresentada com traços gerais de "menina morena, de olhos pretos como duas jaboticabas – e reinadeira até ali!", para aparecer como uma personalidade ativa e positiva: "a mais encantadora das netas [...] tem sete anos, é morena como jambo, gosta muito de pipoca e já sabe fazer bolinhos de polvilho bem gostosos".

Tia Nastácia, de "excelente negra de estimação", é vista como "a negra de estimação que carregou Lúcia em pequena".

Emília, que nesse livro ainda não havia sido realmente descoberta por Lobato, surge como "Senhora Dona Emília" e passa a simplesmente "Emília" – tratamento mais familiar ficando sem alteração nos outros aspectos.

3. Novamente o espaço, representado pelo "ribeirão" (tão importante nesse primeiro livro), vai ser alterado substancialmente. Suas "águas tão claras que se veem as pedras do fundo e toda a peixaria miúda" transformam-se em "águas muito apressadinhas e mexeriqueiras, correndo por entre *pedras negras de limo*". Torna-se, assim, mais verossímil esta versão do ribeirão, pois tendo "águas tão claras" que deixavam ver "toda a peixaria miúda", é de se supor que o "Reino das Águas Claras" também deveria ser ali visível. Com a menção das águas correndo entre "pedras negras de limo", automaticamente, no espírito do leitor, as águas se escurecem e obviamente escondem o que se passa no fundo.

No todo, as mudanças da primeira para a versão final revelam uma familiaridade ou uma afetividade muito maiores; bem como maior precisão na manipulação das palavras. Também a intenção didática, patente na primeira versão, se atenua ou praticamente desaparece na última. Note-se, por exemplo, a distância que vai entre um texto e outro na apresentação dos peixes no ribeirão:

> Não se passa um dia sem que Lúcia vá sentar-se à beira d'água, na raiz de um velho ingazeiro, ali ficando horas, a ouvir o barulhinho da corrente e a dar comida aos peixes. E eles bem que a conhecem! É vir chegando a menina e todos lá vêm correndo, de longe, com as cabecinhas erguidas, numa grande faminteza. Chegam primeiro os *piquiras,* os *guarus* barrigudinhos, de olhos saltados; vêm depois os *lambaris* ariscos de rabo vermelho; e finalmente uma ou outra *parapitinga* desconfiada.

> Todas as tardes Lúcia toma a boneca e vai passear à beira d'água, onde se senta na raiz dum velho ingazeiro para dar farelo de pão aos lambaris.
> Não há peixe do rio que a não conheça; assim que ela aparece, todos acodem numa grande faminteza. Os mais miúdos chegam pertinho; os graúdos parece que desconfiam da boneca, pois ficam ressabiados, a espiar de longe.

Como se vê, foram retirados os nomes dos peixes, que passam a ser caracterizados pelo porte ou comportamento. Na verdade, para as crianças, a *nomenclatura* que designa as espécies de peixes não tem a menor importância. Pelo contrário, era um elemento a *pesar* na frase e na percepção da cena, sem lhe acrescentar nada. Inclusive, nesse trecho, já se percebe o maior espaço que a boneca vai ter no universo lobatiano: na primeira versão, nem é mencionada na cena; na segunda, já atua sobre o comportamento dos peixes...

Enfim, o confronto de textos, entre as diferentes versões de seus livros, revelam muito da arte lobatiana e das ideias de seu autor.

Emília

Indiscutivelmente, a personagem mais importante para se compreender o universo lobatiano é Emília, pois é a única que vive em tensão dialética com os outros. Todas as demais personagens que formam a constelação familiar do Sítio do Picapau Amarelo são arquétipos: Narizinho e Pedrinho – crianças sadias, alegres e sem problemas, que servem para dar suporte à trama dos acontecimentos e em geral para servirem de contraponto à boneca. D. Benta, a avó ideal. Tia Nastácia, o símbolo idealizado da raça negra, afetuosa e humilde, que está em nossa gênese de povo e foi a melhor fonte das histórias que alimentaram a imaginação e a fantasia de gerações e gerações de brasileiros. (Aos que chamaram Lobato de racista, por criar essa personagem preta e ignorante, não perceberam que *dentro de seu universo literário* não há preconceito racial nenhum, pois Tia Nastácia é respeitada e querida por todos. E que, tirando-a do universo real onde a conheceu, ele estava sendo apenas *realista*. Mesmo as personagens do mundo maravilhoso que vivem no Sítio, elas são limitadas em seus papéis: o leitão Marquês de Rabicó, o Visconde de Sabugosa, o príncipe Escamado, o rinoceronte Quindim, etc., simplesmente fazem parte das "reinações" rocambolescas que ali acontecem.)

Impossível detalhar aqui a atuação da boneca Emília nas várias situações em que ela se revela como o protótipo-mirim do "super--homem" nietzschiano, com sua vontade de domínio e exacerbado individualismo. Atitude, por um lado, positiva (pois leva a grandes realizações de caráter social), e por outro, negativa (porque, com facilidade, resvala para a exploração do homem pelo homem), dualidade que Monteiro Lobato devia ter sentido bem fundo, pois, a par de situações em que esse individualismo é valorizado, registra momentos em que o satiriza.

Como intenção de valorização, vemos o espírito de líder que caracteriza a boneca, sua ascendência "mandona", mas brejeira, sobre os que convivem com ela ou ainda a obstinação com que ela sabe querer as coisas ou como mantém seus pontos de vista ou suas opiniões. Positiva é também sua incessante mobilidade, o seu fazer coisas, sua curiosidade aberta para tudo ou a franqueza rude com que ela manifesta sua crítica aos "erros" ou "tolices" dos que a rodeiam ou da nossa civilização.

Como intenção de sátira dos desmandos a que tal atitude leva, fatalmente (estimulada pelo sistema de concorrência feroz em que vivemos), temos o consciente despotismo com que Emília age em certos momentos, num verdadeiro arremedo do que realmente acontece no mundo "civilizado", em que alguns poucos poderosos desfrutam de riquezas produzidas por multidões de desvalidos.

Em *Memórias da Emília*, Monteiro Lobato deixa bem evidente essa denúncia na caricatura "capitalista" assumida pela boneca. Note-se que, desde o início, Emília ordena (nem sequer pede) ao Visconde de Sabugosa que seja o seu "secretário":

> – Visconde, venha ser meu secretário. Veja papel, pena e tinta. Vou começar as minhas Memórias. [...] Faça o que eu mando e não discuta. Veja papel, pena e tinta.
> O Visconde trouxe papel, pena e tinta. Sentou-se. Emília preparou-se para ditar.

Ao mando ditatorial corresponde a obediência servil. Mais adiante, Lobato abre completamente o "jogo" no diálogo de Emília e o Visconde acerca da autoria das *memórias...* Vale a pena recordar o trecho todo:

> – Sabe escrever memórias, Emília? repetiu o Visconde ironicamente. Então isso de escrever memórias com a mão e a cabeça dos outros é saber escrever memórias?
> – Perfeitamente, Visconde! Isso é que é o importante. Fazer coisas com a mão dos outros, ganhar dinheiro com o trabalho dos outros, pegar nome e fama com a cabeça dos outros: isso é que é *saber fazer* as coisas. Ganhar dinheiro com o trabalho da gente, ganhar nome e fama com a cabeça da gente, é *não saber fazer* as coisas. Olhe, Visconde, eu estou no mundo dos homens há pouco tempo, mas já aprendi a viver. Aprendi o *grande segredo da vida dos homens na terra: a esperteza!* Ser esperto é tudo. O mundo é dos espertos. Se eu tivesse um filhinho, dava-lhe um só conselho: "Seja esperto, meu filho!"

– E como lhe explicar o que é ser esperto? indagou o Visconde.
– Muito simplesmente, respondeu a boneca. Citando o meu exemplo e o seu, Visconde. Quem é que fez a "Aritmética"? Você. Quem ganhou nome e fama? Eu. Quem é que está escrevendo as Memórias? Você. Quem vai ganhar nome e fama? Eu...
O Visconde achou que aquilo estava certo mas era um grande desaforo.

Aí temos configuradas duas práticas que caracterizam a deformação daquilo que foi, no início, o generoso ideário liberal-capitalista – deformação que foi incorporada pela progressista sociedade de produção e consumo que, via USA, se impôs ao mundo todo (ocidental e oriental). Sociedade fundada, de um lado, na filosofia do *sucesso a qualquer preço* (que acaba se transformando na filosofia da *aparência* de sucesso...) e, do outro, na sua inevitável consequência: a exploração do homem pelo homem – "o homem lobo do homem".

Identificado com essas duas práticas, está o *struggle for life*, resultante da feroz concorrência exigida pela engrenagem sócioeconômica e que acaba erigindo a *ousadia* e a *esperteza* por lema.

Lobato estaria bem consciente dessa terrível dialética, inseparável do magnífico progresso que o nosso mundo vem conhecendo. Daí a contínua ambiguidade que encontramos nas atitudes de suas personagens (principalmente na Emília).

Voltando ao texto acima transcrito, facilmente verificamos que ressalta muito mais o seu sentido referencial (a afirmação cínica de que o certo é explorar os outros, para conseguirmos lucro ou sucesso ou fama) do que o sentido crítico, satírico ou caricatural que Lobato certamente teve a intenção de dar... Daí a compreensível reação negativa de muitos adultos, que tinham a seu cargo a orientação das crianças. Tomado em seu sentido lato, temos de convir que o texto transmite realmente uma "mensagem" perigosa, para ser passada para as crianças... Sem prévia preparação, poderão elas perceber a crítica ali contida? Na realidade, Lobato tinha muito mais o dom do humor, do que o da sátira ou da ironia (em que Machado de Assis foi um mestre). Assim, muita coisa que escreveu como crítica (ou talvez como "gozação"...) acabou sendo entendido ao *pé da letra* e acabou como *elogio* daquilo que pretendia combater. Em seu afã de desmistificar os desmandos, as injustiças ou deteriorações do sistema (ou a "estupidez dos homens", como ele dizia), Lobato não deixa "pedra sobre pedra". Ainda em *Memórias...*, Emília diz:

> ... Bem sei que tudo na vida não passa de mentiras, e sei também que é nas memórias que os homens mentem mais.

ou ainda:

> Verdade é uma espécie de mentira bem pregada, das que ninguém desconfia. Só isso.

ou então:

> (Filósofo) É um bicho sujinho, caspento, que diz coisas elevadas que os outros julgam que entendem e ficam de olho parado, pensando, pensando.

Em seu radicalismo Lobato zomba de tudo. Por detrás do pitoresco ou da comicidade que ele transmite ao seu discurso literário está o seu espírito maroto e iconoclasta, quebrando imagens consagradas.

Outro dos livros que sofre o peso dessa ambiguidade patente é a magnífica alegoria do mundo atual que Lobato cria em *A Chave do Tamanho*. Jogando de maneira divertida e incrivelmente inteligente, com a relatividade dos valores, Lobato cai, entretanto, em frequentes distorções da verdade comum das coisas ou emite conceitos tão desumanos que espantam. Entre estes, está a enfática *aceitação da violência para obter a paz.* É o que a Emília defende quando justifica que milhões de homens morrem (por serem incapazes de se adaptar do dia para a noite ao terem sido reduzidos ao tamanho de insetos), para que não haja mais guerras. (Aliás, no que ela está muito bem acompanhada pelos dirigentes deste nosso mundo louco...) Por mais que a história nos tenha mostrado que isso é prática corrente entre os homens desde que o mundo é mundo, jamais uma literatura para crianças (ou para adultos!) poderá endossá-lo.

A literatura ou as artes em geral, por mais que pretendam registrar a verdade do real…, nunca se afastam do ideal a ser alcançado, como meta do aperfeiçoamento que a humanidade busca há milênios.

Em *A Chave do Tamanho*, Emília volta a insistir na inexistência da verdade, identificando-a como mentiras dos adultos.

> Isso de falar a verdade nem sempre dá certo. Muitas vezes a coisa boa é a mentira. "Se a mentira fizer menos mal do que a verdade, viva a mentira!" Era uma das ideias emilianas. "Os adultos não querem que as crianças mintam, e no entanto passam a vida mentindo de todas as maneiras – para o bem. Há a mentira para o bem, que é boa; e há a mentira para o mal, que é ruim. Logo, isso de mentira depende. Se é para o bem, viva a mentira! Se é para o mal, morra a mentira! E se a verdade é para o bem, viva a verdade! Mas se é para o mal, morra a verdade!"

Como se vê, temos aí uma atitude cínica e perigosa que, embora corresponda a uma censurável prática cotidiana, não pode ser realisticamente dada como "valor" às crianças. Seria o caso de fornecermos às crianças e aos jovens, como modelos a serem seguidos, todos os desmandos e arbitrariedades de ação praticadas pelos adultos? *A Chave do Tamanho* não é, pois, um livro para crianças, mas para a meninada pré-adolescente… Leitura que, entretanto, deve ser orientada para se transformar em matéria de análise e crítica do mundo atual e não apenas para entretenimento.

Não se pode negar que o ceticismo de Lobato (o outro prato em sua balança, que se equilibra com seu desmesurado entusiasmo pela vida…) destrói todos os valores pela base. O mais curioso, porém, é que tal niilismo não "salta à vista", não *pesa* na leitura. E a que podemos atribuir isto? Talvez, porque de um lado, o questionamento do mundo é uma necessidade do leitor contemporâneo; e de outro, porque tal niilismo é neutralizado pela brejeirice, imaginação e graça com que a efabulação é inventada. Ou talvez porque em seu universo nada parece ser levado a sério. Quanto à graça, damos apenas um pequeno exemplo da Emília, em suas *Memórias...*

> ... A vida, Senhor Visconde, é um pisca-pisca. A gente nasce, isto é, começa a piscar. Quem para de piscar, chegou ao fim, morreu. Piscar é abrir e fechar os olhos – viver é isso. [...] Um rosário de piscadas. Cada pisco é um dia. Pisca e mama; pisca e anda; pisca e brinca; pisca e estuda; pisca e ama; pisca e cria filhos; pisca e geme os reumatismos; por fim pisca pela última vez e morre.
>
> – E depois que morre? perguntou o Visconde.
>
> – Depois que morre vira hipótese. É ou não é?
>
> O Visconde teve de concordar que era.

Como sempre, todos concordam com suas opiniões e decisões... Mas quem duvidará dessa pitoresca e deliciosa definição? Os exemplos poderiam ser multiplicados às dezenas, mostrando como a sátira se confunde com o humor. É curioso que o próprio Lobato deve ter tido a percepção de que sua intenção satírica poderia escapar ao leitor, pois termina *Memórias da Emília* com um capítulo escrito por ela mesma, que soa a algo bastante falso, pela ausência da irreverência que *sempre* a caracterizou. Inclusive apresenta-se como um capítulo-defesa de sua personagem preferida contra possíveis acusações de insensibilidade ou ceticismo humano... O capítulo é longo, mas por um parágrafo apenas já se pode avaliar o tom predominante.

> ... Antes de pingar o ponto final quero que saibam que é uma grande mentira o que anda escrito a respeito do meu coração. Dizem todos que não tenho coração. É falso. Tenho, sim, um lindo coração – só que não é de banana. Coisinhas à toa não o impressionam; mas ele dói quando vê uma injustiça. Dói tanto, que estou convencida de que o maior mal deste mundo é a injustiça. Quando vejo certas mães baterem nos filhinhos, meu coração dói.

O capítulo se estende por sete páginas nesse tom emotivo, que não é absolutamente aquele a que a boneca nos habituou.

3. A literatura infantil/juvenil brasileira no século XX

Prosseguindo com o roteiro que vimos adotando, selecionamos alguns textos que possam dar uma ideia da multiplicidade de caminhos, tendências, estilos ou diretrizes que se cruzam na enorme produção literária infantil/juvenil que, entre nós, corresponde à fase inovadora pós-lobatiana (a partir dos anos 60/70 até o findar de século XX).

Por uma visão panorâmica das *obras criativas,* ou melhor, das que apresentam valor literário original, vemos que elas podem ser distribuídas em duas grandes áreas: a do *questionamento* e a da *representação.*

Geralmente, as que se integram na primeira área são classificadas como *obras inovadoras* e as da segunda área, de *obras continuadoras.* O que as diferencia entre si (partindo do princípio que ambas atingiram o nível do *literário autêntico*) é, basicamente, a intencionalidade que as move: as primeiras *questionam* o mundo – procurando estimular seus pequenos leitores a *transformá-lo,* um dia; as segundas *representam* o mundo – procurando mostrar (ou denunciar) os caminhos ou os comportamentos a serem assumidos (ou evitados) para a realização de uma vida mais plena e mais justa. Dessa intencionalidade (consciente ou inconsciente) derivam as diferenças literárias que as distinguem.

Ambas as diretrizes (se bem realizadas literariamente) cumprem papéis importantes e complementares no processo de evolução em que estamos envolvidos e no qual tradição e inovação se defrontam. Evidentemente, está implícito que o primeiro objetivo das obras, em qualquer dessas duas direções, é *dar prazer ao leitor*, diverti-lo, emocioná-lo ou envolvê-lo em experiências estimulantes ou desafiantes.

O *valor literário* de cada livro não depende, obviamente, do simples fato de ele pertencer a uma ou a outra diretriz, mas sim da *coerência orgânica* (que deve existir em toda obra literária) entre a visão de mundo que o alimenta e as soluções estilísticas/estruturais escolhidas pelo autor, tendo em vista *o momento em que escreve.*

Por exemplo, o fato de um autor, hoje, usar como motivo da efabulação uma viagem à Lua, com personagens-astronautas ou robôs, que se veem às voltas com foguetes espaciais, satélites, etc., não garante o valor inovador e literário de seu livro. Tal valor deve resultar de uma visão de mundo indagadora, aberta para o que está em transformação, e de uma linguagem "sintonizada" com essa matéria contemporânea. Escolher um motivo novo e desenvolvê-lo com um espírito e uma linguagem já ultrapassados, é um dos equívocos bastante frequentes entre muitos que escrevem para a meninada (ou para os adultos...).

Enfim, o que hoje define a *contemporaneidade* de uma literatura é sua intenção de estimular a consciência crítica do leitor; levá-lo a desenvolver sua própria expressividade verbal ou sua criatividade latente; dinamizar sua capacidade de observação e reflexão em face do mundo que o rodeia; e torná-lo consciente da complexa realidade em transformação que é a sociedade, em que ele deve atuar quando chegar a sua vez de participar ativamente do processo em curso.

CARACTERÍSTICAS ESTILÍSTICAS/ESTRUTURAIS DA LITERATURA INFANTIL/JUVENIL CONTEMPORÂNEA

Um levantamento das características formais mais frequentes em grande parte da produção literária mais recente mostra que muitas delas arraigam em processos narrativos arcaicos, que estão sendo redescobertos ou recriados. Há, hoje, uma visível tendência para a retomada de temas ou recursos antigos para fundi-los com novos processos. Relacionando as diferentes peculiaridades temáticas e formais que caracterizam a heterogênea produção literária infantil/juvenil contemporânea, temos:

1. A *efabulação* tende a se iniciar *de imediato* com o *motivo principal* ou com *circunstâncias* que levam diretamente à situação problemática.

Mais do que a história a ser contada, preocupa o autor a *maneira* pela qual ele pode apresentá-la ao leitor.

2. A *sequência narrativa* nem sempre é linear; por vezes se fragmenta, entremeando experiências do passado com as do presente narrativo (inclusive com o uso do retrospecto ou *flashback*).

O desenvolvimento e a conclusão da história procuram muito mais *propor problemas ou situações* a serem solucionadas de vários modos, do que *oferecer respostas ou soluções* "fechadas" ou absolutas.

3. As *personagens-tipo* reaparecem (reis, rainhas, princesas, fadas, bruxas, profissionais de várias áreas, funcionários...), mas geralmente através de uma perspectiva satírica e crítica. As *personagens-caráter* tendem a ser substituídas por *individualidades*, cada qual bem distinta da outra. A grande novidade dessas "individualidades" é que não assumem a *dimensão de superioridade*, comum às personagens individuais do Romantismo em diante. Agora, por via de regra, a personagem-individualidade se incorpora no *grupo-personagem*. A tendência é valorizar a "patota", o "bando", a *personagem-coletiva.*

O espírito individualista cede lugar ao espírito comunitário. Na literatura atual, a *personagem-coletiva* (a patota, o grupinho, o bando, os membros de um clubinho...) disputa espaço com o *herói* (ou anti-herói) *individualista*. Inclusive as soluções para os problemas que precisam ser enfrentados no decorrer da efabulação não são dadas, em geral, por uma só personagem, mas resultam da colaboração de todas. Quando se trata de uma personagem-individualidade não--integrada em grupo, temos normalmente a *personagem questionadora.* O individualismo romântico permanece nos *super-homens* das histórias em quadrinhos ou seriados da televisão. Novamente volta o interesse pelas *personagens-animais,* para representarem os homens na comédia (ou drama) da vida.

4. A *forma narrativa* dominante é a do *conto*. Mas para a faixa infanto-juvenil (leitor fluente) e para a juvenil (leitor crítico), multiplicam-se

as formas de *romance* (principalmente policiais ou sentimentais) e de *novela,* com os mais diversos tipos de aventuras (inclusive com a crescente importância da ficção científica, gerada pela era espacial em que já vivemos).

5. A *voz narradora* mostra-se cada vez mais familiar e *consciente da presença do leitor.*

Seja em 1ª pessoa (narrativa confessional, intimista ou testemunhal), seja em 3ª pessoa (narrador onisciente), ou ainda, a de um *eu* que se dirige constantemente a um *tu* que permanece silencioso, a voz que narra mostra-se *atenta ao seu possível leitor* ou destinatário, revelando com isso não só o desejo de comunicação (inerente a todo ato literário ou linguístico), mas também a consciência de que é desse leitor/receptor que depende, em última análise, o alcance da "mensagem".

6. O *ato de contar* faz-se cada vez mais presente e consciente no corpo da narrativa.

Em função da crescente valorização que a nossa época dá à linguagem como fator essencial na formação da criança e dos jovens, a literatura contemporânea tem supervalorizado o *ato de narrar* – compreendido como o ato de criar através da palavra... Daí a utilização cada vez maior da *metalinguagem,* com histórias que falam de si mesmas e do seu fazer-se. Esse novo aspecto da literatura infantil/juvenil visa levar os leitores a descobrirem que a *invenção literária* é um processo de *construção verbal,* inteiramente dependente da decisão do escritor.

7. O *tempo* é variável: tanto pode ser histórico (com índices bem claros da época em que se passa a história), como indeterminado ou mítico (situando os acontecimentos fora do nosso tempo).

8. O *espaço* é variável: aparece como *simples cenário* (situando as personagens ou a efabulação); ou como *participante* do dinamismo da ação.

Mais do que revelar o espaço em que vivemos ou os seres e as coisas que nele existem, a literatura inovadora, em geral, procura mostrar, compreender ou sugerir as *relações* que existem ou podem existir entre eles. Atitude gerada, sem dúvida, pelas novas concepções do espaço e do tempo, decorrentes das mais recentes conquistas científicas, filosóficas, psicológicas, etc.

9. O *nacionalismo,* patente na produção anterior, apresenta um novo sentido. Mais do que entusiasmo pelo país ou exaltação pelos valores da terra, o que agora dinamiza a matéria literária é uma profunda *consciência nativista*: é a busca das raízes ou das origens, no sentido de se percorrer de novo o caminho feito até aqui, a fim de que a brasilidade se revele em toda a sua verdade e força.

Esse repercorrer o caminho, essa busca das origens, leva a consciência nativista a ultrapassar as fronteiras nacionais e a se identificar não só com o continente sul-americano, mas também com o húmus africano, para incorporar o lastro das duas culturas primitivas, indígena/africana, que se fundiram com a europeia para dar início a uma nova maneira-de-ser-no-mundo: a brasileira.

10. A *exemplaridade* desaparece como intenção pedagógica da literatura. O que não impede, porém, que em toda essa nova literatura exista, de maneira latente ou patente, uma significativa lição de vida.

Quanto ao *comportamento ético,* começa a prevalecer a *complexidade das forças interiores* (positiva e negativa) sobre a dualidade maniqueísta que sempre caracterizou o comportamento das personagens tradicionais. A intenção maior é dotar as personagens de ficção da ambiguidade natural dos homens e, através dela, revelar as forças polares ou contraditórias, inerentes à condição humana.

Embora em algumas obras a lição de vida desemboque em um horizonte "fechado" e enfatize as forças negativas ou o fracasso do viver, a grande maioria delas aponta para a esperança, para o entusiasmo e a importância de se participar dinamicamente da vida. Mais do que dar exemplos ou conselhos, a literatura inovadora propõe problemas a serem resolvidos, tende a estimular, nas crianças e nos jovens, a capacidade de compreensão dos fenômenos; a provocar ideias novas ou uma atitude receptiva em relação às inovações que a vida cotidiana lhes propõe (ou proporá) e também capacitá-los para optar com *inteligência* nos momentos de agir.

11. O *humor* é dos aspectos mais característicos da produção literária destes últimos anos. Inclusive a intenção satírica é das mais encontradiças na linha inovadora.

12. A intenção de *realismo e verdade* se alterna com a atração pela *fantasia,* imaginário ou maravilhoso. Este último, por vezes, apresenta uma conotação metafísica: preocupação com o mistério da vida ou da morte – preocupação com aquilo que transcende a aventura terrestre.

Ainda no âmbito do maravilhoso, é de se notar que a tarefa das fadas, talismãs ou mediadores mágicos *já não é,* em geral, *satisfazer desejos* ou propiciar fortuna aos seus protegidos, mas sim *estimulá-los a agir,* a desenvolverem suas próprias forças ou, em síntese, ajudá-los a transformarem em *ato* o que neles existe *em essência.*

13. Multiplicam-se os recursos de *apelo à visualidade* (desenhos, ilustrações, diagramação, composição, cores, técnicas de colagem e montagem, uso de novos materiais para impressão do livro...): a literatura torna-se espaço de convergência das multilinguagens.

LINHAS OU TENDÊNCIAS DA LITERATURA INFANTIL/ JUVENIL CONTEMPORÂNEA

Pode-se dizer que, hoje, todas as tendências temáticas e estilísticas se impõem com igual força na produção literária para crianças, jovens e adultos. Passado e presente se fundem para gerar novas formas. No panorama literário geral coexistem, com igual interesse, diferentes *linhas* ou *tendências* de criação literária. Como orientação didática, selecionamos cinco linhas básicas, que, por sua vez, se desdobram em outras:

- linha do Realismo cotidiano (desdobrada em: Realismo crítico, Realismo lúdico, Realismo humanitário, Realismo histórico ou memorialista, e Realismo mágico);
- linha do Maravilhoso (desdobrada em: Maravilhoso metafórico, Maravilhoso satírico, Maravilhoso popular ou folclórico, Maravilhoso fabular, e Maravilhoso científico);
- linha do Enigma ou Intriga Policialesca;
- linha da Narrativa por Imagens; e
- linha dos Jogos Linguísticos.

Apenas a título de exemplo, que oriente os leitores a organizarem suas próprias listas de leituras, registramos abaixo alguns *títulos representativos* de cada linha ou tendência. Obviamente, não se trata de uma seleção exaustiva, mas apenas representativa. O que não quer dizer que certos títulos não possam ser incluídos em mais de uma linha ou tendência. Lembrar que, em literatura ou arte, nada é absoluto...

1. Linha do Realismo Cotidiano
(Situações radicadas na vida do dia a dia comum)

Linha que se desdobra em diferentes ângulos de visão: crítico/participativo, lúdico, humanitário, histórico ou memorialista e mágico.

1.1. Realismo crítico (participante ou conscientizante)
Obras atentas à realidade social e cuja matéria literária é orientada ou filtrada por uma perspectiva político-econômico-social.

Eu Gosto Tanto de Você de Leila R. Iannone; *Davi Ataca Outra Vez* de Ruth Rocha; *Era Apenas um Índio* de Ary Quintella; *Na Terra Plantei Meu Sonho* de Mario Kuperman; *Justino, O Retirante* de Odette Barros Mott; *O Último Broto* de Rogério Borges; *Lando nas Ruas* de Carlos Marigny; *Macapacarana* e *Sonhar É Possível* de Giselda Laporta Nicolelis; *Eu Sou Mais Eu* de Sylvia Orthof; *Os Meninos da Rua da Praia* de Sérgio Caparelli; *Mocinhos do Brasil* de Luiz Puntel; *Não-me-Toque-em-Pé-de-Guerra* de Werner Zotz; *Os que Não Podem Voar* de Elias José; *De Olho nas Penas* de Ana Maria Machado; *Pivete* de Henry Correa de Araújo; *Amarelinho* de Ganymédes José; *Os Rios*

Morrem de Sede de Wander Piroli; *Sangue Fresco* de João Carlos Marinho; *A Vingança do Timão* e *Tidão, O Justiceiro dos Pampas* de Carlos Moraes; *Tô Pedindo Trabalho* de Terezinha Alvarenga; *Cena de Rua* de Ângela Lago; *Jogo Duro* de Lia Zatz; *Na Selva do Asfalto* de Júlio Emílio Braz... (Faça a sua lista com os livros que encontrar no mercado. E são muitos!)

1.2. Realismo lúdico Obras que enfatizam a aventura de viver, as travessuras do dia a dia, a alegria ou conflitos resultantes do convívio humano.

Bento-Que-Bento-É-O-Frade, Currupaco, Papaco ou *O Domador de Monstros* de Ana Maria Machado; *Um Dono Para Buscapé* de Giselda Laporta Nicolelis; *Esta Vida Sem Fantasmas Não Tem Graça* de Laís Carr Ribeiro; *A Cara das Minhas Ideias* de Cláudia Pacce; *O Gênio do Crime* de João Carlos Marinho; *Irmão Sanduíche* de Maria de Lourdes Krieger; *As invenções do Dr. Lelé da Cuca* de Teresa Noronha; *Vida de Cachorro* de Flávio de Souza; *O Menino e a Lagartixa* de Ganymédes José; *Marcelo, Marmelo, Martelo* e *Nicolau Tinha uma Ideia* de Ruth Rocha; *Uma Pedra no Sapato* de Diane Mazur; *Cadê o Super-Herói?* de Walcir R. Carrasco; *Fantasma só Faz Buu...* de Flávia Muniz.

1.3. Realismo humanitário Obras que, atentas ao convívio humano, dão ênfase às relações afetivas, sentimentais ou humanitárias.

As Muitas Mães de Ariel e *Iniciação* de Mirna Pinsky; *Bilhete no Parabrisa* de Terezinha Alvarenga; *Macaquinho* de Ronaldo Simões; *Jogo Duro* de Elias José; *Na Colmeia do Inferno* de Pedro Bandeira; *Chega de Saudade* de Ricardo Azevedo; *O Menino e o Pinto do Menino* de Wander Piroli; *Sempre Haverá um Amanhã* de Giselda Laporta Nicolelis; *Corda Bamba* e *O Meu Amigo Pintor* de Lygia Bojunga Nunes; *Coragem de Sonhar* de Maria Dinorah; *Em Carne Viva* de Maria da Glória Cardia de Castro; *Tuniquim* de Ganymédes José; *Vovô Fugiu de Casa* de Sérgio Caparelli; *A Hora dos Sonhos* de Luiz Antônio Aguiar; *Zé Diferente* de Lúcia Góes; *Bisa Bia Bisa Bel* de Ana Maria Machado.

1.4. Realismo histórico (ou memorialista) Obras orientadas por uma intenção predominantemente informativa ou didática: informar o leitor; revelar-lhe ou explicar-lhe fenômenos do mundo natural ou de determinados setores da sociedade ou de certas regiões do país, com seus costumes, tipos, linguagem, etc. Incluímos nesta linha as biografias ou narrativas históricas.

Expedição aos Martírios de Francisco Marins; *Do Outro Lado do Mar* de Ganymédes José; *A Caminho do Sul, No Roteiro da Coragem, A Transa--Amazônica* ou *Marcos e os Índios do Araguaia* de Odette B. Mott; *As Portas Fantásticas* de Wilson Rocha; *O Mistério do Grande Rio* de Antonieta Dias de Moraes; *A Serra dos Homens-Formigas* de Giselda Laporta Nicolelis; *O Maravilhoso Sr. Grão de Café* de Lúcia P. Sampaio Góes; *O Enigma dos Vikings* de Romilda Raedes; *Uiramirim Contra os Piratas* de Antonio Carlos Olivieri.

1.5. Realismo mágico Obras em que as fronteiras entre realidade e imaginário se diluem, fundindo-se as diferentes áreas para dar lugar a uma terceira realidade, em que as possibilidades de vivências são infinitas e imprevisíveis. Situações centradas no cotidiano comum, em que irrompe algo "estranho", que é visto ou vivido com a maior naturalidade pelas personagens.

A Árvore Que Dava Dinheiro de Domingos Pellegrini; *Afuganchos* e *Três Voltas para a Esquerda* de Stella Carr; *A Bolsa Amarela* e *Casa da Madrinha* de Lygia Bojunga Nunes; *O Dia em Que um Super-herói Visitou a Minha Casa* de Sonia Junqueira; *Davi Acordou Cinza* de Mirna Pinsky; *Problemas com o Cachorro?* de Elvira Vigna; *Um Camelo no Último Andar* de Amaury B. da Silva; *O Mistério do Coelho Falante* e *Quase de Verdade* de Clarice Lispector; *Embaixo da Cama* de Leny Werneck; *O Lobo e o Carneiro no Sonho da Menina* de Marina Colasanti; *Um Leão em Perigo* de Paulo Grisolli; *A Terra dos Meninos Pelados* de Graciliano Ramos; *Mamãe Trouxe um Lobo para Casa* de Rosa Amanda Strausz; *Uma História de Telhados* de Sylvia Orthof; *O Dragão do Jardim* de J. Navarro/Márcia Melo; *A Terrível Arma Verde* de Rosana Rios.

2. Linha do Maravilhoso

(Situações que ocorrem fora do nosso espaço/tempo conhecido ou em local vago ou indeterminado na Terra)
O mundo do maravilhoso pode se apresentar sob diferentes aspectos: metafórico, satírico, científico, popular ou folclórico e fabular.

2.1. Maravilhoso metafórico (ou simbólico) Narrativas cuja efabulação atrai por si mesma, isto é, pelo referencial, pela história que transmite ao leitor, mas cuja significação essencial só é apreendida quando o nível metafórico de sua linguagem narrativa for percebido ou decodificado pelo leitor.

O Azulão e o Sol de Walmir Ayala; *Estória da Borboleta* de Marina Sendacz; *Fauno e Flora* de Diane Mazur; *Uma Ideia Toda Azul, Doze Reis e a Moça do Labirinto* e *Ana C. Onde Vai Você?* de Marina Colasanti; *O Menino Que Veio do Mar* e *O País das Coisas Bonitas* de Luiz Paiva de Castro; *Nadistas e Tudistas* de Doc Comparato; *Outra Vez* de Ângela Lago.

2.2. Maravilhoso satírico Narrativas que utilizam elementos literários do passado ou situações familiares, facilmente reconhecíveis, para denunciá-las como erradas, superadas... e transformá-las em algo ridículo. O humor é o fator básico dessa diretriz.

Os Cinco na Lua de Ganymédes José; *A Fada Que Tinha Ideias* de Fernanda Lopes de Almeida; *História Meio ao Contrário* e *Uma Boa Cantoria* de Ana Maria Machado; *Mudanças no Galinheiro Mudam as Coisas por Inteiro* de Sylvia Orthof; *O Reizinho Mandão* e *O Rei que Não Sabia de Nada* de Ruth Rocha; *Drauzio* de Lúcia Góes; *Chapeuzinho Amarelo* de Chico Buarque; *O Fantástico Mistério de Feiurinha* de Pedro Bandeira.

2.3. Maravilhoso científico Narrativas que se passam fora do nosso espaço/tempo conhecidos, ou seja, onde ocorrem fenômenos não explicáveis pelo conhecimento racional.

Aventuras de Xisto, Xisto no Espaço, Spharion e *A Vida É Fantástica* de Lúcia Machado de Almeida; *Amanhã Será o Deserto* de Ricardo Gouveia; *O Planeta do Amor Eterno* de Maria de Regino; *A Defesa das Torres*

Elétricas de Lúcia Sampaio Góes; *Os Guardiões de Soterion* de Ganymédes José; *O Lobo do Espaço* de Fausto Cunha; *O Filho das Estrelas* de Wilson Rocha; *Acordar ou Morrer* de Stella Carr.

2.4. Maravilhoso popular ou folclórico: contos, lendas e mitos
Narrativas que exploram nossa herança folclórica europeia e nossas origens indígenas ou africanas. Embora bem diferentes entre si, pelo estilo, atmosfera criada, linguagem, etc., os títulos abaixo relacionados têm em comum a preocupação com o *lastro brasílico*.

Apenas um Curumim de Werner Zotz; *Contos dos Meninos Índios* de Hernâni Donato; *A Descoberta da Cornuália* de Zélio; *Um Caminho para o Sol* de Ganymédes José; *Çarungaua, O Segredo da Pedra Verde* e *Terra sem Males* de Luiz Galdino; *Guriatã, um Cordel para Meninos* de Marcus Accioly; *Histórias dos Índios do Brasil* e *Moça Lua* de Walmir Ayala; *História de Jabuti Sabido com Macaco Metido* de Ana Maria Machado; *Yakima, o Menino-Onça* de Assis Brasil; *O Misterioso Rapto de Flor Sereno* de Haroldo Bruno; *Três Garotos na Amazônia, Contos e Lendas de Índios do Brasil* de Antonieta Dias de Moraes; *Viagem à Montanha Azul* de Roniwalter Jatobá; *O Velho, o Menino e o Burro* de Ruth Rocha; *O Último Curumim* de Isabel Vieira.

2.5 Maravilhoso fabular
Situações vividas por personagens-animais, que podem ter sentido simbólico, satírico ou puramente lúdico.

Angélica e os Colegas de Lygia Bojunga Nunes; *O Caso da Borboleta Atíria* e *Histórias do Fundo do Mar* de Lúcia Machado de Almeida; *Lúcia--Já-Vou-Indo* de Maria Heloisa Penteado; *Maria Vai com as Outras* e *Ofélia, a Ovelha* de Sylvia Orthof; *Pimenta no Cocuruto* de Ana Maria Machado; *A Primavera da Lagarta* e *Viva a Macacada* de Ruth Rocha; *O Leão da Noite Estrelada* de Ricardo Azevedo; *O Burrinho Que Queria Ser Gente* de Herberto Sales; *O Macaco e a Boneca de Cera* de Sonia Junqueira.

3. Linha do Enigma ou Intriga Policialesca
Narrativa cujo eixo de efabulação é um mistério, um enigma ou um problema estranho a ser desvendado. A maior parte está na linha detetivesca do romance policial.

O Caso da Estranha Fotografia de Stella Carr; *Um Amor além do Tempo* de Leila Rentroia Iannone; *A Morte Brilha no Mar* de Luiz Galdino; *Detetives por Acaso* e *Piratas da Baía* de Carlos Marigny; *A Droga da Obediência, A Droga do Amor* e *Droga de Americana* de Pedro Bandeira; *O Escaravelho do Diabo* de Lúcia Machado de Almeida; *Uma Estranha Aventura em Talalai* de Joel Rufino dos Santos; *O Fio da Meada, O Segredo da Casa Amarela* de Giselda Laporta Nicolelis; *O Fantasma do Porão* de Elias José; *O Sétimo Suspeito* de Laís Carr Ribeiro; *A Segunda Morte* de Marcia Kupstas; *A Morte Tem 7 Herdeiros* de Stella Carr e Ganymédes José; *O Mistério do Paço das Hortênsias* de Teresa Noronha; *O Tesouro da Ilha Doce* de Isabel Vieira; *O Mistério do Esqueleto* de Renata Pallotini e as séries "Vivi Pimenta", "Inspetora" e "Goiabinha" de Ganymédes José.

4. Linha da Narrativa por Imagens

Livros que contam histórias através da *linguagem visual*, de imagens que "falam" (desenhos, pinturas, ilustrações, fotos, modelagem ou colagem fotografadas, etc.). Sem o apoio de texto narrativo (ou com brevíssimas falas) esse tipo de livro de história sem palavras apresenta excelentes estratégias para as crianças reconhecerem seres e coisas que se misturam no mundo que as rodeia e aprenderem a *nomeá-las* oralmente. Processo lúdico de leitura que, na mente infantil, une os dois mundos em que ela precisa aprender a viver: o *mundo real-concreto* à sua volta e o *mundo da linguagem*, no qual o *real-concreto* precisa ser nomeado para existir definitivamente e reconhecido por todos. ("O que não é nomeado não existe." Lacan)

Você troca?, Assim Assado, A Bruxinha Atrapalhada, Não Confunda, Coleção "Ping-Pong..." de Eva Furnari; Coleção "Gato e Rato" de Mary e Eliardo França; *Cena de Rua* de Ângela Lago; Coleção "Mico Maneco" de Ana Maria Machado; *O Último Broto* de Rogério Borges; Coleção "Sabe-Sabe" de Elza Sallut; *Flicts* e *Planeta Lilás* de Ziraldo; *Bumburlei* de Tatiana Belinki e Zéflávio Teixeira; *O Dia a dia de Dadá* de Marcelo Xavier; *O Almoço* de Mário Vale; *Um Rio de Muitas Cores* de Lúcia Hiratsuka.

5. Linha dos Jogos Linguísticos

Essa linha abrange livros que expressam claramente a consciência de que a *escrita* é um jogo criador e estimulador das potencialidades do pequeno leitor. Daí a brincadeira inteligente que é criada entre as palavras, as idéias, as imagens, etc., que leva o pequeno leitor/ouvinte a interagir com a história. Entram na construção desses jogos recursos de linguagem como os da *metalinguagem* (a história sobre a própria história, a narrativa que fala de sua própria construção) e de *intertextualidade* (a assimilação de um texto antigo por um novo texto).

Tico-tico no Sofá de Flávia Muniz; *Marcelo, Marmelo Martelo* e *As Coisas Que a Gente Fala* de Ruth Rocha; *Falando pelos Cotovelos* e *História em Ponto de Agulha* de Lúcia Góes; *Se... Será, Serafina?* de Cristina Porto; *A Novela da Panela* de Ângela Lago; *O Bolo do Lobo* de Marcia Kupstas; *O Problema do Clóvis* de Eva Furnari; *O Homem do Sótão* de Ricardo Azevedo; *Dei com uma Porta e...* de Lúcia Sampaio Góes; *Pedrinho Esqueleto, Olhorão Olhorudo* e *O Pavoroso Gargalhão* de Stella Carr; *Quebra-Cabeças* e *Pequenininha* de Mirna Pinsky; *Rabiscos e Rabanetes* e *Histórias Curtas e Birutas* de Sylvia Orthof...

4 A literatura infantil: gênero ou forma?

Diante da grande variedade de formas assumidas pela literatura destinada aos pequenos e aos jovens, cabe uma interrogação: Como situar a literatura infantil no quadro conceitual dos gêneros literários? Ela seria um gênero, um subgênero, uma forma ou uma categoria?

OS GÊNEROS E OS SUBGÊNEROS

Embora haja profundas discordâncias entre os teóricos no que diz respeito à conceituação dos gêneros literários em geral, aqui adotamos a seguinte classificação:
• Os *gêneros* são: poesia, ficção e teatro.

Gênero (ou forma geradora) é a expressão estética de determinada experiência humana de caráter universal: a *vivência lírica* (o *eu* mergulhado em suas próprias emoções), cuja expressão essencial é a *poesia*; a *vivência épica* (o *eu* em relação com o *outro*, com o mundo social), cuja expressão natural é a *prosa*, a *ficção*; e a *vivência dramática* (o *eu* entregue ao espetáculo da vida, no qual ele próprio é personagem), cuja expressão básica é o *diálogo*, a *representação*, isto é, o *teatro*.

• Os *subgêneros* ou *formas básicas* são:
   Elegia, soneto, ode, hino, madrigal, etc. (Poesia)
   Conto, romance, novela, literatura infantil (Ficção)
   Farsa, tragédia, ópera, comédia, etc. (Teatro)

Essas *formas básicas* da ficção, por sua vez, se diversificam em diferentes categorias, dependendo da natureza do tema, da problemática, intriga, trama, intencionalidade, etc., da matéria ficcional: ficção científica, romance policial, novela de aventuras, romance de amor, narrativa satírica, paródia, biografia, romance histórico, etc.

FORMAS SIMPLES

Há ainda uma multiplicidade de formas narrativas que vêm, desde a origem dos tempos, e que (na ausência de uma classificação teórica não-polêmica ou definitiva) consideramos também como pertencentes à grande área do gênero ficção, e às quais definimos como *formas simples* (Jolles, 1930). São elas: fábula, apólogo, parábola, alegoria, mito, lenda, saga, conto maravilhoso, conto de fada, conto exemplar, conto jocoso etc.

De acordo com esse quadro classificatório, a literatura infantil pertence, pois, ao gênero ficção, o qual abrange toda e qualquer *prosa narrativa literária* (linguagem artística, construída pelo pensamento criador, lógico-poético), cujo objetivo maior (segundo Littré) é "excitar o interesse do leitor pela pintura das paixões, dos costumes ou pela singularidade das aventuras".

Note-se, porém, que a literatura infantil ocupa um lugar específico no âmbito do gênero ficção, visto que ela se destina a um leitor especial, a *seres em formação*, a seres que estão passando pelo *processo de aprendizagem* inicial da vida. Daí o *caráter pedagógico* (conscientizador) que, de maneira latente ou patente, é inerente à sua matéria. E também, ou *acima de tudo*, a necessidade de ênfase em seu *caráter lúdico*... Aquilo que não divertir, emocionar ou interessar ao pequeno leitor, não poderá também transmitir-lhe nenhuma experiência duradoura ou fecunda.

São consideradas *formas simples* determinadas narrativas que, há milênios, surgiram anonimamente e passaram a circular entre os povos da Antiguidade, transformando-se com o tempo no que hoje conhecemos como tradição popular. De terra em terra, de região a região, foram sendo levadas por contadores de histórias, peregrinos, viajantes, povos emigrantes, etc., até que acabaram por ser absorvidas por diferentes povos e, atualmente, representam fator comum entre diferentes tradições folclóricas.

São *formas simples* porque resultaram de "criação espontânea", não--elaborada – diferentes, por exemplo, dos romances medievais ou das novelas de cavalaria, que apresentam uma forma ainda rudimentar, mas artisticamente elaborada.

Pela simplicidade e autenticidade de vivências que singularizam essas narrativas, quase todas elas acabaram assimiladas pela literatura infantil, via tradição popular.

Vejamos algumas delas mais de perto.

A fábula

Fábula (lat. *fari* = falar e gr. *phaó* = dizer, contar algo) é a narrativa (de natureza simbólica) de uma situação vivida por animais que alude a uma situação humana e tem por objetivo transmitir certa moralidade. A julgar pelo que a história registra, foi a primeira espécie de narrativa a aparecer.

Nascida no Oriente, a fábula vai ser reinventada no Ocidente pelo grego Esopo (séc. VI a.C.) e aperfeiçoada séculos mais tarde pelo escravo romano Fedro (séc. I a.C.), que a enriqueceu estilisticamente. No séc. XVI, ela foi descoberta e reinventada por Leonardo da Vinci (mas sem grande repercussão fora da Itália e ignorada até bem pouco tempo).

No séc. XVII, La Fontaine reinventou a fábula (a partir do modelo latino e do oriental oferecido pelos textos do indiano Pilpay), introduzindo-a definitivamente na literatura ocidental. Em suas duas coletâneas de *Fábulas*, encontramos também uma certa indefinição de matéria sob o mesmo rótulo geral. Mas já aparece uma preocupação de análise, ou melhor, de definir a matéria reinventada. Tanto é assim, que ele diz no prefácio da coletânea de 1668: "O apólogo é composto de duas partes... o corpo é a fábula, a alma é a moralidade". Por aí se vê que La Fontaine dava o nome de "apólogo" à espécie de sua matéria literária; de "fábula" à história ali narrada (tal como o fazem hoje os formalistas russos) e de "moralidade" ao significado simbólico da história. Mas por tradição rotula tudo como fábulas.

Entretanto, a partir do séc. XIX, o racionalismo crescente vai estabelecer fronteiras entre as formas literárias, e a *fábula* passou a ser definida como uma *história de animais* que "prefiguram" os homens, e que tem como finalidade divertir o leitor e ensinar-lhe uma *moralidade.*

No prefácio de sua primeira coletânea das *Fábulas* (1668), La Fontaine torna bem explícita a intenção com que escrevera tais histórias para o pequeno Delfim e para as crianças da corte.

> Sirvo-me de animais para instruir os homens.
> [...]
> Procuro tornar o vício, ridículo,
> Por não poder atacá-lo com braço de Hércules.
> [...]
> Algumas vezes oponho, através de uma dupla imagem,
> O vício à virtude, a tolice ao bom senso.
> [...]
> Uma moral nua provoca o tédio:
> O conto faz passar o preceito com ele,
> Nessa espécie de fingimento, é preciso instruir e agradar
> Pois contar por contar, me parece coisa de pouca monta.

E aí se coloca claramente um dos eternos problemas da literatura infantil (como também da literatura adulta): divertir ou instruir? Ou ambos? A questão ainda hoje está em aberto...

Apesar de dizer que se servia "de animais para instruir os homens", La Fontaine não reinventou apenas fábulas. Em suas coletâneas misturam-se um grande número de *fábulas* ("A Cigarra e a Formiga", "O Lobo e o Cordeiro"...); *apólogos* ("A Panela de Barro e a Panela de Ferro"); *parábolas* ("O Avarento Que Perdeu o Tesouro"); *alegorias* ("O Estatuário e a Estátua de Júpiter", "O Velho e a Morte"); e também *contos exemplares* ("O Pachá e o Mercador") ou *contos jocosos* ("O Bêbado e sua Mulher"), cuja origem são os *fabliaux* medievais.

Enfim, a peculiaridade que distingue a *fábula* das demais espécies metafóricas ou simbólicas é a *presença do animal,* colocado em uma situação humana e exemplar. Suas personagens são sempre *símbolos,* isto é, representam algo num contexto universal (por exemplo: o *leão,* símbolo da força, majestade, poder; a *raposa,* símbolo da astúcia; o *lobo,* do poder despótico; etc.). Tal peculiaridade liga essa espécie literária ao simbolismo mais antigo de que o homem lançou mão, para expressar suas relações com o espaço em que vivia ou com os fenômenos que ultrapassavam sua capacidade de compreensão. As origens do simbolismo animal relacionam-se estreitamente com o totemismo e com a zoolatria. Desde os tempos mais remotos, tal simbolismo tem sido uma das invenções mais curiosas do homem, como expressão de seu conhecimento de mundo.

Na Idade Média proliferaram os bestiários, e, até hoje, a personagem-animal é das mais encontradiças na literatura infantil. (E na literatura adulta também, é só lembrarmos da grande criação de Kafka, em *A Metamorfose,* que abre um novo caminho para a criação literária contemporânea; e as de outros e outros...). Marc Soriano lembra que, pouco mais de um século depois de La Fontaine,

> a literatura infantil faz lembrar uma "arca de Noé", indefinidamente extensível, onde se juntam os animais mais insólitos: os coelhos e gatos inquietantes de Lewis Carroll; o burro rancoroso mas aperfeiçoável da Condessa de Ségur; os gansos selvagens de Selma Lagerlof; os espertos animais da fazenda de Benjamin Rabier ou de Probts; o terno Bambi de Félix Salten; o elefante suscetível e ruborizado de Jean e Laurent de Brunhoff; lobos e patos coléricos, sutis ou meditativos de Serge Prokofiev, Marcel Aymé ou Walt Disney. [...] Os *quadrinhos,* a televisão e o cinema não cessam de enriquecer esse bestiário. (M. Soriano, 1975.)

Entre outros exemplos, Soriano lembra o espetáculo em série da televisão *Sesame Street,* que entre nós foi traduzido por *Vila Sésamo,* cuja personagem central é um canário peludo, com mais de 2 m de altura, olhos redondos como bolas de pingue-pongue e que se alimenta de preferência de dinheiro.

Importantes presenças no mundo da literatura, os animais continuam sendo uma fonte de sugestões para a invenção de histórias atraentes para crianças e adultos. Contemporaneamente, sua presença na fábula está sendo reinventada... Vivemos novamente em tempos propícios às *fábulas...*

O apólogo

O *apólogo* (gr. *apo* = sobre e *logos* = discurso) é a narrativa breve de uma situação vivida por seres inanimados, ou melhor, sem vida animal ou humana (por ex., objetos ou elementos da natureza...), que, ali, adquirem vida e que aludem a uma *situação exemplar* para os homens ("O Sol e o Vento", "O Carvalho e a Cana" de La Fontaine). Normalmente, o apólogo tem como personagens seres que ali adquirem *valor metafórico*. Isto é, não são *símbolos* como acontece com as personagens da fábula.

A parábola

A *parábola* (comparação, similitude) é a narrativa breve de uma situação vivida por seres humanos (ou por humanos e animais), da qual se deduz, por comparação, um ensinamento moral ou espiritual. A parábola foi muito cultivada pelos povos semitas, sendo a Bíblia uma de suas fontes mais ricas ("O Homem e a Cobra", "O Carreteiro Atolado" de La Fontaine).

A alegoria

Alegoria (expressão de uma ideia através de uma imagem) é uma narrativa (em prosa ou em verso) que tem significação completa em dois níveis: no da narrativa em si, como história, e no de seu sentido translato, figurado (cuja interpretação pode variar de leitor para leitor; o que explica, por exemplo, as discordâncias de interpretação, entre os teólogos, de certas passagens bíblicas). O que distingue a *alegoria* é principalmente a presença de entes sobrenaturais, mitológicos, lendários... e um tom elevado ou sério ("A Morte e o Lenhador" de La Fontaine).

O mito

Sua origem perde-se no princípio dos tempos. São narrativas tão antigas quanto o próprio homem; e nos falam de deuses, duendes, heróis fabulosos ou de situações em que o sobrenatural domina. Os *mitos* estão sempre ligados a fenômenos inaugurais: a genealogia dos deuses, a criação do mundo e do homem, a explicação mágica das forças da natureza, etc.

Percorrendo a história da humanidade, verifica-se que o mito e a história caminham juntos e, em última análise, um explica o outro: o *mito* (construído pela imaginação, pela intuição do homem) responde pela zona obscura e enigmática do mundo e da condição humana, zona inabarcável pela inteligência; a *história* (construída pela razão) responde pela parte clara, apreensível e mensurável pelo pensamento lógico.

Até onde foi possível aos estudiosos investigarem os documentos e monumentos do passado mais remoto, verificou-se que o *pensamento religioso* nasceu como uma das primeiras manifestações daquilo que seria mais tarde o *pensamento religioso*. Isto é, a consciência do homem em face de um princípio superior absoluto que o explica e o justifica. Surge, portanto, nos primórdios da humanidade, no momento em que teria nascido no homem a obscura consciência de que, além dele e do mundo visível e concreto que o rodeava, devia existir uma força invisível e misteriosa que presidia sua existência e, ao mesmo tempo, suas relações com o mundo.

Como poderia ele explicar, por exemplo, as forças da natureza selvagem? Como compreender o nascimento de uma criança? As doenças ou a morte? Como responder ao *por que* e *para que* existem homens no mundo? etc., etc. Obviamente, não deve ter havido a colocação lúcida dessas questões, mas a intuição delas deveria estar no espírito do homem primitivo. Perguntas essas, como sabemos, irrespondíveis pela razão ou pela lógica e às quais só o pensamento religioso ou o filosófico podem responder, através da intuição, da fé ou da abstração.

Portanto, a primeira manifestação do pensamento religioso teria sido o *pensamento mágico*: o pensamento criador de mitos. É só pensarmos nas cosmogonias primitivas, e esse fenômeno torna-se claro: todas elas explicam a *gênese do mundo* e da condição humana através de mitos. Assim, também, todas as formas alegóricas, através das quais a Bíblia registra para o mundo cristão a gênese do mundo, encontram correspondência no mundo antigo greco-romano em uma rica e complexa mitologia. Ulisses, Prometeu, Pandora, Orfeu, Aquiles, etc. são mitos. Enquanto Adão, Eva, Caim, Abel, Moisés, etc. são alegorias, pois pertencem ao cosmos de uma religião revelada.

Pode-se dizer que, para o homem primitivo, a criação dos mitos foi uma necessidade religiosa. Para o homem moderno, a interpretação de tais mitos resultou, inicialmente, de uma necessidade científica, porque neles está a raiz de cada cultura e até de cada história particular. Daí a importância cada vez maior que a literatura arcaica está assumindo em nossa época, com suas lendas, contos, fábulas, etc. Muitas dessas formas fazem parte de ciclos míticos que tentam explicar certas origens... É costume dizer-se que quando o homem *sabe*, ele cria a história e quando *ignora*, cria o mito. Na verdade, essas duas manifestações do pensamento e da palavra dos homens respondem a um mesmo desejo: a necessidade de explicar a vida ou o mundo.

> ...nos mitos, se denuncia o fecundo elã inicial do homem em direção à ciência (desejo de explicar o que o rodeia); em direção à religião (desejo de explicar-se a si próprio, sua origem e seu destino); em direção à poesia (desejo de cumprir seus sentimentos e atingir as sensações irreprimíveis). Pelo mito, o homem, que não sabia nada, senão que vivia, tornou vivas todas as maravilhas que tinha ao alcance de seus olhos ou de suas mãos. [...] Cada povo da Antiguidade tem seus mitos característicos, intimamente relacionados com sua religião ancestral e com sua alma poética. [...] O homem primitivo fez de cada verdade (por não sabê-la tal, por não saber prová-la como tal) um mito. Ao homem moderno corresponde fazer de cada mito uma verdade, porque o mito a encerra indiscutivelmente. ("Mitologia", Sainz Robles.)

Mito e literatura, desde as origens, andaram essencialmente ligados: não existe mito sem palavra literária. Os nossos mitos indígenas ou africanos foram recolhidos por vários estudiosos e recriados por muitos escritores. Na literatura para adultos ou para crianças, encontramos a presença desses mitos, mas ainda há muito para reinventar. Estamos em pleno processo de renovação da literatura brasileira e não podemos esquecer que um dos caminhos mais fecundos para toda grande renovação é retornar às origens.

Mário de Andrade assim o fez quando reinventou o mito de Macunáima (e não, Macunaíma), "entidade divina para os macuxis, acavais, arecunas, taulipangues, indígenas caraíbas a oeste do platô da serra Roraima e Alto Rio Branco, na Guiana Brasileira". (C. Cascudo, *Dicionário do Folclore Brasileiro.*) Entre os macuxis, tal mito identifica-se com o da criação do mundo segundo a Bíblia. Diz ele:

> ... Logo que o grande e bom espírito Macunáima criou a terra e as plantas, desceu das alturas, trepou no alto de uma árvore, soltou com seu potente machado de pedra pedaços de casca de árvore, atirando-os ao rio que corria embaixo, e assim converteu-os em animais de toda espécie. Só quando estes tiveram vida foi que criou o homem, o qual caiu em profundo sono, e quando despertou viu de pé uma mulher ao seu lado. O Espírito do Mal teve superioridade sobre a terra e Macunáima enviou águas (dilúvio). (C. Cascudo)

Embora já haja recriações excelentes de nossos mitos e lendas, ainda há muita matéria à espera de ser reinventada para que as crianças e os jovens descubram suas origens como povo. (Lembramos o mito de Ci, a mãe primordial para os indígenas; o mito da Mãe-do-ouro, ligado à fonte das riquezas, etc.) Em geral um *mito* abarca várias *lendas,* que o desenvolvem sem destruir-lhe a unidade.

A lenda

A *lenda* (lat. *legenda, legere* = ler) é uma forma narrativa antiquíssima, geralmente breve (em verso ou prosa), cujo argumento é tirado da Tradição. Consiste no relato de acontecimentos em que o maravilhoso e o imaginário superam o histórico e o verdadeiro. É transmitida e conservada pela tradição oral. É também ligada a certo espaço geográfico e a determinado tempo. Conforme a lição de Câmara Cascudo, embora seja

> de origem letrada, a lenda conserva as quatro características do conto popular; antiguidade, persistência, anonimato e oralidade. Os processos de transmissão, circulação e convergência são os mesmos que presidem a dinâmica da literatura oral. Muito confundido com o mito, dele se distancia pela fundação e pelo confronto. *O mito pode ser um sistema de lendas*, gravitando ao redor de um tema central, com área geográfica mais ampla e sem necessária fixação no tempo ou no espaço.

Nosso folclore é bastante rico em lendas e uma pesquisa séria revelará caminhos extremamente fecundos para uma nova literatura infantil brasileira. Muitas lendas já têm sido aproveitadas pelos escritores, tais como: a da Mãe d'Água (que pertence ao ciclo europeu da sereia e ainda tem aspectos inexplorados...); a da Mãe-da-Lua; da Cobra Grande; da Mula-sem-Cabeça; do Boto; do Curupira ou Caapora; Cainamé, etc., etc.

O CONTO E SEUS CAMINHOS

Tal como surgiu e se desenvolveu desde as origens, a forma *conto* se diferencia em "maravilhoso" e "de fadas".

Conto maravilhoso

No início dos tempos, o *maravilhoso* foi a fonte misteriosa e privilegiada de onde nasceu a literatura. Desse maravilhoso nasceram personagens que possuem poderes sobrenaturais; deslocam-se, contrariando as leis da gravidade; sofrem metamorfoses contínuas; defrontam-se com as forças do Bem e do Mal, personificadas; sofrem profecias que se cumprem; são beneficiadas com milagres; assistem a fenômenos que desafiam as leis da lógica, etc.

A forma do conto maravilhoso tem raízes em narrativas orientais, difundidas pelos árabes, e cujo modelo mais completo é a coletânea

As Mil e Uma Noites. O núcleo das aventuras é sempre de natureza *material/social/sensorial* (a busca de riquezas; a satisfação do corpo; a conquista de poder, etc.). Exs.: *Aladim e a Lâmpada Maravilhosa*; *Os Músicos de Brêmen*; *O Gato de Botas*, etc.

Conto de fada

O *conto de fadas* é de natureza *espiritual/ética/existencial*. Originou-se entre os celtas, com heróis e heroínas, cujas aventuras estavam ligadas ao sobrenatural, ao mistério do além-vida e visavam a realização interior do ser humano. Daí a presença da fada, cujo nome vem do termo latino "fatum", que significa *destino*. (Nas raízes dos contos de fadas estão as novelas de cavalaria épico-espiritualistas... ciclo do Rei Artur e seu grande cavaleiro, Galaaz.)

Se há personagem que apesar dos séculos e da mudança de costumes continua mantendo seu poder de atração sobre homens e crianças, essa é a *fada*. Pertencente à área dos mitos, a fada ocupa ali um lugar privilegiado, encarna a possível *realização dos sonhos ou ideais* inerentes à condição humana.

Limitado pela materialidade de seu corpo e do mundo em que vive, é natural que o homem tenha desejado sempre uma ajuda mágica. Entre ele e a possível realização de seus sonhos, aspirações, fantasia, imaginação... sempre existiram *mediadores* (fadas, talismãs, varinhas mágicas...) e *opositores* (gigantes, bruxas ou bruxos, feiticeiros, seres maléficos...).

Entendendo o *mito* como expressão da experiência primordial do homem em relação ao mundo e à vida, compreende-se facilmente que o *mundo do mito* (ao qual pertencem as fadas) seja

> um mundo dramático – de ações, forças e poderes conflitantes, Em todo fenômeno da natureza vê-se o embate desses poderes. A percepção mítica está sempre impregnada dessas qualidades emocionais; o que se vê ou se sente está cercado de uma atmosfera especial de alegria ou tristeza, angústia, excitação, exultação ou depressão. E não podemos falar de coisas, como matéria morta e

indiferente. Todos os objetos são benignos ou malignos, amigos ou inimigos, familiares ou sobrenaturais, encantadores e fascinantes ou repelentes e ameaçadores. (Cassirer, 1970.)

E é nesse contexto que os estudiosos acabaram por localizar as origens das *fadas*. Apesar das extensas pesquisas, não foi possível determinar com certeza onde, quando ou por quê? elas nasceram pela primeira vez na imaginação dos homens. A verdadeira origem desses seres imaginários, dotados de poderes sobrenaturais, perde-se no fundo nebuloso dos tempos. O que se deduz facilmente é que surgiram no estágio em que o *pensamento mágico* dominava a humanidade.

A mais remota menção a seres que lembram fadas (tal como as conhecemos tradicionalmente) é atribuída a Pomponius Mela (geógrafo que viveu no século I de nossa era). Este afirmou que existiam na "Ilha do Sena, nove virgens dotadas de poder sobrenatural, meio ondinas (gênios da água) e meio profetisas, que com suas invocações e cantos imperavam sobre o vento e o oceano Atlântico. Assumiam diversas encarnações, curavam os enfermos e protegiam os navegantes". (E. Mantovani, 1974.)

Segundo a Tradição, as *fadas* são seres imaginários, dotados de virtudes positivas e poderes sobrenaturais, que interferem na vida dos homens para auxiliá-los em situações-limite (quando nenhuma solução natural poderia valer). A partir do momento em que passam a ter comportamento negativo, transformam-se em *bruxas*. A beleza, a bondade e a delicadeza no trato são suas características comuns.

Em certas tradições, as *fadas* são "fiandeiras", como as Parcas. Em novelas de cavalaria germânicas, recebem nomes como "damas brancas", "verdes" ou "negras" (conforme as cores definidoras dos cavaleiros a quem protegem). Em lendas da Mesopotâmia, aparecem como "dama da planície", "dama da fonte" ou "dama das águas". Estudadas em diferentes áreas do conhecimento, as fadas têm sido interpretadas das mais diversas maneiras. Psicologicamente, são apontadas como símbolos de certas faculdades humanas (possibilidades latentes de súbito iluminadas e postas em ação). Nesse sentido, a "fada esquecida" (que se revolta contra esse esquecimento e se transforma em bruxa) é identificada com o "ato falho" da psicologia freudiana. Do ponto de vista religioso, seria a personificação dos estágios da vida espiritual. Em versão esotérica, as fadas simbolizaram "os poderes sobrenaturais da alma ou da mente humana, ainda desconhecida do comum dos homens". (Loeffler, 1949.)

Segundo o registro mítico-literário, os primeiros *contos de fadas* teriam surgido entre os celtas, povos bárbaros que, submetidos pelos romanos (séc. II a.C./séc. I da era cristã), se fixaram principalmente nas Gálias, Ilhas Britânicas e Irlanda. A essa herança céltica é atribuído o fundo de maravilhoso, de estranha fantasia, imaginação e encantamento que caracteriza as novelas de cavalaria do ciclo bretão (ciclo do Rei Artur e seus Cavaleiros da Távola Redonda e sua Dama Ginevra). Foi, pois, nas novelas de cavalaria que *as fadas teriam surgido como personagens*, representando forças psíquicas ou metafísicas.

Com o tempo, ao se transformarem e difundirem, no meio popular ou entre as crianças, essas personificações, que originalmente nasceram como expressão simbólica de preocupações éticas ou metafísicas, perdem seu possível caráter esotérico e só conservam suas prerrogativas mais evidentes: seu poder mágico.

Seria difícil, e mesmo impossível, às culturas posteriores terem assimilado e transmitido essa literatura arcaica com seus verdadeiros valores de base. Podemos deduzir as intenções com que foi inventada. Ter certeza delas, jamais... Aqui, o que nos interessa principalmente é a perenidade dessa figura benfazeja na literatura de todos os tempos, e que a cada momento sofre alteração na maneira pela qual é vista, aceita ou recusada. Em nosso século, a viva permanência das fadas no interesse das crianças tem suscitado as mais diversas explicações por parte dos estudiosos. Pois nem sempre essa ampla aceitação por parte do pequeno leitor tem coincidido com o "pensamento oficial" de cada época. A verdade é que este vive na dependência direta das forças predominantes em cada momento; ora as da *ciência,* ora as da *natureza* (ou melhor, as da *razão* ou da *imaginação).* Entretanto, apesar de todo o cientificismo em marcha, as fadas permanecem...

As fadas e a imagem arcana da mulher

Alguns historiadores aventaram a hipótese de as fadas serem divindades de um culto primitivo, que teriam sobrevivido ao paganismo através das religiões e superstições. Hipótese talvez impossível de provar. Porém, o que nos parece mais importante nesse fenômeno de permanência é a possível ligação das fadas com a imagem da mulher em seu significado primitivo e secreto. Isto é, "arcano" (lat. *arcanu*, secreto, misterioso).

E como o problema "mulher" é, também, um dos mais importantes para serem resolvidos (ou pelo menos, enfrentados...) pela literatura infantil, juvenil e adulta, a reflexão sobre certos aspectos das fadas pode nos levar a um conhecimento do *eterno feminino*.

Longo, bem longo tem sido o caminho percorrido pela humanidade para compreender o binômio homem-mulher. Ou melhor, para dar à mulher o lugar que lhe é devido dentro de um mundo construído e sistematizado pelo poder do homem. Se nos valermos da interpretação do "feminino" e do "masculino" dada por O. Spengler, veremos que a referida ligação fada-mulher (em seu significado cósmico) parece bastante plausível. Em seu magistral estudo, *A Decadência do Ocidente,* ao analisar as "flutuações cósmicas que chamamos vida", o filósofo se volta para a "separação da natureza em dois sexos", e assim os caracteriza:

> O feminino está mais próximo ao elemento cósmico, mais fundamente aderido à terra, mais imediatamente incorporado aos grandes ciclos da natureza. O masculino é mais livre, mais animal, mais movediço, e no perceber e compreender, é mais desperto e mais tenso.
>
> O homem *vive* o destino e concebe a causalidade, a lógica do produzido segundo causa e efeito. Porém a mulher é destino, é tempo, é a lógica orgânica do próprio futuro. [...] Sempre que o homem pretendeu tornar palpável o destino, recebeu a impressão de algo feminino: as moiras, as parcas... O Deus máximo não é o próprio destino, mas um deus que representa ou domina tal destino; como o homem à mulher. A mulher nas épocas primitivas é também a vidente, não porque conheça o futuro, mas

porque é futuro. O sacerdote somente interpreta. A mulher é o oráculo, O próprio tempo fala nela. (O. Spengler, 1952.)

Aí temos o enigma que, desde sempre, a mulher teria representado no universo: uma força primordial, necessária e, ao mesmo tempo, temida e por isso mesmo continuamente dominada pelo homem. As *fadas* simbolizariam talvez a face positiva e luminosa dessa força feminina e essencial: o seu poder de dispor da vida, de conter em si o futuro. (Lembremo-nos de que a principal missão das fadas nas histórias infantis é *prever* e *prover* o futuro de algum ser.) O reverso seria a face frustradora: a da *bruxa* – a mulher que corta o fio do destino, frustra a realização do ser.

Embora a *fada* já seja das personagens reinventadas com maior felicidade pela literatura infantil atual, não há dúvida de que é um filão a ser ainda muito explorado pelos escritores.

AS CONSTANTES DAS NARRATIVAS MARAVILHOSAS

Relacionando elementos constantes na estruturação dos contos maravilhosos e dos contos de fada, temos:

A onipresença da metamorfose

Príncipes ou princesas, pobres ou plebeus podem ser *encantados* por algum ente maléfico, transformando-se, geralmente, em *animais* (leão, rã, corvo, cisne, pássaro, pomba...). É menor o número de metamorfoses em elementos da natureza (árvore, roseira, montanha, lago...).

A transformação dos seres e das coisas, sem dúvida, está ligada à ideia de evolução da humanidade e do universo, e deve ter preocupado o homem desde os primórdios, pois aparece nas mais antigas fontes narrativas que se conhecem. Liga-se, talvez, a antigas crenças de que todos os seres anormais ou disformes (formas humanas misturadas a formas animais, seres fabulosos) possuíam altos poderes de interferência na vida dos homens. Nota-se ainda que, normalmente, são as *mulheres* que conseguem desencantar os *encantados*.

O uso de talismãs

Raras são as histórias em que não é feito o uso de talismãs ou objetos mágicos: luz azul (quando acesa fazia aparecer um anão...); três gotas de sangue no lenço (davam proteção à filha); três nozes (que, abertas, faziam surgir vestidos maravilhosos); chicotinho do diabo; espelho mágico; vara de condão; peixe encantado; manto mágico; etc.

Da mesma forma que os talismãs, há *seres prodigiosos* que interferem na sorte das personagens para ajudá-las ou prejudicá-las: anões; gnomos; pombos encantados; velhas misteriosas; seres relacionados com o diabo; etc.

Faz parte do maravilhoso, a maneira instantânea, o "passe de mágica" que soluciona os problemas mais difíceis ou satisfaz os desejos mais impossíveis. Tais soluções atendem, sem dúvida, a uma aspiração profunda da alma humana: resolver, de maneira mágica ou por um golpe de sorte, os problemas insuperáveis ou conquistar algo aparentemente inalcançável.

A força do Destino

Destino, determinismo, fado... são presenças constantes nas histórias maravilhosas, onde tudo parece determinado a acontecer, como uma fatalidade a que ninguém pode escapar. Muitos são os aspectos que essa fatalidade pode assumir: o de uma bruxa, de estrelas, de "voz não identificada", anjo do céu, feiticeiras...

O desafio do mistério ou do interdito

Há sempre um mistério, um enigma ou um interdito superlativamente forte para ser superado, decifrado ou vencido pelo herói (ou heroína). Principalmente no caso de reis que devem conceder a mão de suas filhas em casamento, e que se mostram insaciáveis em suas exigências, pondo à prova o valor do pretendente, e nesse sentido multiplicando de maneira injusta as tarefas sobre-humanas que ele deve cumprir.

Na essência desses obstáculos colocados pelos reis aos pretendentes de suas filhas, não estaria o interdito a ser vencido pelo homem para conseguir a posse da mulher desejada? Aí está um tema bastante complexo que valeria a pena pesquisar...

A reiteração dos números

A repetição dos números (principalmente 3 e 7) nas histórias maravilhosas é bastante notória. Obviamente estarão ligados à simbologia esotérica dos números que tanta influência tem nas religiões e filosofias antigas. É essa, com certeza, uma área excelente para estudos ligados a um conhecimento mais profundo das narrativas primordiais, hoje transformadas em folclóricas ou infantis.

Magia e divindade

A intervenção mágica muitas vezes se identifica ou se confunde com a *providência divina,* com o *milagre...* Nesses casos, deduz-se que são contos representativos da passagem de Antiguidade pagã para a modernidade cristã.

Os valores ético-ideológicos

Entre os valores de comportamento ou de ideais presentes nas narrativas maravilhosas, destacamos:

• Predomínio dos *valores humanistas*; preocupação fundamental com a sobrevivência ou com as necessidades básicas do indivíduo: fome, sede, agasalho, descanso, estímulo à caridade, solidariedade, boa vontade, tolerância... Valorização da *palavra dada* que, em hipótese alguma, poderá ser quebrada.

• Oscilação entre uma *ética maniqueísta* (nítida separação entre Bem e Mal; Certo e Errado) e uma *ética relativista* (o que parecia mau acaba se revelando bom; o que parecia errado resulta em algo certo...). Mas quanto às ações, a regra é: prêmio para o Bem e castigo para o Mal.

• A esperteza/astúcia inteligentes vencem a prepotência e a força bruta; inclusive através de atos que julgados rigorosamente são desonestos mas desculpados pela *moral prática.* (É o caso das artimanhas do Gato de Botas para tornar o seu pobre amo um nobre senhor.)

• A ambição desmedida ou a insaciabilidade humana causam desequilíbrios sem conta.

• Há uma ordem natural nos seres e nas coisas que não deve ser contrariada.

• São sempre os mais velhos que detêm nas mãos o poder e a autoridade, de maneira absoluta e inquestionável. Enquanto os mais novos são sempre os predestinados (apesar de no início parecer o contrário...). Os primeiros representam o passado, a tradição; e os últimos, o futuro.

• O *indivíduo* que consegue vencer as provas e passar do nível mais baixo da sociedade para o mais alto, é sempre alguém com *dons excepcionais*. (Esta é a característica dos heróis que surgem no Romantismo do século XIX.)

• A grande mediadora da possível ascensão do homem na escala social é a mulher. Casando-se com a "filha do rei" ou do "nobre abastado", o indivíduo pobre ou plebeu automaticamente *enobrece* e se torna poderoso. (Esse sistema foi, posteriormente, incorporado pela estrutura romanesca romântica.)

• As *qualidades* exigidas à mulher são: beleza, modéstia, pureza, obediência, recato... e total submissão ao homem (pai, marido, irmão, etc.). É dada muito maior ênfase às relações entre pai e filha, do que entre esposo e esposa. Muitos e muitos dos núcleos dramáticos dessas histórias maravilhosas expressam problemas entre pai e filha. (É este outro tema digno de análise em trabalhos sobre literatura infantil ou pesquisas sobre a imagem da mulher que o século XX herdou.)

• É enfatizada a ambiguidade da natureza feminina. Desde as narrativas primordiais, a mulher é causa de bem e de mal; tanto pode salvar o homem, com sua bondade e amor, como pode pô-lo a perder com seus ardis e traições. Ela tanto pode ser a amada divinizada pela qual o príncipe luta como pode ser apenas o instrumento da procriação desejada pelo homem. Nota-se, porém, que a exploração dos aspectos negativos da mulher se dá, basicamente, nos contos jocosos; isto é, são aspectos realçados com comicidade: mulheres gulosas, perdulárias, teimosas, mentirosas, ignorantes, fingidas...

CATEGORIAS DE CONTO

Contos exemplares

(*Ordinary folk tales, stories, fireside stories, conseja,* o velho *exemplo* português, o *exemplo* de D. Juan Manuel e os *exempla* do Cardeal Jacques de Vitry, do séc. XIII.)

São contos de moralidades, que antigamente se contavam "ao pé do fogo" nos longos serões do inverno europeu, que os portugueses trouxeram para a colônia brasileira e que aqui fincaram raízes. "Como diz o exemplo antigo" dizia Gil Vicente; ou "Os longos exemplos" dizia el-rei D. Duarte no *Leal Conselheiro*; e Gonçalo Trancoso faz deles a primeira edição portuguesa em 1575. "Os exemplos ensinam a Moral sensível e popular, facilmente perceptível no enredo, de fácil fabulação, mesmo atraente e sugestiva pelo colorido do motivo."

Contos jocosos

Ao que tudo indica, pela maioria das pesquisas feitas, os *contos jocosos* se originaram dos *fabliaux* (narrativas alegres e por vezes obscenas que circularam com grande sucesso na França medieval e daí para as demais nações). São da mesma natureza que os contos exemplares: narrativas breves e centradas no cotidiano. Diferenciam-se apenas na comicidade, na vulgaridade das situações, gestos ou palavras. Aproximam-se do que hoje chamamos "anedota", porém tinham uma intencionalidade crítica mais aguda e contundente. Continuam a se renovar nas histórias humorísticas que aparecem na literatura popular ou na literatura infantil. E sempre fazendo sucesso. O riso (como as lágrimas) conta sempre com um bom público...

Facécias

(*Jokes and anedoctes, schwank, contrafavole, parranha* "de rir e folgar", contos cômicos...)

As *facécias* caracterizadas por C. Cascudo identificam-se com o que chamamos de contos jocosos. São narrativas em que, para além do humorismo, existem as situações imprevistas, materiais e morais.

A constante psicológica será a imprevisibilidade, o imprevisto do desfecho, da palavra ou da atitude da personagem. Pode deixar de ter uma finalidade moral. Mas um sentimento de aprovação, crítica, repulsa ou apenas fixação de caracteres morais.

Contos religiosos

(*Religious stories, religious tales, ji-sabu* para os negros de Angola.)

Segundo Câmara Cascudo, são contos que "narram castigos ou prêmios pela mão de Deus ou dos Santos". Por vezes são confundidos com as *lendas,* mas "estas têm sempre localização geográfica, enquanto o conto religioso não fixa tempo nem indica zona de influência memorial. Pertence a uma espécie de apologética de espírito popular, com processo especial para a dosagem dos pecados e tabelamento dos méritos.

Através desses contos age a mentalidade coletiva, impondo ao personagem mentalidade, ações, palavras e sentenças de acordo com o sentimento local. Nessas histórias, fundem-se naturalmente tradições seculares anteriores ao cristianismo. [...] Até certo ponto são *contos de encantamento,* mas com o sobrenatural cristão. [...] A feição moral desses contos, a gravidade inevitável assumida pela narradora ao referi-los denunciam vestígios de ritual, de respeitoso uso sagrado, talvez restos de pregações esquecidas mas tornadas populares pela sua comunicativa simplicidade".

Contos etiológicos

"A expressão *conto etiológico* é técnica entre os folcloristas; quer dizer que o conto foi sugerido e inventado para explicar e dar a razão de ser de um aspecto, propriedade, caráter de qualquer ente natural. Assim há contos para explicar o pescoço longo da girafa, o porquê da cauda dos macacos, etc." (C. Cascudo)

Contos acumulativos

(*Formula tales, cumulative tales, unfinished tales, histórias-sem-fim, catch--tales,* os *trava-línguas...*)

São histórias "encadeadas", muito populares e divertidas, como a da neve que prendeu a pata da formiga; o macaco que perdeu a banana; etc. Pode, também, se apresentar como um desafio à articulação da fala, exigindo uma declamação rápida que é bastante difícil, devido às semelhanças e diferenças dos fonemas, como em "A aranha arranha a jarra e a jarra arranha a aranha"...

É esta uma espécie narrativa que tem sido explorada, com sucesso, nas histórias infantis, pois transforma-se em um jogo...

TERCEIRA PARTE

A literatura infantil
O visual e o poético

Talvez uma das funções mais importantes da arte consista em conscientizar os homens da grandeza que eles ignoram trazer em si.
ANDRÉ MALRAUX

O álbum de figuras (ou o livro de estampas) e sua dupla tarefa: recreativa e pedagógica

> ...a leitura inteligente, aquela que esclarece e enriquece o espírito depende *não só da aquisição do mecanismo da leitura* mas de toda *uma educação preparadora*. Esta educação, esta pré-leitura é, precisamente, a razão de ser de alguns de nossos álbuns de figuras e de atividades. [...] Os "Albums du Père Castor" são um apelo à atividade da inteligência e da imaginação.
>
> (Paul Faucher)

Desde os anos 20 (nos rastros das inovações propostas pela Escola Nova ou Educação Renovada) surgem os *álbuns de figuras* (livros de estampas, livros de imagens ou como quer que os rotulem), destinados às crianças pequenas (os pré-leitores).

As pesquisas, no âmbito da psicanálise ligada à pedagogia, provaram que a linguagem das imagens era um dos *mediadores* mais eficazes para estabelecer relações de prazer, de descoberta ou de conhecimento entre a criança e o mundo das formas – seres e coisas – que a rodeiam e que ela mal começa a explorar.

A partir dessas pesquisas, pedagogos e educadores empenharam-se em criar atividades didáticas que levassem a criança a uma participação mais ativa no processo de sua própria educação.

OS "ALBUMS DU PÈRE CASTOR" (ÁLBUNS DO PAI CASTOR)

Escolhemos como exemplo dessa nova orientação recreativa e pedagógica o trabalho pioneiro desenvolvido a partir dos anos 20, na França, por Paul Faucher, conhecido como "Père Castor", pois foi o idealizador dos "Albums du Père[1] Castor" (Flammarion, Paris), coleção de álbuns de figuras que exerceu enorme influência na renovação da literatura destinada ao pequeno leitor em toda a Europa e nas Américas.

Os "Albums du Père Castor" foram a mais famosa coleção de livros para o público infantil que se editou na França e se difundiu pelos demais países. Em 1973 (data limite das informações a que tivemos acesso), contava com 25 milhões de coleções vendidas na França, abarcando 377 títulos. No exterior, 72 títulos traduzidos em 19 países, num total de 209 edições e milhões de exemplares.

Entre esses títulos inclui-se o de um brasileiro, Juarez Machado, que, sem conseguir editar seu *Ida e Volta* no Brasil, começa publicando-o na Europa (Alemanha, Holanda, Itália). Sendo que, na França, foi incluído na coleção Père Castor, com o título de *Une Aventure Invisible*.

Entre os países que editam traduções da coleção, inclui-se o Brasil, com 12 títulos já publicados, em tradução de Lúcia Machado de Almeida (Série Realejo, Ática, São Paulo).

A invenção/produção desses álbuns surgiu em consequência das atividades do educador e orientador pedagógico Paul Faucher (1898-1967), que, a partir dos anos 20, inicia seu trabalho com órgãos oficiais de controle para seleção e aprovação de livros didáticos, e por isso mesmo integrado no movimento Escola Nova, que, na época, começava a se organizar na Europa.

Em 1927, Paul Faucher cria o Bureau Français d'Éducation Nouvelle e dirige a coleção Éducation – a primeira que, na França, representa as novas tendências da psicologia aplicada e da educação ativa. Nesse mesmo ano, no congresso da Ligue Internationale d'Éducation Nouvelle

---

1 Servem como fonte dessas informações: material mimeografado distribuído por ocasião das conferências que François Faucher pronunciou, em novembro de 1973, no Rio de Janeiro e em São Paulo, a convite, respectivamente, da Fundação Nacional do Livro Infantil e Juvenil e da Biblioteca Infantil Monteiro Lobato/CELIJU – Centro de Estudos de Literatura Infantil e Juvenil; Separata da conferência pronunciada por Paul Faucher na sessão inaugural do V Congrès de l'Union Internationale pour la Littérature de Jeunesse, realizado em Florença, em maio de 1958 (publ. pelo *Bulletin des Bibliothèques de France*, mai 1958); Entrevista de Paul Faucher concedida a Marc Soriano (publ. em *Enfance*, mai/juin 1956); Conferência de Paul Faucher realizada em Girenbad (Suíça) em 1957 e o *Boletim Informativo* nº 38 da FNLIJ, abril/junho 1977.

(realizado em Locarno, Suíça), Paul Faucher tem um encontro que vai ser decisivo na orientação de suas pesquisas daí por diante. Descobre Frandisck Bakulé (1877-1957), pedagogo checo, em quem Faucher encontra "o gênio da educação em pessoa" – alguém que "não trazia princípios ou teorias, mas a prova viva e estupenda das possibilidades da educação ativa".

A partir desse momento, P. Faucher procurou o meio mais imediato e direto para um trabalho que atingisse mais fundo as crianças; que liberasse suas potencialidades e as orientasse para atividades em que se engajassem, livremente e por inteiro. Recusando, pela base, as diretrizes da Escola tradicional vigente (inteiramente apoiada na linguagem escrita e na orientação passiva), P. Faucher empenha-se na descoberta de novos critérios (fisiológicos, pedagógicos, técnicos...) mais adequados à criação de um novo instrumental educativo na mais larga acepção do termo: desenhos, álbuns, livros, materiais diversos... que correspondessem, realmente, às verdadeiras necessidades das crianças.

Entre 1929 e 1931, percorre a Europa Central, em missão oficial, visando o intercâmbio de novas ideias e pesquisas pedagógicas, tendo como objetivo a produção de um novo tipo de livro, com o *predomínio absoluto da imagem*, destinado a facilitar o processo educacional desde suas primeiras horas. (E aqui lembramos de que se trata de *imagem* e não de *ilustração*. Esta depende de um texto, a imagem é autônoma, tem uma significação completa em si mesma. É portadora de uma mensagem.)

O primeiro resultado concreto surge, em 1931, quando os dois primeiros álbuns (*Je decoupe* e *Je fais mes masques*) são publicados, iniciando a coleção Albums du Père Castor, que, a partir daí, vai-se constituir em uma das grandes conquistas editoriais na divulgação dos princípios da Escola Nova.

Portanto, o álbum de figuras, tal como foi concebido por Paul Faucher (e realizado por uma equipe de profissionais ligados à Educação), visava (e visa...) tornar-se um veículo de educação ativa, capaz de tocar diretamente a imaginação e a inteligência das crianças, de maneira muito mais eficaz do que qualquer dos meios usados até então. E mais, estimular também a atividade motriz de seus corpos e mãos.

Nesse sentido, os Albums du Père Castor foram criados e estruturados como álbuns-jogos atraentes ao olhar infantil e estimuladores das mais diversas atividades criativas (jogos de percepção ou inteligência; de descoberta das relações entre as coisas; de autoexpressão verbal ou gestual; de treinamento sensorial ou motriz, etc.).

OS LIVROS INFANTIS E O DESENVOLVIMENTO DA CRIANÇA

Atento às descobertas da psicologia experimental aplicada à pedagogia, Paul Faucher procurou caracterizar as peculiaridades estilísticas de cada livro tendo em vista o *estágio de amadurecimento* físico e psicológico do provável "leitor" (ou manipulador). Partindo de cada estágio da criança, Faucher chegou às seguintes correlações:

A partir dos 18 meses: o momento de elaboração da linguagem

Livros com *imagens* que devem provocar o conhecimento ou o reconhecimento de objetos ou seres, familiares à criança, em seu cotidiano real e comum: brinquedos, móveis, recantos da habitação, bichos, alimentos... a serem designados oralmente pelo nome. Esse convívio com a imagem, associada à palavra nomeadora, facilitará a operação mental que identifica a *percepção visual* e a *palavra correspondente*. Mas, para que isso se dê, a imagem deve ser nítida e imediatamente perceptível pela criança. Livros com poucas páginas. *(Imagier du Père Castor)*

A partir dos 3 anos: ampliação do mundo conhecido e linguagem identificadora

Livros com *imagens* tiradas ainda do ambiente familiar, formando historietas simples, que podem ser manipuladas pela criança para formar outras situações ou histórias e contá-las. *(Bonnes Choses)*

Educação do movimento, precisão do gesto

A partir das premissas do Método Havranek (jogos gráficos e iniciação ao cálculo), a matéria constituinte desses primeiros álbuns foi sempre retirada da experiência vivida concretamente pelas crianças, tanto no ambiente familiar como em seus jogos infantis, cantigas de roda, danças ou brincadeiras tradicionais... A imaginação da criança e o desenvolvimento de suas habilidades manuais são estimulados com atividades como: dobraduras, figuras para recorte, objetos para serem enfiados em cordões, vareta, etc.

Durante a aprendizagem da leitura: momento de consolidação da linguagem

Textos breves (combinados com abundantes imagens), com pouco mais de uma dezena de páginas, e cujos temas fundamentais são: comer, dormir, brincar, ter medo, tranquilizar-se, agir. São textos simples, fáceis de decifrar e que, de um livro para outro, vão sendo acrescidos de dificuldades correspondentes às etapas de domínio da leitura. Tratamento tipográfico rigorosamente adequado ao ritmo lógico da frase, à capacidade visual do pequeno leitor para decifrar os signos e ao seu ritmo normal de respiração. Já, agora, ultrapassada a fase da "enumeração", a criança começa a formar frases:

> Lendo em voz alta as imagens, adota uma atitude ativa: compara, discrimina, enumera, descreve, recria e interpreta, segundo o que já sabe. [...] A imagem por si só é portadora de uma mensagem decifrável para a criança, graças à sua vivência. Cada imagem representa uma unidade de ação e de leitura, e permite a compreensão e a utilização de um vocabulário adaptado às situações propostas. Sequências de imagens, onde os mesmos heróis intervêm, podem ser propostas à criança pequena, desde que ela comece a estabelecer uma ligação lógica e cronológica entre uma imagem e a seguinte ou a precedente. Histórias com 2, 3, 4 ou mais imagens a serem reconstituídas ajudam as crianças a diferenciarem o antes

e o depois, a tomarem consciência das diferenças, a encontrarem as ligações, a organizarem seu raciocínio (noções de orientação, de lateralização, de espaço). Isto requer um duplo esforço de análise e síntese. (F. Faucher)

Fase de treino progressivo da técnica de leitura: o texto em relação à imagem

Historietas (ainda com poucas páginas) a serem compreendidas a partir do *relacionamento entre texto e imagem*. Nessa fase, o pequeno leitor é levado a estabelecer uma *relação dinâmica entre o verbal e o visual*.

> ...cada palavra tem sua importância, cada detalhe do desenho também. [...] texto e imagem devem formar um todo. Trata-se de habituar a criança a "interrogar o acontecimento", a descobrir o sentido tanto do texto como da imagem. É importante basear-se sobre a expressão oral, pois não se trata apenas de decifrar um texto, mas sim de compreendê-lo. Tudo o que concerne à linguagem escrita deve, pois, enraizar-se na língua oral para que a criança compreenda realmente que o escrito pode ser a tradução do oral. [...] Os textos devem ser curtos e vivos, a construção da frase manter-se elementar, o vocabulário cuidadosamente estudado, sem subestimar as possibilidades da criança. Os textos desses primeiros álbuns de leitura devem ser escritos numa linguagem simples, concreta, direta, podendo conter repetições, estribilhos, para familiarizar a criança com as mesmas palavras, as mesmas expressões. A trama das histórias é ainda o reflexo da vida cotidiana das crianças, ou transporta-as para o mundo animal. Os temas se ampliam. (F. Faucher)

Fase de consolidação da técnica da leitura

Progressivamente, aumenta a extensão dos textos e diminui o espaço tomado pelas imagens. Ou melhor,

> quando os mecanismos da leitura são dominados, a imagem, pouco a pouco, cede lugar à *ilustração*. O essencial da história é contado pelo texto, que se torna mais denso. As ilustrações, por

si só, já não podem servir à compreensão do desenrolar da ação, mas, sim, descrever a atmosfera, o contexto, ou preceder a um momento importante da ação. Informam e completam o texto. Pouco a pouco uma outra leitura aparece: à medida que a imagem mostra menos, o texto mostra mais. (F. Faucher)

Tipograficamente, as linhas podem ser mais longas, os caracteres menores. O número de páginas aumenta: oscila entre 20 e 30. A matéria se diversifica, para acompanhar a curiosidade crescente da criança: textos clássicos, contos tradicionais, histórias humorísticas, documentários, curiosidades, histórias de animais (aventuras cheias de fantasia, mas subordinadas à *realidade exata* quanto à natureza e aos costumes do bicho em questão); histórias de crianças de diferentes raças, apresentando (pelo texto e pelas ilustrações) caracteres físicos, terras, ambientes, costumes e épocas diferentes, a fim de levar a criança a conhecer algo além de sua realidade comum, a comparar valores, a situar-se no mundo diversificado que ela encontrará logo mais, ao crescer...

Fase da "leitura total"

Transpostas todas as fases anteriores, é de se esperar que a criança tenha atingido a maturidade exigida pela "leitura total". Ainda conforme F. Faucher:

> A leitura total é a conquista do meio instrumental de compreensão, de tomada de posse da informação, em sentido amplo. Isso supõe uma dinâmica, interrogativa diante dos acontecimentos, do texto e da imagem. O livro deve responder a todas as curiosidades. [...] Se ele, realmente, for portador de uma mensagem a ser descoberta pelo leitor, no seu próprio ritmo narrativo, então o livro defenderá suas dimensões próprias, sensíveis e temporais — elemento insubstituível para conduzir o leitor a uma atitude viva, a uma atitude crítica. (F. Faucher)

De maneira geral, essas premissas que orientam a produção dos Albums du Père Castor são as que vigoram para a literatura infantil contemporânea. Entretanto, nem sempre ela tem sido realizada com a consciência rigorosa que preside a de "Père Castor".

Todo esse trabalho pioneiro de pesquisa (atento à educação e à formação artística da criança) foi realizado sempre por equipes constituídas por profissionais de diferentes áreas (desde escritores, desenhistas, professores, até técnicos de impressão, tipografia, editoração, etc.). Os antigos volumes infantis (pesados, grossos, caros, encadernados) foram substituídos por livros leves, em bom papel resistente, com poucas páginas, em formato mais adequado ao manuseio das mãos infantis e com preço baixo, para tornar-se acessível ao maior número possível de crianças. Acentuaram-se as exigências artísticas (principalmente dos livros didáticos): qualidade das imagens e dos textos, da composição e impressão...

Antes de serem impressos, eram testados com diferentes grupos de crianças e alterados no que se revelasse necessário. Foi, pois, inestimável, a contribuição dada pela iniciativa dos Albums du Père Castor à literatura infantil da época, forçando-a a sair do empirismo que a caracterizava.

O "ATÉLIER DU PÈRE CASTOR"

Em 1946, uma nova e produtiva fase tem início: é criado o "Atélier du Père Castor", que passa a ser o ponto de confluência de dezenas de pesquisadores, vindos de todas as áreas ligadas à educação, à arte e à produção do livro infantil e juvenil – desde a invenção literária até a realização editorial.

Basicamente, a atividade do Atélier concentrou-se no estudo dos meios naturais pelos quais a criança adquire os conhecimentos instrumentais, isto é, dedicou-se à pesquisa na encruzilhada da pedagogia com as bases dadas pela educação fisiológica e motriz e pelas atividades de expressão...

A partir do ano seguinte, 1947, inaugura-se a École du Père Castor, que passou a servir de verdadeiro laboratório experimental para os pesquisadores que trabalhavam no Atélier. (Infelizmente, com a crise do ensino que se instala nos anos 60, a École precisou ser fechada. O que foi feito, em 1962, por François Faucher, filho de Paul Faucher.)

Em 1958, no V Congrès de l'Union Internationale pour la Littérature de Jeunesse, analisando essa experiência, Paul Faucher declara:

> "O trabalho do Atèlier" não pode se completar senão com a presença e a amizade das crianças. Uma escola nova, uma "escola serena", ofereceu, então, ao Atèlier um maravilhoso campo de observação e de aplicação. [...] Com a colaboração de pesquisadores e de experimentadores, essa escola torna-se um campo de pesquisas bibliopedagógicas, às quais se uniu uma psicóloga, em quem as crianças viam uma grande amiga de todos os dias.
> Essa pesquisa levou-nos mais longe do que havíamos previsto: levou-nos a pôr em questão crenças pedagógicas antigas e novas; a nos perguntar, por exemplo, se o problema da leitura fora, realmente, bem colocado e resolvido...

Enfim, o que resulta dessa experiência é o fato de a equipe de Paul Faucher ter-se tornado modelar, como índice da natureza e evolução dos problemas que, nestes últimos 50 anos, têm preocupado os responsáveis pelas áreas do ensino, da educação, da literatura e da cultura em geral.

Os animais e o ideário naturalista de P. Faucher

Aderindo à orientação naturalista que dominava o cenário cultural do início do século, Paul Faucher condenou a *fábula*. As extraordinárias descobertas científicas positivistas que vinham sendo feitas (como, por ex., as leis do evolucionismo e do materialismo, que reduziram o ser humano a simples *matéria*, roubando-lhe a *origem divina*) passaram a exigir a "verdade objetiva" dos fatos, seres e coisas – tal como se reflete na literatura realista e naturalista. Essa exigência de "verdade" vai se refletir na literatura para crianças, como *recusa do maravilhoso* e do *fantástico*.

Nessa época, proliferaram os *contos exemplares* e a *literatura documental ou informativa*. E, nessa ordem de ideias, recusou-se também a *mentira* do "tempo em que os animais falavam" e, consequentemente, a *fábula* (os contos maravilhosos, os contos de fada) foi expulsa dos livros infantis.

Os Albums du Père Castor reúnem *histórias de bichos* e não, fábulas. Ou melhor, suas engraçadas ou emotivas histórias têm, como personagens, bichos que conservam sua natureza (ou "verdade") animal. Nunca aparecem "humanizados", isto é, trajados ou se comportando como seres humanos (como é normal nas fábulas). Embora poetizados pela literatura, não perdem sua natureza animal e não saem de seu hábitat natural, sempre sujeitos aos seus instintos primários, isto é, básicos em todos os seres vivos: instinto de conservação, instinto maternal, medo, fome, preguiça, alegria... e as reações às ameaças: malícia, esperteza, engenhosidade, covardia, coragem, fuga, combate, etc.

Na verdade, o mundo dos bichos revelado às crianças pelas histórias do Père Castor é o do maravilhoso que existe na natureza, nos seres animados e inanimados, que a ciência vem descobrindo. Nessas histórias não há lugar para o *realismo mágico* que é, hoje (início do Terceiro Milênio), um dos encantos da literatura para crianças ou para adultos.

2

Da linguagem iconográfica à verbal

"Para que serve a escola, senão para preparar os indivíduos capazes de enfrentar o mundo futuro próximo, segundo as técnicas mais avançadas?
[...] É preciso adaptar os programas e métodos aos indivíduos, e não vice-versa. [...] *Conhecer as imagens* que nos rodeiam significa também alargar as possibilidades de *contato com a realidade*; significa *ver* mais e *perceber* mais..." (Bruno Munari. *Design e Comunicação Visual*)

Conhecer as imagens, levar as crianças a *verem* realmente os seres e coisas com que precisam interagir na vida é, sem dúvida, uma das metas da educação atual. Daí a importância da disciplina Arte-Educação e, evidentemente, o espaço aberto à Literatura Infantil, em que a *imagem* fala tanto quanto a *palavra.*

Como sabemos, os estudos de psicologia aplicada à pedagogia mostram que o conhecimento infantil se processa basicamente pelo contato direto da criança com o objeto, por ela percebido não só no sentido de promover o encontro da criança com o *imaginário literário* (que tanto a seduz), mas também no de seu *desenvolvimento psicológico.*

Daí a importância do livro de gravuras ou das histórias em quadrinhos durante a infância – fase em que o cérebro ainda é pobre de experiências e não dispõe do repertório indispensável à decodificação da linguagem escrita. Literária ou não, a palavra escrita é, por natureza, simbólica e abstrata: remete para *representações mentais* que exigem vivências ou experiências anteriores, para serem compreendidas ou decodificadas. Assim, um texto que pode parecer banal ou fácil para o adulto, na verdade pode representar para a criança um emaranhado de palavras a desafiar sua percepção imatura e incapaz de abstrações.

Aliás, no momento caótico em que vivemos, a *imagem* já se tornou a ordem/desordem absoluta de nosso mundo. Todos nós, crianças ou adultos, vivemos "comandados" pela avalanche de *imagens* desordenadas, fragmentadas (as mais das vezes, sem sentido) que os poderosos meios de comunicação metem pelos nossos olhos adentro. E com tal velocidade que impedem sua real compreensão e absorção. Ficamos nas aparências...

Nessa ordem de ideias, chamamos a atenção para o fato de que a nova literatura infantil (a chamada *objeto novo*, que surge pós-anos 70) oferece *também ao adulto* excelentes meios de *leitura crítica* do mundo, a partir das ilustrações, desenhos e imagens que dinamizam os referidos livros infantis. Os adultos têm muito que aprender com eles, a fim de verem as coisas por diferentes perspectivas e poderem se situar, conscientemente, em face do mundo de imagens caóticas e de automação que é o nosso; e consequentemente se assumirem como individualidades que são (em lugar de serem engolidos passivamente pela "geleia geral").

Resumindo o valor psicológico/pedagógico/estético/emocional da *linguagem imagem/texto* no livro infantil, temos:

• Estimula o *olhar* como agente principal na estruturação do mundo interior da criança, em relação ao mundo exterior que ela está descobrindo.

• Estimula a *atenção visual* e o desenvolvimento da capacidade de percepção.

• Facilita a *comunicação* entre a criança e a situação proposta pela narrativa, pois lhe permite a percepção imediata e global do que vê.

• *Concretiza relações abstratas* que, só através da palavra, a mente infantil teria dificuldade em perceber; e contribui para o desenvolvimento da capacidade da criança para a seleção, organização, abstração e síntese dos elementos que compõem o todo.

• Pela força com que toca a sensibilidade da criança, permite que se fixem, de maneira significativa e durável, as sensações ou impressões que a leitura deve transmitir. Se elaborada com arte ou inteligência, a *imagem* aprofunda o poder mágico da *palavra literária* e facilita à criança o convívio familiar com os universos que os livros lhe desvendam.

• Estimula e enriquece a imaginação infantil e ativa a potencialidade criadora – natural em todo ser humano e que, muitas vezes, permanece latente durante toda a existência por falta de estímulo.

IMAGEM / TEXTO / LEITOR

Relacionando as *características* dos livros infantis adequadas às *categorias de leitor*, temos:

Pré-leitor (1ª fase) — Faixa etária a partir dos 2/3 anos

Fase de elaboração da linguagem organizada, durante a qual a criança vai aprendendo a "ver" (e não, só olhar) o mundo; vai descobrindo os nomes dos seres e das coisas que a rodeiam. Tal nomeação é fundamental no processo do desenvolvimento perceptivo/intelectual dos pequenos, à medida que os leva a estabelecer relações de identidade entre a *situação representada* no livro pelas imagens, o *mundo visível* e concreto que lhes é familiar (no cotidiano em que vivem) e o *mundo invisível* da linguagem que eles devem aprender a dominar.

Para essa fase inicial, além dos livros de imagem, existem também *livros-objetos* (de pano, plástico, madeira, etc.), que, servindo de brinquedo, ao mesmo tempo vão estimulando os sentidos de percepção da criança: o olhar, ouvir, cheirar, provar, tocar… Sentidos que interagem com sua potencialidade de compreender e pensar. É o *prazer* abrindo caminho para o *conhecer.*

Nessa fase inicial, a mediação alegre e afetuosa do adulto (geralmente, a mãe, a avó…) é mais importante do que a qualidade dos livros de imagens que ele utilizar. É uma fase de interação afetiva, indispensável ao desenvolvimento harmonioso da consciência de mundo da criança. Para essa fase inicial, são adequados todos os livros recomendados para a fase seguinte, além dos referidos livros-objetos.

LITERATURA INFANTIL

Pré-leitor (2ª fase) — Faixa etária: a partir dos 4/5 anos

Fase de ampliação do mundo conhecido e da linguagem identificadora. Livros de imagens, sem textos ou com textos brevíssimos, sempre centrados em uma situação atraente e sugestiva para o olhar e a mente infantis. Exemplifiquemos com duas coleções que foram pioneiras, entre nós, dessa importante invenção literária:

• A Coleção Gato e Rato, iniciada em 1978, com texto de Mary França e ilustrações de Eliardo França, oferece em cada volume uma historieta que se desenvolve, através de uma narrativa visual, centrada em um motivo ou situação que desperta a curiosidade e o interesse da criança.

A Bota do Bode

O motivo central se mostra de imediato, no título e na ilustração. Em linhas nítidas e as massas de cor limitadas pelos contornos das formas desenhadas, o problema já se apresenta ao leitor, para ser resolvido: um bode com bota? A *moldura* que circunda a cena e a expressão visual do *problema* proposto ao leitor: algo que está "fechado" numa interrogação.

Mas a narrativa da situação-problema, a partir da primeira página, desenvolve-se em *espaço aberto* (sem molduras), como é fácil notar. Trata-se de um espaço *livre*, da mesma natureza da *aventura* vivida pelo bode ao encontrar um objeto estranho, a bota. Ele tenta usá-la e, como não consegue, dá a bota ao rato; este ao galo e este ao gato que, finalmente, encontra um uso para o estranho objeto.

Essa fantasiosa situação (revelada através do diálogo do texto com as imagens) é assimilada pela criança com facilidade, pelo fato de apelar para impulsos que nela existem naturalmente: o impulso da curiosidade que leva à experimentação do desconhecido; o impulso de partilhar sua experiência com os outros; o de querer descobrir "para que servem as coisas?" e, finalmente, a satisfação interior que lhe vem quando o gato acaba por achar uma utilidade para o estranho objeto encontrado pelo bode.

199

Todos os volumes da coleção seguem a mesma orientação: textos breves desenvolvidos por ilustrações dinâmicas e bem-humoradas, concretizando situações significativas que têm como personagens os mais diversos animais ou elementos da vida cotidiana. Quanto ao aspecto verbal, há um jogo que brinca de maneira inteligente com fonemas e significados.

• A Coleção Peixe Vivo, iniciada em 1980 e criada por Eva Furnari, foi pioneira na invenção de narrativas visuais para crianças: as *histórias sem texto* ou *livro de figuras* ou *narrativa por imagens*.

Todo Dia

Como o título diz, o livro reúne cenas ou situações comuns no cotidiano da criança. Na capa já está o motivo central desse dia a dia: *brincar*. Daí a atração imediata que o livro exerce sobre o espírito infantil. Da visão global da cena (movimentação das figuras, colorido alegre e humor...), o olhar da criança pode ser encaminhado para os detalhes ou para as partes que a compõem (cada um dos brinquedos que estão no caixote, os animais que estão nos quadros, etc.). Todo o conjunto atuará dinamicamente em seu espírito, pois a linguagem visual, criada pela autora, estabelece relações essenciais, dinâmicas e harmônicas entre os diferentes componentes da cena, tendo como eixo temático algo fundamental para as crianças: o brincar.

Aberto o livro, a primeira situação que aparece é a das crianças na cozinha em busca de alimento. Uma breve frase, "Ai, que fome!", pode servir de mote aos adultos para motivar o pequeno leitor a interagir com a situação ali narrada pela ilustração. Como se vê, a situação escolhida também se constrói em torno de um eixo temático que corresponde a uma das necessidades básicas do ser humano: o *comer* (sem alimento qualquer ser vivo morre).

Todas as demais situações da coleção apresentam as mesmas características e essencialidade.

De Vez em Quando

O título já explica a natureza das situações reunidas na coleção: coisas que acontecem "de vez em quando" na vida das crianças. Na capa já está uma: a ida ao circo; à qual se seguem a visita aos avós, a ida ao zoológico, o passeio à praia, etc. Tal como a coleção anterior, esta apresenta a mesma qualidade estética e existencial, no sentido de ser uma *obra de arte* e expressar *vivências* gratificantes para o pequeno leitor.

No conjunto, a Coleção Peixe Vivo reúne historietas sem palavras, cujas *imagens* têm um significado completo em si mesmas. Os desenhos constituem-se de poucos elementos, cujas linhas e contornos são bem nítidos, permitindo a comunicação imediata com o leitor. Cores bem vivas e contrastantes reforçam a brejeirice das figuras, a alegria ou o bom humor sugerido pelos desenhos. (Veja-se, principalmente, a série da Bruxinha criada por Eva Furnari.)

Embora a comunicação dos desenhos se dê facilmente, nesta fase é essencial a presença do adulto, como animador, junto ao pequeno leitor. Através de uma leitura expressiva dos desenhos ou das sequências, com perguntas, comentários, etc., feitos em tom alegre e interessado, o adulto vai favorecendo a criação do clima de empatia que deve existir entre a criança e o livro. É essa a relação essencial que se transforma em fonte de prazer e abre caminho para o encontro definitivo da criança com a leitura.

Quando já familiarizadas com cada livro, as crianças poderão se entreter sozinhas ou se entregarem a atividades que ampliem suas experiências com a leitura (tais como desenho, colagem, moldagem, dramatização...).

Leitor iniciante — Faixa etária: a partir dos 6/7 anos

Fase em que a criança começa a aprendizagem de leitura e precisa ser seduzida pelo mundo complexo e fascinante da linguagem escrita: um código a ser decifrado.

O *motivo central* deve ser proposto em textos breves interagindo com os desenhos ou imagens, propondo um diálogo que envolva o leitor aprendiz. A presença do adulto ainda é fundamental como incentivador desse diálogo, dessa aprendizagem. Psicologicamente, as crianças precisam do apoio de alguém *interessado* no que elas fazem. Afinal, toda aprendizagem é um jogo e todo jogo precisa de parceiro. Vejamos alguns exemplos:

Gato Que Pulava em Sapato (1978)
Texto de Fernanda Lopes de Almeida Ilustrações de Cecília

O título e a ilustração da capa já alertam o leitor para uma situação curiosa: um gato pulando em sapato. A narrativa começa com a figura de um mimoso gatinho seguro por duas mãos delicadas e uma frase que define de imediato o motivo central da historieta: "Mimi era um gatinho muito querido". Nos quadros seguintes se mostra a qualidade de vida que sua amorosa dona lhe dava, tratando-o como um nenê (linda cesta para dormir, laços coloridos, etc.). Através do ágil diálogo entre breves textos e pitorescos coloridos, o pequeno leitor vai descobrindo as desventuras do mimado gatinho: sua grande vontade de ser um gato igual aos outros, viver a aventura de subir nos telhados, exercitar sua instintiva agilidade para grandes saltos, juntamente com os outros gatos; e não apenas "saltar em sapatos" dentro de casa, como o equívoco amor de sua dona o obrigava, contrariando sua natureza animal. Mas esta foi mais forte. Mimi começa a fugir, para trepar nos telhados e muros; e depois de muitos tombos e sustos (socorridos por sua dona amorosa), sua história tem um final feliz: torna-se um gato de verdade, grande saltador de telhados, para grande orgulho de sua dona. E mais, professor dos gatinhos inexperientes...

A lição de vida aí implícita mostra que a *natureza* de cada ser precisa ser respeitada, para que sua vida se cumpra em harmonia. (E muitos adultos ainda não descobriram isso...)

Macaquinho (1985)
Texto de Ronaldo Simões Coelho Ilustrações de Eva Furnari

Historieta que tem como *motivo* central a *necessidade* de *carinho* que toda criança tem (e todo adulto também). Necessidade essa que se manifesta no macaquinho por um impulso comuníssimo nas crianças: quererem dormir na cama dos pais. Nessa história está claro que se trata de pais separados, pois não há presença da mãe; e é para a cama do pai que o macaquinho vai.

O pai-macaco tenta resolver a situação de várias maneiras, sem o conseguir. Até que um dia descobre que o filhinho ia para sua cama porque "tinha saudades" dele. E, desde então, mudou de rotina: ao voltar do trabalho à noite, em vez de ficar lendo o jornal, procurou dar atenção e carinho ao filho.

A representação de sentimentos e/ou comportamentos humanos por animais é dos processos mais antigos e mais usados em literatura, e também dos mais sedutores para os leitores de qualquer idade.

Pequena obra-prima de harmonização motivo-texto-imagem, tem tudo para seduzir a criança e transmitir-lhe sensação de conforto interior, à medida que ela se identifica com o macaquinho e se sente justificada em sua própria necessidade de também dormir na cama dos pais. (Necessidade que aumenta quando em circunstâncias como a da historieta, e que é cada vez mais comum em nossos dias: pais separados, mãe ausente e pai encarregado da dupla função, ou seja, trabalhar fora e, ao voltar, fazer companhia e dar afeto ao filho. O que a maioria das mulheres modernas o fazem e, muitas vezes, sem a ajuda do marido.)

A fácil interação leitor-leitura resulta da arte com que a *situação* foi transfigurada pela nitidez e movimentação das figuras representadas em diálogo com o jogo de cores em tons róseos-avermelhados (para os momentos felizes de aconchego), azul-lilás (para os momentos de carência de carinho) ou ainda a predominância do verde (para os momentos de expectativa feliz).

De Ponta Cabeça (1986)
Texto de Lúcia Pimentel Góes Ilustrações de Naomi Kuroda

Historieta que propõe à criança um divertido exercício para pensar "o mundo às avessas". O título e a ilustração da capa já mostram o *problema*, pois registram nos dois meninos, em posição invertida, uma brincadeira que a criança adora: ficar pendurada de cabeça para baixo.

A página de rosto (que mostra uma cabeça de criança, à janela, encimada por um balãozinho de pensamento vazio) e a cena de abertura (reproduzida ao lado) já apontam diretamente para o motivo central da narrativa: o estímulo para a criança "pensar diferente".

Texto e imagem se conjugam harmonicamente para levar o leitor a *raciocinar* e a *inventar*: duplo processo do pensamento que se concretiza na escrita e na ilustração pelo confronto contínuo entre os desenhos do real (o menino e o espaço ou ambiente que ele percorre) e os desenhos do *imaginário* ou do *pensar* (a alteração das formas normais dos seres e das coisas), sempre dentro de balõezinhos de pensamento.

A sequência de situações vai propondo inesperadas metamorfoses (minhocas com chifre, boi voador, ovo crescendo em árvore, etc.) que pelo *non-sense* divertem o pequeno leitor; estimulam sua imaginação criativa e, ao mesmo tempo, o levam a ter consciência de que cada ser ou coisa é parte do mundo e nele tem *seu lugar adequado*. Assim, qualquer mudança em um deles acarreta mudanças no *todo* que é o nosso mundo.

(A proposta do livro é ampla e os adultos que servirem de mediadores entre elas e o leitor aprendiz têm um leque de atividades e reflexões a serem utilizadas como estímulo à compreensão e posterior invenção de novas situações.)

Lúcia-já-vou-indo (1978)
Texto e Ilustrações de Maria Heloisa Penteado

Pitoresca historieta cujo motivo central é a *natureza* própria de cada ser. Aqui a *situação-narrativa* se constrói através da *vagareza* que caracteriza a lesma. A Lúcia-já-vou-indo, convidada para uma festa na casa da

LITERATURA INFANTIL

libélula, Chispa-Foguinho, faz tudo para chegar a tempo, mas em vão. Quando chega, a festa tinha terminado. Para compensar a tristeza da vagarosa companheira, a libélula convoca todos os insetos para uma festa na casa da própria Lúcia-já-vou-indo. Todos, solidários, comparecem... mas, mesmo assim, a vagarosa lesminha quase perde a própria festa, se não fosse uma brilhante ideia da libélula e a colaboração de todas as companheiras.

O traço brejeiro dos desenhos, em diálogo com a graça dos textos espalhados em diagramação lúdica e original, é um dos importantes elementos a serem explorados com as crianças durante as atividades proporcionadas pela leitura.

O final feliz, com todos se divertindo na festa, deixa uma importante lição de vida no espírito do pequeno leitor: cada ser tem sua própria natureza ou personalidade; e é fundamental que as *diferenças* e *semelhanças* entre uns e outros se acertem e se harmonizem para que a vida se torne gratificante para todos. *Lúcia-já-vou-indo* lhes da uma grande lição de solidariedade e de alegria de viver.

(Em 1983, no Teatro Célia Helena (SP), *Lúcia-já-vou-indo* fez grande sucesso, ao ser adaptada para teatro-de-bonecos, aproveitando as inesperadas peripécias vividas pela querida lesminha para chegar à festa da libélula Chispa-Foguinho.)

Assim Assado
Texto e Ilustrações de Eva Furnari

Na linha gaiata, humorística e inteligente, peculiar à autora, este livro é formado pelo encadeamento de breves quadros (cada qual ocupando duas páginas) que mostram uma situação inesperada e divertida (a do urso que "não sabia a lição", a do elefante que "levou uma bronca", a da "velha coroca" que vai "conversar com a minhoca", etc.). Os textos são curtíssimos e divertem o leitor, não só pelas situações que expressam, mas também pelo ritmo e pela sonoridade do jogo de palavras.

É um livro (como os demais da autora) que se oferece como excelente ponto de partida para que se estimule a criatividade do pequeno leitor, levando-o a "curtir" o insólito dos textos e a inventar (seja falando, escrevendo ou desenhando) outras situações semelhantes com outros animais. Ou outras invenções...

O Tubo de Cola
Texto de Flávia Muniz Ilustrações de Michio Yamashita

Divertida situação a partir de um simples tubo de cola que, fugindo da gaveta, cai no chão e derrama a cola que se espalha e vai grudando tudo que se encostava nela: a bola, o sapato (que tenta desgrudar a bola), a bota (que tenta desgrudar o sapato), etc., etc. Nessa estrutura de lenga-lenga (algo que se repete e repete), as frases breves vão brincando com os fonemas que rimam entre si e, ao mesmo tempo, divertem pelas situações que expressam, vão enfatizando o jogo entre *tê, pê, dê, lê*, etc., etc. (facilitando o exercício de fixação da grafia e sonoridade dos fonemas).

As ilustrações, em traços simples e nítidos, reforçam o ritmo lúdico do texto desde a capa, que já apresenta o problema central: a confusão dos objetos colados uns nos outros.

Se as Coisas Fossem Mães (1984)
Texto de Sylvia Orthof Ilustrações de Ana Raquel

Já pelo título, colocado dentro do enorme coração (em tons de vermelho), cuja figura ocupa quase todo o espaço da capa, o leitor recebe a mensagem-base do livro: a *Mãe* identificada ao *Amor*. A narrativa se desenvolve em frases brevíssimas (em geral, de duas linhas), que obedecem à repetitiva estrutura de lenga-lenga (tão atraente para as crianças!).

> *Se a lua fosse mãe, seria mãe das estrelas,*
> *o céu seria sua casa, casa das estrelas belas.*

Se a sereia fosse mãe, seria mãe dos peixinhos,
o mar seria um jardim e os barcos seus caminhos.

Repetindo a estrutura de lenga-lenga, sucedem-se as hipóteses de novas mães (terra, fada, bruxa, chaleira, mesa...) e as inesperadas formas de convívio alegre e afetuoso que cada uma delas ofereceriam aos filhos.

Se a terra fosse mãe, seria a mãe das sementes,
pois mãe é tudo que abraça, acha graça e ama a gente.

Leves imagens, em cores pastel, reforçam ou ampliam ludicamente o que está sendo verbalizado e oferecem diferentes ângulos de leitura, que instigam fantasia (ou a memória) do pequeno leitor (ou ouvinte). Note-se ainda a ausência de moldura nos desenhos: o amor, os sentimentos não têm limites...

Das várias hipóteses de "mães", a narrativa passa a interagir com o leitor: pede que ele fale de sua "mãe verdadeira ou postiça/mãe-vovó ou mãe-titia", cole uma foto dela, no espaço reservado na página, e escreva-lhe o nome embaixo. Nas breves falas finais, além do amor e aconchego maternais, são realçadas as inevitáveis contradições que existem em todo ser humano, e com as quais ele precisa aprender a conviver: as mudanças de atitudes da mãe conforme as circunstâncias (que nem sempre são percebidas pela criança).

Dona Mamãe ralha e beija,
erra, acerta, arruma a mesa,
cozinha, escreve, trabalha fora,
ri, esquece, lembra e chora,
traz remédio e sobremesa...

E termina com uma situação cada vez mais encontradiça entre as crianças de pais separados:

Tem até pai que é "tipo mãe"...
esse, então, é uma beleza!

De Hora em Hora (1998)
Texto de Ruth Rocha Ilustrações de Helena Alexandrino

O título e o desenho do grande relógio, na capa, com o menino e um cachorro saltando no mostrador, sugerem de imediato ao leitor a ligação do *tempo* ao *viver*. A cena inicial (mostrando em primeiro plano o relógio marcando 8:00 e, em plano amplo, a janela enquadrando o Sol e o menino saindo pela porta aberta, com a mochila da escola às costas), "informa" que começou a *viagem* do menino pela vida. (Note-se que a imagem, nessa cena inicial, está emoldurada, significando a vida restrita ao lar, espaço familiar do qual o menino está saindo para entrar em contato com o mundo... As demais cenas do livro são "abertas", isto é, *sem moldura*, porque a vida exige liberdade.)

Há um duplo eixo em torno dos quais giram as descobertas feitas pelo menino e as interrogações feitas à mãe. Um é o *desencontro* que existe entre *língua falada* e *língua escrita*. (Desencontro excelente para ser explorado com a criança em fase de consolidação de alfabetização e domínio da escrita). Outro é a *relação* essencial que existe entre o *ser humano* e o *tempo* em que sua vida se cumpre. (Relação que, na narrativa, tem como ponto de apoio o *relógio*: as horas, os minutos e segundos que determinam as nossas tarefas e nossa atuação na vida.)

Narrativa extremamente rica em detalhes, seja na escrita ou na imagem que com ela dialoga, *De Hora em Hora* registra aspectos essenciais na vida da criança, que se prepara para entrar na esfera das relações sociais e se autoafirmar como um *eu* consciente de si e dos outros.

Leitor-em-processo — Faixa etária: a partir dos 8/9 anos

Nesta fase, o texto começa a ter mais presença, interagindo com a ilustração. Os temas tornam-se mais complexos. Misturados a situações objetivas do dia a dia, surgem problemas subjetivos que abrem caminho para reflexões de natureza interior, envolvendo sentimentos, emoções, ideias, desejos, impulsos, etc. O humor se alterna com a emotividade, no interesse do leitor aprendiz. A partir dessa fase, os textos vão-se diversificando, na medida dos múltiplos interesses do leitor que amadurece (e vai entrando nas categorias: Leitor fluente e Leitor crítico). Fase em que as ilustrações vão rareando ou se tornando cada vez mais simbólicas ou complexas.

Sem Pé nem Cabeça
Texto de Pedro Bandeira Ilustrações de Walter Ono

O título e o desenho, sugerindo desarticulação, fragmentação, já resumem o eixo da situação problemática e bem-humorada que se desenrola no livro: um menino, sua imaginação criativa e seu desejo de expressar, através do desenho, aquilo que ele "sentia por dentro" e que precisava comunicar aos outros. A narrativa verbal e visual se desenvolve por meio de suas primeiras tentativas, desenhando um *quadrado* e um *círculo* (formas básicas à espera de existirem em algo que as justifique); depois, pela insatisfação de ambos os desenhos devido à incompletude em que viviam, até descobrirem que, em lugar de serem formas opostas e inconciliáveis, podiam se unir e se completar mutuamente.

A lição de vida que fica para os leitores (além dos inúmeros estímulos à sua criatividade para inventar desenhos e falas) é que são importantes todas as tentativas para concretizarmos desejos ou sonhos de autorrealização. E também que nada, nem ninguém, existe em plenitude sem ser complementado pelo *outro*.

A Terrível Arma Verde (1990)
Texto de Rosana Rios Ilustrações de Eva Furnari

A capa apresenta todos os elementos que vão compor a trama, mas numa primeira leitura nem todos podem ser compreendidos pelo leitor, pois dependem da sequência narrativa. O que ressalta de imediato é a menina desenhando uma caixa de lápis de cor, uma borracha, etc., espalhados na mesa, desenhos na parede e alguns poucos objetos para brincar. O título *A Terrível Arma Verde* propõe um enigma ao leitor: Qual seria essa arma?

Nas primeiras páginas da história, o enigma já se equaciona: o desenho do pássaro, feito pela menina, adquire vida e sai voando. Como isso poderia ter acontecido? É o que se pergunta também a personagem. A narrativa prossegue entre o *real* e o *maravilhoso*, até que a menina, perseguindo o pássaro, chega num estranho lugar onde vivem *desenhos*. E ali descobre que a "terrível arma verde", temida por todos eles, era a sua *borracha*, que os apagava.

A originalidade do tema, a atmosfera mágica criada pelo diálogo texto-imagem, o suspense que é mantido do princípio ao fim da narrativa são elementos fundamentais para seduzir o leitor e levá-lo a interagir com a leitura.

João X Sultão (1989)
Texto e ilustrações de Lia Zatz

Original composição que já no aspecto gráfico chama a atenção para os contrastes que podem ser descobertos entre os seres ou as coisas. A narrativa, numa inteligente fusão de texto e imagem, se estrutura em dois planos: no de cima, a vida do João "pobre" e no de baixo, a do Sultão "rico".

História de clara intenção crítica, esta se quer abertamente dualista, com nítidas fronteiras entre certo e errado, bom e mau, etc., para denunciar, de maneira lúdica mas contundente, os contrastes ou as injustiças que estão na base da sociedade.

Apesar de alicerçada em uma problemática bem definida, esta história é uma obra "aberta" à interpretação dos mais diferentes níveis de leitores. Como é dito na contracapa: "...a descoberta das histórias é uma aventura, um jogo que crianças e adultos podem dar-se as mãos e envolverem-se" (Maria da Graça Abreu Segolin).

Nossa Rua Tem um Problema (1986)
Texto e ilustrações de Ricardo Azevedo

Volume que tem duas capas (isto é, não tem contracapa), cada qual mostrando o início de uma versão diferente do mesmo problema. Trata-se de dois diários: o da menina Clarabel e o do menino

Zuza, ambos com o mesmo título: "Nossa rua tem um problema", e cada um ocupando uma metade do livro.

O problema em foco é a intransigência de um pai autoritário, que proibiu o filho de brincar com a turminha da rua. Essa proibição é vista no livro através de dois ângulos diferentes: o do Zuza da turminha e o de Clarabel, cujo irmão foi proibido de brincar na rua. Dessas duas perspectivas de visão resultam interpretações diferentes de uma mesma situação. Entre as diversas "verdades" que os diários mostram, está a de que as *aparências enganam*, e por isso não devemos julgar as coisas só pelo que "parecem ser".

A profusão de apelos visuais dos desenhos, sempre em contraponto com os textos, oferece um rico manancial de propostas que possibilitam *diversas* leituras interpretativas e muitos *motivos* que podem servir de ponto de partida para novas histórias a serem inventadas pelo leitor.

O Último Broto
Texto e Ilustrações de Rogério Borges

Incluímos aqui, nos exemplos para leitor-em-processo, *O Último Broto*, que está entre os livros "inclassificáveis" quanto à categoria de leitor, pois podem ser atraentes para qualquer idade. Forte libelo contra a destruição da natureza que vem sendo feita pelos homens, este livro é também uma afirmação da vida, de confiança na força da natureza que acaba sempre vencendo. É este um dos grandes exemplos de livro em que a linguagem imagística é de tal forma eloquente que dispensa totalmente a palavra, o texto.

Já na capa o leitor sofre o impacto da violência destruidora: ocupando quase metade da página, uma ameaçadora figura de homem, em movimento de ataque, empunha um machado erguido no gesto de desferi-lo contra um frágil arbusto verde, que ele olha com fúria. A desproporção entre a força ameaçadora do homem e a fragilidade do arbusto indefeso é contundente.

A narrativa visual, que denuncia o vandalismo ecológico, mostra de início a paisagem tranquila da floresta, em claros tons de verde/amarelo/castanho; paisagem que, de cena para cena, vai sendo invadida pelo homem do machado (primeiro, no canto inferior da página, apenas a sombra de seu chapéu e busto, projetada na grama, depois no mesmo canto da página sua cabeça com o largo chapéu e o machado no ombro). As cenas vão se sucedendo; a figura do homem crescendo e investindo contra os troncos das árvores, até não restar, no chão, senão tocos de madeira e pedras. Na penúltima cena, em página dupla, a paisagem árida está reduzida a uma grande pedra, onde foi esquecido o machado. E na penúltima página, vemos que do seu cabo brotaram folhas verdes que fazem lembrar o arbusto do início.

Essa é a ameaça que paira sobre o mundo: a destruição da natureza que garante a vida no planeta. Vamos esperar que só a natureza reaja com sua força de vida? ou vamos impedir que a destruição continue? É o grande problema a ser discutido, a partir do livro, com leitores pequenos ou grandes…

IDEIA-EIXO X CONSTRUÇÃO FORMAL

Suspendemos aqui os exemplos, pois parecem-nos suficientes para darem uma ideia da natureza da nova literatura infantil – interpretada como *objeto novo*, como uma nova linguagem, resultante da fusão verbal-visual, tão sedutora para os pequenos aprendizes (e para os grandes também!).

Cabe, entretanto, destacar o fato de que a alta categoria estética desse *objeto novo* (visual-verbal) resulta não apenas de sua alta *qualidade formal* (design, traços, pintura, cores, etc.), mas da coerência orgânica que existe entre a *ideia-eixo* (tema, núcleo temático, problemática, subtexto, mensagem-base, intencionalidade maior, etc.) e os *recursos formais* escolhidos pelos autores (escritor e ilustrador, designer, etc.).

Quanto às *ideias-eixo*, elas nem sempre estão evidentes no plano da narrativa ou das imagens, mas na leitura são "passadas" subliminarmente ao leitor (ouvinte ou espectador) e atuam em sua "formação", no que diz respeito à sugestão de ideias, valores, comportamentos, etc. Aliás, lembremos que esse poder de atuação no espírito do *receptor* faz parte da natureza das artes em geral e da literatura em particular.

No sentido de esclarecer melhor essas relações entre *ideias-eixo* e *construção formal*, daremos abaixo alguns exemplos representativos. Antes, porém, é importante lembrar que todas elas emergem ou têm em suas raízes um *arquétipo* (ou vários). Ou melhor, toda literatura autêntica se alimenta (consciente ou inconscientemente) do húmus arcaico, ou melhor, do *arquétipo* – modelo primordial e eterno, que a humanidade vivencia e repete, desde a origem dos tempos.

Entre os *arquétipos* mais encontradiços na literatura (sob forma de *imagens arquetípicas*, citamos: a Mãe, o Pai, o Filho, o Amor, o Ódio, o Desejo, o Medo, o Narcisismo, a Vontade de Domínio, o Poder, o Trabalho, a Violência, o Sacrifício, a Morte...

Ideias-eixo
(Subtexto, núcleo temático, etc. que respondem pelo sentido último da obra)

1. Ênfase nas relações existentes entre o *mundo real* (em que vive a criança), o *mundo virtual* (da imagem que imita o real) e o *mundo da palavra* (que torna existente esse mundo virtual, ao nomear o mundo real conhecido pelo leitor). Essa ideia-eixo visa levar a criança à descoberta dos dois mundos em que ela vive, sem saber: o *real-concreto* e o da *linguagem-abstrato*. Tudo existe a partir do momento em que é nomeado.

Eva Furnari. Coleção "Peixe Vivo" (*Todo dia, De vez em quando, Cabra-Cega, Esconde-Esconde...*), *Traquinagens e Estripulias*, etc.; Cristina Porto/Tenê. *Para onde vai?*; Ruth Rocha/Walter Ono. Série "O Livro dos Sentidos" (*Pegar, Cheirar, Ver, Ouvir, Comer*); Flávia Muniz/Márcia Franco. *Vai e vem*; Ronaldo Simões Coelho/Humberto Guimarães. *Chuva e Chuvisco*.

2. Ênfase nas brincadeiras com palavras e com imagens no sentido da *ruptura da ordem convencional* e da *criação de novas relações* entre seres e coisas; ou no sentido da *decifração* de enigmas linguísticos. Ideia-eixo, cujo objetivo maior é estimular a imaginação criadora do leitor.

Eva Furnari. *Assim Assado, Você troca?, Não Confunda, Adivinhe se puder* e *Quem Embaralha se Atrapalha*; Lúcia Pimentel Góes/Osnei. *Falando pelos Cotovelos*; Ângela Lago. *A Novela da Panela*; Marcia Kupstas/Paulo Manzi. *O Bolo do Lobo*; Ricardo Azevedo. *Brincando de Adivinhar* e *Do Outro Lado da Janela*; Flávia Muniz/Alcy. *A Gatocleta do Maifino*; Glória Kirinus. *Formigarra e Cigamiga*.

3. O alerta para a diferença existente entre *olhar* (ato mecânico) e *ver* (conscientização da impressão recebida pelo olhar) as coisas mais familiares e comuns, que, de tão conhecidas, acabam não sendo mais vistas. Alerta que desperta a curiosidade e intensifica a atenção do leitor para a leitura não só do livro mas do mundo à sua volta.

Ruth Rocha/Elisabeth Teixeira. *O Menino que Aprendeu a Ver*; Lúcia & Alice Góes. Coleção "Mexe e Remexe"; Cristina Porto/M. Iacocca. *Se... Será Serafina?*, Eva Furnari. *Quem Espia se Arrepia, Bruxinha 1* e *2*; Avelino Guedes. *Parece mas não é* e *Cobra-Cega*; Ronaldo Simões/Edna de Castro. *Nasceu Sabendo*; Ricardo Azevedo. *Aquilo*.

4. A busca da identidade; a pergunta "Quem sou eu?" (que vem sendo feita pelos homens desde o início dos tempos). A descoberta de que cada um deve assumir sua própria personalidade. Os diferentes pontos de vista que levam às diferentes "verdades".

Ziraldo. *O Menino Maluquinho* e *O Menino Quadradinho*; Herbert de Souza (Betinho)/Bia Salgueiro. *A Zeropeia*; Flávio de Souza/Letícia Gelli. *Homem não chora*; Lúcia Pimentel Góes/A. Lopes Filho. *Zé Diferente*; Lúcia & Alice Góes. *Amanhã e Já-Já*; Lúcia Reis. *O Gato Pirado*; Mirna Pinsky/Noemi Ribeiro. *David acordou cinza*; Mirna Pinsky/M. José Boaventura. *As muitas mães de Ariel*; Lia Zatz/Eva Furnari. *Surileia--mãe-monstrinha*; Vivina de Assis Viana/Ana Raquel. *Eu sou isso?*, Ricardo Azevedo. *Se Eu Fosse um Tomate*. Marcos Ribeiro/Bia Salgueiro. *Menino brinca de boneca?*, Sylvia Orthof. *Maria vai com as outras*.

5. Ênfase na *necessidade de amor e carinho*, que é natural em todos os seres. Estímulo à amizade, à solidariedade. Valorização das relações *eu/outro*.

Ronaldo Simões Coelho/Ana Raquel. *Dormir fora de casa* e *Macaquinho*; Mary & Eliardo França. *Buá... Buá... o que será?*; Flávio de Souza.

Vida de cachorro; Ana Maria Machado/Walter Ono. *Menina bonita com laço de fita*; Xuxa/Denise & Fernando. *Só*; Pedro Bandeira/A. Llinares. *Pequeno pode tudo*; Heleninha Bortone/Rodolfo Zalla. *Precisa-se de um avô*; Giselda Laporta Nicolelis/Cecília Iwashita. *Um Dono para Busca-pé*; Herbert de Souza/Chico Alencar. *Miltopeia – A centopeia solidária*; Wagner Costa. *O Segredo da Amizade*.

6. Os impulsos naturais na infância: os *medos* que precisam ser enfrentados e superados; e a *curiosidade* que faz parte do crescimento e amadurecimento do ser.

Tônio Carvalho/Guto Lins. *O Menino que tinha medo de tudo*; Pedro Bandeira/C. Edgard Herrero. Série "Os Medinhos" (*O Pequeno Lobisomem*), *O Pequeno Fantasma, O Pequeno Bicho-Papão*); Hebe Coimbra/Claudio Martins. *O Medo medonho da Minda*; Tatiana Belinky/Alcy. *Medroso! Medroso!*; Ana Maria Machado/Eliardo. *Alguns medos e seus segredos* e *O Domador de Monstros*.

7. A história da história. A metalinguagem ou metaficção. A criação narrativa que fala sobre si mesma; ou o processo de inventar histórias que se revelam ao leitor como tal. Revelação do ato de escrever como um "artifício", como um ato de criação literária ou artística que pode ser cultivado por todos.

Ricardo Azevedo. *O Homem do sótão*; Claudia Pacce/Leninha Lacerda. *A Cara das minhas ideias*; Mirna Pinsky/Helena Alexandrino. *Quebra-cabeça*; Mirna Pinsky/Denise Fraifeld. *Pequenininha*; Maria Heloisa Penteado. *O Rei Caracolinho e a Rainha Perna Fina*; Eva Furnari. *O Problema do Clóvis*; Mirna Pinsky/Demóstenes Vargas. *Tatu-bolinha*.

8. Estímulo à *inteligência perceptiva, ordenadora e crítica* (pensamento abstrato). Valorização do saber pelo estudo e pela observação do mundo que nos rodeia.

Ruth Rocha/Walter Ono. *Nicolau tinha uma ideia*; Diane Mazur/Pat Gwinner. *Uma Pedra no sapato*; Marcelo Xavier. *Asa de Papel*; Herbert de Souza/C. A. Castelo Branco. *Centopeia que pensava*.

9. Reinvenção dos mitos, lendas ou narrativas maravilhosas – índice da *assimilação/transformação* do passado pelo presente: tarefa que caberá à criança desempenhar na vida quando, por sua vez, começar a atuar no seu tempo.

Ruth Rocha/Walter Ono. *Sapo vira rei vira sapo* e Coleção "Lê pra mim"; Lúcia P. Góes/Walter Ono. *Dráuzio*; Chico Buarque. *Chapeuzinho Amarelo*; Vários autores. Coleção "Clássicos Infantis" (Moderna); Regina Chamlian/Helena Alexandrino. Coleção "Histórias da Bíblia" (Paulinas) e Coleção "Contos de Espantar Meninos" (Ática); Toni Brandão/Denise Rochael. Coleção "Lendas Brasileiras – Novas Histórias" (Studio Nobel); Eva Furnari. *Problemas do Clóvis*; Lia Neiva/Roger Mello. *Chamuscou. Não queimou*; Marcelo Xavier. *Mitos* (O Folclore do Mestre André); Ciça Fittipaldi. *Árvore do mundo e outros feitos de Macunaíma*.

10. Apelo à *consciência ética* e/ou *crítica* em relação ao respeito devido aos direitos naturais ou civis de cada um. Narrativas, no estilo de sátira ou paródia, contra o poder despótico: a prepotência do forte sobre o fraco.

Ruth Rocha/Walter Ono. *O Reizinho Mandão* e a "Série dos Reizinhos"; Ana Maria Machado/A. Henrique Braga. *Uma Boa Cantoria*; Eliardo França. *O Rei de quase Tudo*; Ana Maria Machado/Gabor Geszti. *Era uma vez um tirano*.

11. Apelo à *consciência ecológica* a ser assimilada pelos pequenos, com a descoberta das relações que existem entre os seres humanos e a natureza e/ou ambiente social em que eles vivem. É fundamental que todos descubram que o *ambiente deve ser visto como um todo* (formado de elementos naturais, sociais, políticos, econômicos, científicos, etc.).

Rogério Borges. *O último broto* e *Silvino Silvério, o grande caçador*; Regina Coeli Rennó. *Que planeta é esse?*; Ruth Rocha/Otávio Roth. *Azul e lindo: planeta Terra, nossa casa*; Ângelo Machado. *O Ovo azul*; Luís Pimentel. *O Peixinho do S. Francisco*; Lúcia Hiratsuka. *Um rio de muitas cores*.

3 Histórias em quadrinhos

As histórias em quadrinhos são tão válidas quanto os livros de figuras como *processo de leitura* acessível ou adequado às crianças pequenas.

Segundo Claparède *(A Psicologia da Criança e a Pedagogia Experimental),* o *interesse* das crianças pelas histórias ou o *prazer* que demonstram, ao ouvi-las ou lê-las, são os sintomas de que tal ato, mais do que simplesmente diverti-las, satisfaz a uma necessidade interior e instintiva: a necessidade do *crescimento mental,* inerente ao ser em desenvolvimento. (Tal como o prazer da movimentação incessante dos jogos ou correrias sem finalidade aparente, tão naturais na infância, resulta da necessidade instintiva do crescimento orgânico.)

Da mesma forma, o interesse maior que os pequenos demonstram pelos livros ilustrados ou, mais ainda, pelas histórias em quadrinhos, está na facilidade com que esse tipo de literatura "fala" à mente infantil; ou melhor, atende diretamente à natureza ou às necessidades específicas da criança. Como dissemos mais atrás, as *imagens* no livro infantil são essenciais no processo de comunicação mensagem/leitor, pois atingem direta e plenamente o pensamento intuitivo/sincrético/globalizador que é característico da infância.

Daí que o fascínio da meninada pelas histórias em quadrinhos não resulta apenas do fato de *gostarem* desse tipo de literatura "fácil", mas porque essa literatura corresponde a um processo de comunicação que atende mais facilmente à sua própria predisposição psicológica.

(O fato de grande número de adolescentes ou adultos continuarem presos a esse único tipo de leitura indica a precariedade do amadurecimento cultural do homem contemporâneo, em geral. Embora amadurecido organicamente e bem-informado dos fatos do dia a dia, permanece psicologicamente imaturo.)

Quanto à reiterada acusação dos malefícios que podem ser causados pela leitura de histórias em quadrinhos sobre as mentes infantis, seria preciso uma nova reflexão, que distinguisse o *processo de leitura* proporcionado pelos quadrinhos e o *conteúdo* que é veiculado pela grande massa dessa literatura (a maior parte, realmente, negativa...). Como *processo,* a literatura em quadrinhos oferece uma grande riqueza de propostas para serem exploradas em proveito das crianças. Como *conteúdo,* as revistas, jornais, suplementos, etc., que circulam pelo nosso mercado, precisariam passar por uma rigorosa seleção feita pelos adultos a quem cabe a orientação infantil.

Da mesma forma, se analisarmos as justas queixas que vêm sendo feitas contra a "cultura selvagem" difundida pelos vários meios de comunicação de massa, veremos que o mal não está nos *meios* ou nos *processos,* mas naquilo que é *comunicado* através deles. Daí a urgência da criação de *novas mensagens* para um aproveitamento mais positivo dos meios em questão. Claro que essa renovação não é fácil. Há muito está sendo buscada, mas ainda permanecem vários obstáculos barrando o caminho à sua divulgação.

No Brasil, embora ainda predomine a produção estrangeira de história em quadrinhos, já existe uma tradição que arraiga no famoso *O Tico-Tico,* lançado em 1905 com as aventuras do ingênuo/travesso Chiquinho, versão brasileira (criada por J. Carvalho, grande desenhista da época) da personagem Buster Brown, garoto crítico e contestador, criado nos Estados Unidos, em 1902, pelo famoso cartunista Outcault (Richard Felton), que, em 1895, criara o Yellow Kid, dando início ao gênero que seria um dos mais populares no mundo todo: a história em quadrinhos.

Problema complexo e dependente de uma complicada política econômica, a literatura em quadrinhos extrapola o literário ou o lúdico para adentrar no ideológico e no ético. Daí o perigo, apontado por estudiosos dessa massa de produção estrangeira, que invade o nosso país e "alimenta" o brasileiro: poderá ela descaracterizar o *nacional*? Pergunta que só a longo prazo poderá ser respondida...

Dentro desse contexto, cresce de importância o terreno conquistado pela arte dos quadrinhos de Maurício de Sousa. Conforme diz Álvaro Moya:

> Hoje, praticamente, a luta pela história em quadrinhos brasileira está sobre os ombros de um jovem que, desde 1961, distribui nos jornais de todo o país, inclusive editando suplementos dominicais coloridos completos, com personagens seus. Trata-se de Maurício de Sousa, ou, mais precisamente, Maurício de Sousa Produções Ltda. É ele o único desenhista que vive de quadrinhos, pois os outros são publicitários, ilustradores, professores e *também* desenhistas em quadrinhos... (*Shazam!*).

Atuante profissional como jornalista, Maurício de Sousa, em 1960, resolve lançar-se na grande aventura das histórias em quadrinhos. Em 1963, já dirigia uma pequena equipe de desenhistas e iniciava a criação de novos personagens no *Diário da Noite*: Chico Bento, Penadinho, Astronauta e Bola Bola. Esses, mais o Bidu, o Franjinha, o Cebolinha, o Piteco, a Turma da Mata... já existiam, quando, em 1964, Maurício cria a principal figura de seu mundo infantil, Mônica. Daí para o sucesso total foi um passo. Maurício consegue unir sua criatividade à indispensável engrenagem industrial/publicitária/comercial. Em 1966, a distribuidora Maurício de Sousa Produções Ltda. alcançava jornais de todo o Brasil com *tiras e tabloides* de suas personagens e entrava no largo âmbito do *merchandising* (dezenas de indústrias lançam produtos infantis com a Turma da Mônica).

Em 1970, através da Editora Abril, Maurício de Sousa lança a revista *Mônica* e seu sucesso transpõe as fronteiras do país. No Congresso Internacional de Lucca, Itália, 1971, *Mônica* dá à Editora Abril o troféu "Gran Guinigi" e ao seu criador o troféu "Yellow Kid" – o prêmio máximo do Congresso, uma espécie de Oscar dos quadrinhos.

A *Turma da Mônica* torna-se a mais famosa e bem-sucedida família de personagens de histórias em quadrinhos do Brasil; e a distribuição nacional da Maurício de Sousa Produções chega a 2.500 tiras,

800 tabloides e o suplemento a cores, *Jornalzinho da Mônica,* fora as inúmeras revistas especiais...

À revistinha *Mônica,* segue-se a do *Cebolinha* (1973), também resultando em sucesso editorial. Em 1977, surge *Pelezinho.* Essas três revistas, de nível internacional, atingem tiragens de quase um milhão de exemplares mensais.

A filosofia das histórias criadas por Maurício é a de divertir, entreter e, na medida do possível, transmitir às crianças (e aos adultos) mensagens de otimismo. Seus personagens não são neuróticos. Eles tentam resolver seus próprios problemas. Seu estilo de desenho é simples, coerente com o tipo de narrativa que faz para o consumo diário. Os leitores de histórias em quadrinhos querem entendê-las num relance e sem grande esforço. Arabescos, enfeites fundos e detalhes em demasia dificultam essa visão imediata.

Enraizados na realidade da vida e do quotidiano, seus bonecos são "gente". Identificam-se com as pessoas, retratam a vida no seu dia a dia. A conversação dos personagens é popular. O "dia a dia": comer, dormir, ter emoções boas ou más, sentir amor ou raiva são ingredientes universais.

Logo, o que vale para o *Chico Bento,* vale para o mundo.

O que se pretende é exportar esse espírito alegre e comunicativo do brasileiro para o mundo todo. E a mensagem universal das histórias criadas por Maurício é incontestável. E não nasceu por acaso. Veio de anos de estudo, planos, trabalho e, principalmente, da sensibilidade de um artista que pretendeu e pretende projetar além das barreiras sociais, ideológicas e geográficas a sua mensagem alegre, otimista e confiante no futuro e nos homens. A mensagem dirigida ao público leitor mais exigente do mundo: a criança. (In *Mônica no MASP,* outubro/1979.)

Enfim, pode-se dizer que, no Brasil, o fenômeno história em quadrinhos em termos nacionais apenas começa. E talvez mais cedo do que se imagina possamos resolver os grandes problemas de editoração e mercado que ele envolve e principalmente resolver o que aqui nos interessa mais de perto: a descoberta da literatura, para os pequenos leitores, como prazer e como elemento formador de seu espírito ou consciência de mundo.

A poesia destinada às crianças

> De vez em quando Deus me tira a poesia.
> Olho pedra, vejo pedra mesmo.
> [...]
> Me tira desta areia, ó Espírito
> redime estas palavras de seu pó
> (Adélia Prado)

Comecemos por lembrar que a essência da poesia arraiga em um *certo modo de ver* as coisas. Uma visão que vai além do visível ou do aparente, para captar algo que nele não se mostra de imediato, mas que lhe é essencial.

Esse poder de ver além do visível, que é dado aos poetas (e que até agora nenhuma pesquisa científica conseguiu explicar), foi tido, desde a origem dos tempos, como um dom dado pelos deuses. É essa a crença de Adélia Prado. Daí sua queixa de que, amputada da poesia, só via na pedra uma simples pedra... e não, aquele algo oculto que a faria mais preciosa. Um "algo" que Carlos Drummond de Andrade deve ter visto na "pedra" quando escreveu o poema:

> No meio do caminho tinha uma pedra
> Tinha uma pedra no meio do caminho
> tinha uma pedra
> no meio do caminho tinha uma pedra.

Poema aparentemente simples e objetivo, mas cujo significado oculto (se é que tem...) nunca foi definitivamente desvendado, porque cada leitor lhe atribui um sentido. É essa a magia da palavra poética – multiplica-se em diferentes sentidos, dependendo do olhar e do espírito de quem a lê.

Entrando por outro lado, lembramos que poesia é *palavra*, como disse Cassiano Ricardo:

> Que é a Poesia?
> uma ilha
> cercada
> de palavras
> por todos
> os lados.

Mas não é só palavra... Poesia é também *imagem* e *som*. As palavras são signos que expressam emoções, sensações, ideias... através de imagens (símbolos, metáfora, alegorias...) e de sonoridade (rimas, ritmos...). É esse jogo de palavras, o principal fator da atração que as crianças têm pela poesia, transformada em *canto* (as cantigas de ninar, cantigas de roda, lenga-lengas...). Ou pela poesia ouvida ou lida em voz alta, que lhes provoque emoções, sensações, impressões, numa interação lúdica e gratificante.

O jogo poético, além de estimular o "olhar de descoberta" nas crianças, atua sobre todos os seus sentidos, despertando um sem-número de sensações: *visuais* (imagens plásticas, coloridas, acromáticas, etc.); *auditivas* (sonoridade, música, ruídos...); *gustativas* (paladar); *olfativas* (perfumes, cheiros); *tácteis* (maciez, aspereza, relevo, textura...); *de pressão* (sensações de peso ou de leveza); *termais* (temperatura, calor ou frio); *comportamento* (dinâmicas, estáticas...). É óbvio que, num só poema, dificilmente todas essas sensações são provocadas ao mesmo tempo... pois cada um deles apresenta determinados tipos de transfiguração imagística, que tem seu modo peculiar de atuar no pequeno leitor ou ouvinte.

Se partirmos do princípio de que hoje a educação da criança visa basicamente levá-la a descobrir a realidade que a circunda; a *ver* realmente as coisas e os seres com que ela convive; a ter consciência de si mesma e do meio em que está situada (social e geograficamente); a enriquecer-lhe a intuição daquilo que está para além das aparências e ensiná-la a se comunicar eficazmente com os outros, a *linguagem poética* destaca-se como um dos mais adequados instrumentos didáticos. É nesse sentido que cabe àqueles a quem está entregue a orientação da infância prepararem-se para extrair desse *instrumento* suas mil virtualidades.

A POESIA E SEUS MEDIADORES

A poesia destinada às crianças (ou aos imaturos em geral) deve ser breve, versos curtos, ritmos e rimas que toquem de imediato a sensibilidade, a curiosidade ou as sensações do fruidor. E, de preferência, de conteúdo narrativo, isto é, que expresse uma situação interessante.

Como objeto de exploração na escola (ou para o grande público), a poesia pode ter certos *mediadores* que facilitam sua plena fruição. Referimo-nos à *poesia-espetáculo* (cujos mediadores são a voz do artista, suas posturas, trajes; o espaço cênico; a ambientação musical; as luzes, etc.). Ou à *poesia-canto*, isto é, veiculada pela música...

É exatamente essa peculiaridade da poesia (necessitar de *mediadores* para atingir o leitor não-iniciado) que nos leva a pensar nos *elementos essenciais* a um texto poético que se queira aceito e amado pelas crianças. Uma excelente introdução ao texto seriam atividades com o canto e a música. Daí a validade das brincadeiras de roda, as cirandas, como alegre estímulo à sensibilidade perceptiva dos pequenos.

Um dos caminhos para essa preparação é, sem dúvida, conhecermos o *percurso histórico* seguido, no Brasil, por essa poesia desde seus inícios, compreendermos sua natureza e objetivos, suas relações com a escola e, ao chegarmos à produção poética contemporânea, tentarmos diferenciar os poemas, entre si, a partir dos *temas, problemas, situações* ou *intenções* que dinamizam sua linguagem poética.

É o que procuramos sugerir a seguir.

A POESIA TRADICIONAL: SENTIMENTAL E EXEMPLAR

Entre a poesia infantil tradicional e a contemporânea, há uma diferença básica de intencionalidade: a primeira pretendia levar seu destinatário a *aprender* algo para ser imitado depois; a segunda pretende levá-lo a *descobrir* algo à sua volta e a *experimentar* novas vivências que, ludicamente, se incorporarão em seu desenvolvimento mental/existencial.

A produção poética no Brasil, até bem pouco, foi extremamente limitada. Deixando de lado a poesia popular ou folclórica (perpetuada nas brincadeiras de roda ou nas cirandas...), que sempre encantou a meninada, o que havia de poesia infantil era uma produção poética de natureza culta e inspiração romântica.

Nascida em fins do século XIX e expandindo-se nos primeiros anos do século XX, a poesia infantil brasileira surge comprometida com a tarefa educativa da escola, no sentido de contribuir para formar no aluno o futuro cidadão e o indivíduo de bons sentimentos. Daí a importância dos "recitativos" nas festividades patrióticas ou familiares, e a exemplaridade ou a sentimentalidade que caracterizaram tal poesia.

Fazia parte do nosso sistema educativo (de fins do século XIX até os anos 30/40) a memorização de poemas que deviam ser ditos pelos alunos nas aulas de leitura ou em datas festivas. (Foram inúmeras as queixas que ouvimos de amigos ou familiares mais velhos, ao recordarem a vergonha ou a raiva com que se submetiam a tal recitação obrigatória e que os levou a detestar poesia...) Entende-se, hoje, que o dizer poesia é algo muito subjetivo e pessoal que não deve ser imposto à criança... pois só será gratificante se resultar de um gesto espontâneo, feito com entusiasmo ou alegria. No passado, porém, os objetivos eram outros: a criança era entendida como um "adulto em miniatura" que precisava assimilar, o mais rápido e o mais perfeitamente possível, o modo de ser, pensar e agir do adulto. Compreende-se, pois, que o método básico do ensino tradicional fosse o da *memorização*. Aos novos, só cabia repetir sem alterações o que os mais velhos sabiam ou faziam.

E é nesse sentido que a poesia era criada e transmitida. Consultando compêndios, antologias ou coletâneas literárias que eram adotadas em nossas escolas no início do século, nota-se o predomínio de poemas narrativos e exemplares que visavam a formação dos *bons sentimentos* (pátrios, filiais, fraternais, caridosos, generosos, de obediência, etc.).

A produção de poesia infantil era muito pequena, restringia-se a poemas lúdicos, de pura brincadeira e quase sempre pueris. Essa limitação na produção poética para crianças era compensada com a voga das cantigas populares ou folclóricas, cantigas de roda, etc. que a criançada sabia de cor.

Nas coletâneas oficiais (de prosa e poesia) o número de autores portugueses superava o de brasileiros, devido não só a razões históricas (nossa literatura foi gerada por raízes portuguesas), mas também à ascendência cultural que Portugal manteve sobre o Brasil até a eclosão do Modernismo nos anos 20.

Entre os poetas portugueses, figuram: Camões, Alexandre Herculano, Garret, Guerra Junqueiro, Antero de Quental, João de Deus... Entre os brasileiros: Gonçalves Dias, Álvares de Azevedo, Casimiro de Abreu, Castro Alves, Raimundo Corrêa... Entre os brasileiros que, nessa época, escreveram poesia para crianças, destacam-se: Olavo Bilac, Zalina Rolim, Alexina de Magalhães Pinto, Francisca Júlia, Maria Eugênia Celso...

Para um breve confronto entre a poesia tradicional e a contemporânea destinada à meninada, selecionamos alguns fragmentos "exemplares" da poética e da visão de mundo imperante no início do século XX: visão do homem como ser condenado à irrealização de seus sonhos ou ideais e que tem, como único caminho salvador, o amor de Deus e a compaixão por seus semelhantes. Vista em conjunto, a poesia "oficial" que circulava nas escolas era predominantemente de natureza culta e de influência romântica ou realista. O que equivale a dizer que são poemas sentimentais ou de racionalização das emoções; e alimentados por uma visão de mundo ora idealizante ora pessimista, mas sempre de reforço à tradição herdada.

Autores portugueses (séc. XIX)

João de Deus (1830-1896)

Hino de Amor (1876)

Andava um dia
Em pequenino
Nos arredores
De Nazaré
Em companhia
De S. José
O Deus-Menino
O bom Jesus [...]

Prossegue a narrativa cadenciada (versos de 4 sílabas) de um momento de bondade do Jesus Menino, quando salva um passarinho do encantamento de uma serpente; e aquele, livre, canta seu amor agradecido ao Salvador.

Antero de Quental (1842-1891)

Soneto Lírico

No céu, se existe um céu para quem chora,
Céu para as mágoas de quem sofre tanto...
Se é lá do amor o foco, puro e santo,
Chama que brilha, mas que não devora...

Soneto em decassílabos e rima clássica (abba, abba, ccd, ccd), exemplar tentativa poética de domar o fluxo das emoções na forma delimitada das palavras. Da mesma natureza é o famoso soneto:

Alma Extinta

Estava a Morte ali, em pé, diante,
Sim, diante de mim, como serpente
Que dormisse na estrada, e de repente
Se erguesse sob os pés do caminhante.

Na mesma linha de irrealização ou deterioração da vida, está o soneto de

Adolfo Simões Muller (1909)

Tríptico da Glória (de Capelas Perfeitas)

Nas ruínas do Carmo, envelhecidas
por noites de vigília secular
ouve missa Frei Nuno em seu altar
volvendo ao Céu, em prece, as mãos unidas.

[...]

Oh! Que suplício o da vela, enquanto
não volta a nau da primeira Aventura!
E os dedos cravam-se na rocha dura
como âncoras do Sonho, em lume e em pranto...

Trata-se da façanha realizada pelos portugueses, com os Descobrimentos, no século XVI, mas no final do século XIX já vistos como algo obscuro, uma estranha glória repassada de dor e frustração.

Autor brasileiro (início do séc. XX)

Olavo Bilac (1865-1918)

O grande modelo da poesia eloquente, nas escolas do início do século, foi Olavo Bilac, cujo livro *Poesias Infantis* (1904) teve dezenas de reedições até os anos 50/60. Ele era também uma das grandes presenças nos compêndios ou antologias escolares. Lembremo-nos de um de seus mais famosos sonetos que todos os alunos, na época, tinham de saber de cor:

Língua Portuguesa

Última flor do Lácio, inculta e bela,
és, a um tempo, esplendor e sepultura.
Ouro nativo, que na ganga impura
a bruta mina entre os cascalhos vela...

Amo-te assim, desconhecida e obscura,
tuba de alto clangor, lira singela,
que tens o tom e o silvo da procela
e o arroio da saudade e da ternura!

[...]

Aí temos a linguagem metafórica e retórica que, no entre-séculos, passou a ser apanágio dos *cultos* e que a meninada procurava imitar, mesmo ignorando o real sentido das palavras. Os alicerces da Tradição já se haviam consolidado e começavam a se deteriorar: mais gestualidade do que essência, era o que começava a predominar no âmbito da Educação. E a poesia é um dos sintomas desse processo (que ainda hoje – início do Terceiro Milênio, ainda não findou). Para as crianças, porém, Bilac usava a linguagem mais simples, como em "A Casa", poema no qual valoriza a família e o lar como algo sagrado:

Vê como as aves tem, debaixo d'asa,
O filho implume, no calor do ninho!...
Deves amar, criança, a tua casa!
Ama o calor do maternal carinho!

Dentro da casa em que nasceste és tudo...
Como tudo é feliz, no fim do dia,
Quando voltas das aulas e do estudo!
Volta, quando tu voltas, a alegria!

Aqui deves entrar como num templo,
[...]

Ou ainda, no poema "A Boneca", no qual a linguagem simples quase resvala para o pueril, ao contar a briga de duas meninas por uma boneca, que, afinal, destruída, não ficou com nenhuma delas. Visão negativa das relações humanas.

Deixando a bola e a peteca
Com que inda há pouco brincavam,

> Por causa de uma boneca,
> Duas meninas brigavam.
>
> Dizia a primeira: "É minha!"
> – "É minha!" a outra gritava;
> E nenhuma se continha,
> Nem a boneca largava.
>
> [...]

Mas, mesmo em sua poesia infantil, a visão de mundo pessimista se manifesta. Como em "A Avó", em que temos um retrato negativo da velhice (espécie de morte antecipada) e da vida que, afinal, se revela frustradora.

> A Avó, que tem oitenta anos
> Está tão fraca e velhinha!...
> Teve tantos desenganos!
> Ficou branquinha, branquinha,
> com os desgostos humanos.
>
> Hoje na sua cadeira,
> Repousa, pálida e fria,
> Depois de tanta canseira.
> E cochila todo o dia,
> E cochila a noite inteira.
>
> [...]
>
> Fica mais moça e palpita,
> E recupera a memória,
> Quando um dos netinhos grita:
> "Ó vovó! conte uma história!
> Conte uma história bonita!"
>
> Então, com frases pausadas,
> Conta histórias de quimeras,

Em que há palácios de fadas,
E feiticeiras e feras,
E princesas encantadas...

[...]

Como se vê, o poema valoriza o sonho, a fantasia, a quimera (espaço onde se pode ser feliz) em detrimento da vida real (espaço consagrado à frustração e à tristeza): uma "lição" evidentemente negativa para ser dada às crianças. Inclusive, a *leveza* de sua estrutura formal (estrofes de 5 versos em redondilha maior e rimas ababa) acaba sendo "neutralizada" pelo *peso* da visão de mundo ali expressa.

A mesma visão dramática da vida está presente em um dos *best-sellers* de Bilac, no âmbito escolar dos anos 10/20: "Plutão", no qual, em 10 estrofes rigorosamente repetitivas em seu esquema métrico, rímico e estrófico, conta-se a alegria da amizade entre um menino e seu fiel cão. Alegria logo anulada pela doença e morte do menino, seguida pela tristeza e morte do cão.

Negro, com os olhos em brasa,
Bom, fiel e brincalhão,
Era a alegria da casa
O corajoso Plutão
Fortíssimo, ágil no salto,
Era o terror dos caminhos,
E duas vezes mais alto
do que o seu dono Carlinhos
[...]

Como é natural, a literatura oferecida "oficialmente" aos educandos nas escolas obedecia ao *espírito da época* ou à mentalidade dominante na sociedade. E esta atravessava, no início do século, uma fase de endurecimento de suas normas ou padrões de comportamento, para fazer frente aos novos ventos que haviam começado a abalar seus alicerces.

OS CLICHÊS POÉTICOS

É nessa época que se impõem os chamados clichês (ou modelos estereotipados de pensamento e ação) que passam a caracterizar a literatura infantil e a transformam em um *gênero menor*, sem lugar nos quadros oficiais da literatura brasileira. Na verdade, faltava-lhe criatividade, originalidade – condição *sine qua non* da verdadeira literatura.

Entre os *clichês* ou lugares-comuns mais encontradiços estão: a linguagem exortativa das "boas maneiras" ou "bons sentimentos" a serem imitados pelos pequenos; a linguagem "infantilizada" (cheia de *inhos* e de exclamações); a idealização da infância como a "idade de ouro" que é logo perdida; ou ainda as descrições estereotipadas da paisagem ("o verde esplendoroso das matas", "nosso céu primaveril", "a beleza das paisagens", "céu de sonho e encantos mil", "natureza taful", "os raios dourados do sol", "a branca lua", "a linda rosa", etc.). É de se notar que tais *fórmulas* descritivas (que aparecem também na prosa) resultam do desgaste da grande *forma* criada pelo Romantismo, como recurso estético para expressar as relações profundas (quase metafísicas) que então eram descobertas como existentes entre homem e natureza. Na verdade, essa estagnação (ou cristalização) de formas poéticas, nessa época, corresponde ao momento descendente de todo ciclo renovador: criação/apogeu/decadência. É esse o ciclo da vida: a *forma criadora* (que expressa uma nova relação do homem com o mundo ou com ele próprio), com o tempo e a expansão de sua vivência por todos os homens, acaba se transformando em *fórmula retórica*. (Claro está que as relações homem-natureza continuam, hoje, a ser perscrutadas pelos homens e se revelando cada vez mais profundas e essenciais... só que expressas por outras *formas criadoras*.)

CANTIGAS FOLCLÓRICAS

Simultaneamente a esse espaço educativo culto, desenvolvido nas escolas, atuava no ambiente do dia a dia a grande força da literatura popular, com suas cantigas folclóricas que divertiam adultos e crianças, seja nos serões familiares (com os contadores de histórias), seja no trabalho (com os cantos que distraem e tornam mais leve as tarefas), ou ainda com as cantigas de ninar, as lenga-lengas e as cantigas folclóricas dos folguedos. Entre as crianças e o povo, há uma grande identificação psicológica e emotiva, reagem aos estímulos do ambiente mais pelos sentidos, pelos sentimentos do que pela razão.

Nessa ordem de ideias, compreende-se a atração que a linguagem poético-musical de natureza popular exerce sobre a criança. É o caso das cantigas de roda, parlendas, provérbios, etc. , cuja estrutura formal (versos breves, ritmos repetitivos em sucessão ágil, aliterações onomatopeicas, etc.) e natureza coletiva são idênticas às primeiras manifestações dos povos primitivos: poesia identificada com os cantos, com as fórmulas proféticas e de encantação mágica, que eram proferidas pelos celebrantes dos rituais sagrados ou mágicos.

De origem remota e obscura, há um sem-número de poemetos que até hoje continuam a seduzir as crianças. Entre eles, escolhemos os mais populares e difundidos:

> Se esta rua, se esta rua
> fosse minha
> eu mandava eu mandava
> ladrilhar
> de pedrinhas, de pedrinhas
> de brilhante
> para o meu para o meu
> amor passar.
>
> Nesta rua, nesta rua
> tem um bosque
> que se chama que se chama
> Solidão
> dentro dele dentro dele
> mora um anjo
> que roubou que roubou
> meu coração.

Senhora Dona Sancha / coberta de ouro e prata /
descubra o seu rosto / queremos ver sua cara.//
Que anjos são esses / que me andam rodeando?/
De dia e de noite / Padre Nosso, Ave Maria.

Atirei um pau no gato-to
mas o gato-to
não morreu-reu-reu
Dona Chica-ca-ca
admirou-se-se
do berrô do berrô
que o gato deu-miau.

A civilização urbana, com o gradativo confinamento das crianças
nas casas ou apartamentos, vem impedindo o convívio alegre e coletivo
na antiga liberdade das ruas. Mas essa herança de vivência comunitária,
através do canto e atividades ligadas a ele, vem sendo resgatada desde
o fim do século XIX.

Foram muitos os professores e poetas (Zalina Rolim, Alexina de
Magalhães Pinto, Ascenso Ferreira, Francisca Júlia, Adelmar Tavares,
Oliveira Ribeiro Neto...) que procuraram resgatar, para a infância,
algo dessa herança popular. Dessa produção circunstancial, espalhada
em coletâneas ou livros escolares, pouco restou.

Por curiosidade, transcrevemos abaixo alguns fragmentos das
Cantigas das Crianças e do Povo (1897), coligidas em Minas Gerais por
Alexina de Magalhães Pinto.

Nossa Senhora faz meias,
A linha é feita de luz,
O novelo é lua cheia,
As meias são p'ra Jesus.

*
Sapo jururu,
Na beira do rio,
Quando o sapo grita
É porque está com frio.

*
Um ninho de enguifigalfos
com sete enguifigalfinhos
quem o desinguifigalfar
bom desinguifigalfador será

*
Pulga toca flauta
Perereca violão;
Piolho é pequenino
Também toca rabecão.

*
– Vem cá, Bitu. Vem cá, Bitu.
Vem cá, vem cá, vem cá!
– Não vou lá, não vou lá, não vou lá:
Tenho medo de apanhá.

*
O cravo brigou com a rosa
Defronte da minha casa.
O cravo saiu ferido,
A rosa despedaçada.

De Francisca Júlia, registramos "Vozes dos Animais" (de *Alma Infantil*, publicado em 1912), que foi incluído em inúmeros livros escolares e servia para a criançada memorizar os nomes das diferentes linguagens dos bichos.

O peru, em meio a bulha
De outras aves em concerto,
Como faz, de leque aberto?
– Grulha.

Enquanto alegre passeia
Girando em torno do ninho
Como faz o passarinho?
– Gorjeia.

E assim vão sendo nomeadas as vozes de 17 animais, seguidos pelo último: o homem.

234

Mas, escravos das paixões
Que os fazem bons ou ferozes,
Os homens têm suas vozes
Conforme as ocasiões.

Ainda dessa época, lembramos o ingênuo poemeto "Cetim" de Zalina Rolim, publicado em 1897 (in *O Livro das Crianças*).

Eu tenho um gatinho
Chamado Cetim,
É alegre e mansinho,
E gosta de mim.
Bem cedo na cama
Vai ele: "Miau!"
E tanto me chama
Que até fica mau.

E inventa brinquedo
E pula no chão,
Que eu fico com medo.
Não tenho razão?
Mas ele é mansinho
Ferir-me não vai:
Se eu fosse um ratinho,
Então, ai, ai, ai!

Pode-se explicar o continuado sucesso desse poemeto entre as crianças por sua *verdade* orgânica: uma *forma* lúdica e envolvente (o ritmo da redondilha menor e a musicalidade das rimas) que manifesta uma *situação afetiva*, privilegiada na infância (a afeição que liga criança e animal), e também uma "verdade" natural (o instinto de caça do gato ao rato).

No final do séc. XIX, difundiu-se entre nós o interesse pelas raízes nacionais, pela brasilidade, daí o empenho de se resgatar a tradição oral (nos rastros do movimento de resgate iniciado na Alemanha pelos Irmãos Grimm, no século XVIII, e que se alastrara por toda a Europa). O grande nome nesse importante campo de pesquisa foi Câmara Cascudo.

A RUPTURA MODERNISTA E A POESIA INFANTIL: A DEFASAGEM ENTRE UMA E OUTRA

A ruptura modernista com os padrões literários tradicionais não chegou a atingir a poesia para crianças até a entrada dos anos 60.

(Lembremo-nos de que o único modernista que surgiu na literatura infantil nos anos 20 foi Monteiro Lobato, e no âmbito da prosa narrativa.) Os poucos poemas que aparecem em coletâneas ou livros escolares dos anos 20/50, repetiam os poetas do passado ou expressavam as "saudades da infância", manifestadas pelos adultos. Como por exemplo, em Hermes Fontes, em "A Fonte da Mata" (1926):

> Depois de longa ausência e penosa distância,
> vi a fonte da mata,
> de cuja água bebi, na minha infância.
> E que melancolia
> nessa emoção tão grata!
>
> Ver constância das coisas, na inconstância,
> ver que a Poesia é uma segunda infância
> e que toda a Poesia
> vem da fonte da mata.

Apesar da verdade contida nesse poema, ele está longe de poder atrair ou envolver o pequeno leitor, pois se nutre de uma vivência adulta, amadurecida pelos anos (e portanto distante da *experiência* infantil). Com raras exceções, é a essa esfera adulta que pertence a maioria das poesias que se ofereciam aos pequenos na primeira metade do século XX, em clara continuidade do pensamento tradicional. Entre as exceções, está o poemeto de Maria Eugênia Celso, escrito em 1924:

> Bolinhas de Gude
>
> Brancas, verdes, rajadinhas,
> Amarelas,
> As bolinhas
> vão rodando
> vão dançando
> Seja liso ou rude
> O chão onde vão rolando

Lá vão elas, lá vão elas...
As bolinhas de gude...
[...]
E tão vivas, tão ligeiras, tão alegres e
estouvadas
Que até fica parecendo
Que são elas
As bolinhas
Que com eles estão brincando.

Além do ludismo característico da poesia modernista, bem sintonizado com os impulsos infantis, há nesse poemeto a disposição gráfica das palavras na folha, imitando o espalhar das bolinhas, e também uma inversão de fatores, provocada por uma *nova maneira de ver*, que contraria a lógica tradicional: em lugar de as crianças brincarem com as bolinhas, são estas que parecem brincar com aquelas. Uma pequena inversão de postura que representa uma grande mudança nas relações comuns entre os homens e as coisas. Há aí uma "desordem" de raiz modernista.

Lembremos que o mundo tradicional começou a afundar, *oficialmente*, nos anos 10, quando teve início a eclosão dos *ismos* (Cubismo, Futurismo, Dadaísmo, Surrealismo...). Por diferentes que fossem entre si, essas manifestações vanguardistas tinham como denominador comum a fragmentação, ou melhor, a intenção de romper com a *ordem tradicional*, que estabelecia de maneira absoluta a *natureza* das relações entre os homens e o mundo. A *lógica consagrada* pela sociedade era o grande alvo visado pelo ímpeto demolidor do Modernismo.

A poesia, rompendo com os esquemas tradicionais e sua linguagem lógica, torna-se lúdica, irreverente e fragmentada... Em lugar de *manipular conceitos* (como antes) a poesia explorava as *virtualidades da matéria verbal*: a sonoridade e o ritmo das palavras soltas. Daí que, em geral, os breves poemas modernistas agradam os ouvidos infantis. Mais do que a significação dos vocábulos, importa seu dinamismo lúdico, a brincadeira com as coisas, como no poemeto de Manuel Bandeira:

Trem de Ferro

Café com pão
Café com pão
Café com pão
Virge Maria que foi isto maquinista?
Agora sim
Café com pão
Agora sim
Voa, fumaça
[...]

Poema/canto jocoso que explora a onomatopeia como estrutura básica, e se desenvolve em torno de uma necessidade básica da criança (a alimentação), combinada com uma situação de prazer (a viagem) e cuja comunicação com o leitor é intensificada pelo diálogo entre o poeta e o leitor/ouvinte.

MODERNISMO E ENSINO

As mudanças de perspectivas provocadas pelo Modernismo claro está que não se difundiram na literatura (para crianças ou adultos) da noite para o dia. Levaram anos. Tais mudanças, para serem absorvidas pela prática, exigiam também que o sistema de educação e ensino as absorvesse. Lembremos que, nessa época (anos 20), já se multiplicavam, na Europa, as experiências com novos métodos de ensino (Pestalozzi, Montessori, Froebel, etc.), a chamada Escola Nova; mas ainda não haviam sido absorvidos pelos sistemas oficiais de cada país. As modificações das leis são lentas... exigem luta paciente e obstinada.

No Brasil, a primeira tentativa de escola experimental surgira em 1897, no Rio de Janeiro, com a *Pedagogium*. Em 1914, é criado o primeiro "laboratório de pedagogia experimental" na Escola Normal de São Paulo.

É importante atentarmos para o fato de que as *mudanças de mentalidade* ou de maneiras de ver o mundo (como as exigidas pela nossa época) são muito lentas, demandam tempo para serem vivenciadas.

Entre nós, longos anos se passaram para que projetos de lei (que atravessaram vários governos) conseguissem ser aprovados, a fim de se concretizarem mudanças nos currículos do Ensino. Só nos anos 60, com a Lei de Diretrizes e Bases da Educação Nacional nº 4.024/1961, mais tarde regulamentada pela Lei nº 5.692/1971, é que o uso de *textos literários* se tornaram obrigatórios para o ensino da Língua Portuguesa (ou Comunicação e Expressão) nas escolas.

Essa legislação foi decisiva porque obrigou a introdução da literatura nos estudos da língua, comunicação e expressão. Claro está que sobreveio um novo caos: o sistema escolar vigente não estava preparado para isso.

A produção literária para crianças nesse período pós-lobatiano (anos 30/60) foi muito desigual: ao lado de tentativas de sintonização com o novo, permanecia o tradicional, "camuflado" de novo (sintaxe linguística moderna e conteúdo tradicional ou exemplar, como é o caso da volumosa obra de Vicente Guimarães – o Vovô Felício –, uma das que mais sucesso fez nos anos 37/60).

No âmbito da poesia destaca-se, a nosso ver, uma única experiência que pode ser considerada moderna nessa época: *A Festa das Letras* (1937).

Texto de Cecília Meireles e de Josué de Castro (médico, eminente especialista em alimentação), com coloridos desenhos de João Fahrion. Foi o primeiro volume da Série Alimentação – coletânea de poesias infantis (segue a ordem alfabética das letras) que fazia parte de uma campanha nacional de esclarecimentos sobre a importância da alimentação e da criação de hábitos salutares, indispensáveis à formação de uma infância forte, inteligente e feliz.

As características modernas estão evidentes: situação atraente, ludismo, graça, ritmo ágil, reiteração de fonemas em eco, ou de vocábulos básicos (Bom, Bem, Brincalhão...); estímulo à convivência, à interação da criança com os hábitos de higiene (banho), com a alimentação como prazer (brincadeira com o B de Batatinha, etc.); sintaxe dialogante; predomínio dos sinais de pontuação emotiva (? ! – :), que apelam mais para os impulsos afetivos do que para os racionais da pontuação lógica (. , ; " " ( ) [ ]).

Ligada ao magistério e atenta aos problemas educacionais, Cecília Meireles (uma das grandes vozes poéticas dos anos 20/30) começa a escrever poemas infantis divulgando-os na imprensa, e que mais tarde foram incluídos em antologias e manuais escolares. Como é o caso da:

A Canção dos Tamanquinhos (1934)

Troc... troc... troc... troc...
ligeirinhos, ligeirinhos,
troc... troc... troc... troc
vão cantando os tamanquinhos...
Madrugada. Troc... troc...
pelas portas dos vizinhos
vão batendo, troc... troc...
vão cantando os tamanquinhos.

Chove. Troc... troc... troc...
no silêncio dos caminhos
alagados, troc... troc..
vão cantando os tamanquinhos.
E até mesmo, troc... troc...
os que têm sedas e arminhos,
sonham, troc... troc... troc...
com seu par de tamanquinhos.

Singela canção que, através de onomatopeias e rimas finais e internas, registra uma *situação pitoresca* para as crianças de hoje; e lembra aos adultos (crianças de ontem) um *acontecer diário* e gratificante que fazia parte dos costumes de outrora: o soar, nas pedras da calçada, dos tamancos usados pelos leiteiros e padeiros, que madrugavam para deixar o leite e o pão quentinho nos portões das casas.

Os últimos quatro versos resultam também de uma *verdade* de que somos testemunhas: como a poeta, qualquer menina daqueles anos também sonhava em ter um "par de tamanquinhos", cujo som amigo nos acordava todas as manhãs. Seria curioso saber como as crianças de hoje interpretariam essa alegre canção, uma vez que ignoram a situação da qual ela se originou.

POESIA INFANTIL DOS ANOS 40

No geral, prossegue a mesma imobilidade criadora dos anos anteriores, com exceção da voz da mineira Henriqueta Lisboa, cuja sensibilidade e delicadeza naturais foram atraídas pelo tema da infância. De seu *Menino Poeta* (1943) extraímos alguns poemas:

> O menino poeta / não sei onde está. / Procuro daqui / Procuro de lá / Tem olhos azuis / ou tem olhos negros? // Parece Jesus / ou índio guerreiro? // Tra-lá-lá-lá-li / trá-lá-lá-lá-lá. // Mas onde andará / que ainda não o vi? / Nas águas de Lambari, / nos reinos do Canadá? / Estará no berço / brincando com os anjos, / na escola, travesso / rabiscando bancos? […]

O jogo lúdico das palavras e dos fonemas cria uma atmosfera que atrai o espírito infantil, mas ainda é a visão do adulto que predomina. Da mesma forma com o conhecido "Tico-Tico":

> Tico-tico no farelo
> Sinhá tem pena.
> Tico-tico troca as letras
> Sinhá tem pena.
> Tico-tico não aprende
> Sinhá tem pena.
> Tico-tico analfabeto
> Sinhá tem pena.

Como é fácil notar, mesclado à situação natural e pitoresca (tico--tico comendo farelo), há um traço negativo: tico-tico é analfabeto – ignorância que era malvista pela sociedade.

"Tempestade" é de seus poemas mais modernos, no que diz respeito à *reação libertária* das crianças ao cerceamento de sua ação espontânea.

> – Menino, vem para dentro
> olha a chuva lá na serra,
> olha como vem o vento!
> – Ah! como a chuva é bonita
> e como o vento é valente!
> – Não sejas doido, menino,
> esse vento te carrega,
> essa chuva te derrete!
> – Eu não sou feito de açúcar
> para derreter na chuva.
> Eu tenho força nas pernas
> para lutar contra o vento!
> E enquanto o vento soprava
> e enquanto a chuva caía,
> que nem um pinto molhado,
> teimoso como ele só:
> – Gosto de chuva com vento,
> gosto de vento com chuva!

A estrutura dialogante, os versos curtos, as estrofes breves e o movimento da tempestade dão ao poema o dinamismo lúdico que agrada ao espírito infantil. Da mesma forma, a descrição épica de "Os Quatro Ventos" logra plena comunicação com seu pequeno leitor:

> Vento do Norte / Vento do Sul / Vento do Leste / Vento do Oeste. // Quatro cavalos / em pelo / Quatro cavalos / de longas crinas, / de longas caudas, / narinas sôfregas / bufando no ar. // Quatro cavalos que ninguém doma, / Quatro cavalos / que vêm e vão, / que não descansam, / de asas e patas / varrendo os céus. // Cavalos sem dono, / cavalos sem pátria, / cavalos ciganos / sem lei nem rei. // Quatro cavalos em pelo.

Como vemos, a identificação ventos/cavalos resulta numa visão poética e cheia de vida que atrai e estimula a imaginação do leitor, levando-o a estabelecer correlações de força e vitalidade entre diferentes reinos da natureza. Neste caso: o ímpeto da natureza e do animal em plena liberdade.

POESIA INFANTIL A PARTIR DOS ANOS 60/70

As primeiras vozes que, nos anos 60, prepararam caminho para o chamado *boom* da literatura infantil nos anos 70, se fizeram ouvir na área da poesia. A nova poesia infantil descobre a palavra como um jogo, uma brincadeira com a fala, com a pura sonoridade (ritmo, cadência, onomatopeias, aliterações, refrões, paralelismos, trava-línguas, etc.). Numa linha de criação que resgata o encantatório das antigas cantigas de ninar, cantigas de roda, parlendas, lenga-lengas... presentes no folclore do mundo todo.

Essa nova poesia infantil tem como um de seus marcos históricos a Editora Giroflê-Girafa, fundada em São Paulo, em 1960, exclusivamente dedicada à literatura para crianças. Seu fundador foi Sidônio Muralha (1929-1982), poeta português, exilado salasarista que, depois de percorrer as "7 partidas do mundo", radicou-se no Brasil. Inicialmente em São Paulo e, posteriormente, em Curitiba, onde deixou semente, hoje transformada na Fundação Sidônio Muralha (dirigida por sua viúva, Dra. Helen Buhler Muralha) – verdadeiro centro de irradiação de cultura, inteiramente dedicado às crianças e aos jovens.

O volume inaugural da Coleção Giroflê-Girafa, *A Televisão da Bicharada*, de Sidônio Muralha, conquistou o 1º Prêmio da II Bienal Internacional do Livro de São Paulo.

A Televisão da Bicharada (1962)

Original já pelo formato, *A Televisão da Bicharada* apresenta-se como álbum de figuras, de forma alongada (talvez por analogia ao pescoço da Girafa), capa dura, folhas grossas e fortemente coloridas, tipos grandes e nítidos que, inteligentemente diagramados, formam um todo orgânico e atraente aos olhos infantis devido aos pitorescos desenhos de Fernando Lemos. Escolhendo ao acaso, ouçamos essa divertida "Conversa" entre dois tatus:

> Quando um tatu
> encontra outro tatu
> tratam-se por tu:

> – Como estás tu, tatu?
> – Eu estou bem e tu, tatu?
> Essa conversa gaguejada
> ainda é mais engraçada:
> – Como estás tu, ta-ta, ta-ta, tatu?
> – Eu estou bem e tu ta-ta, ta-ta, tatu?
> Digo isto para brincar
> pois nunca vi um ta, ta-ta, tatu gaguejar.

Jogando com aliterações, onomatopeias, assonâncias, consonâncias ou reiterações rítmicas das mais variadas... é sempre da *camada sonora* que o poeta extrai o maior interesse do motivo central e cria o enovelamento de graça, ridículo, pitoresco e inesperado que provoca a interação do leitor/ouvinte com o texto.

Embora de vida curta, a Giroflê-Girafa marcou seu pioneirismo com uma dezena de títulos de poesia para crianças, assinados por nomes como Cecília Meireles, Maria Bonomi, Gerda Brentano, Fernando Lemos, Fernando Correa da Silva e outros.

Ou Isto ou Aquilo (1964)

Outro marco deixado por essa iniciativa editorial quixotesca é o livro de Cecília Meireles *Ou Isto ou Aquilo* (ilustrado por Maria Bonomi), em cujos lúdicos poemas a arte maior da poeta ilumina (para crianças ou adultos) novas maneiras de ver as coisas mais simples do cotidiano (já tão conhecido!). Ou ainda descobre novas relações entre os seres e as coisas. Exemplifiquemos com dois poemas: "O Colar de Carolina" e "Ou Isto ou Aquilo", que dá titulo à coletânea.

Em "O Colar de Carolina", fixa-se um momento de alegre liberdade da menina de colar de coral, correndo numa colina, ao ar livre, sob o sol.

> Com seu colar de coral,
> Carolina
> corre por entre as colunas

da colina.
O colar de Carolina
cobre o colo de cal,
torna corada a menina.
E o sol, vendo aquela cor
do colar de Carolina,
põe coroas de coral
nas colunas da colina.

O jogo poético se constrói com a relação dinâmica entre a cor vermelha do *coral*, do *sol* e das *faces coradas* da menina – elementos diferentes, mas que se inter-relacionam através do "vermelho" que metaforiza a vitalidade da situação enfocada. Há nesse poema uma correspondência essencial entre *matéria sonora* e *matéria semântica*. O jogo som/ritmo surge de uma sucessão de fonemas semelhantes ou discordantes entre si, que obedecem a uma ordem interior e essencial. A redondilha maior dá a estrutura básica dos versos e torna-se mais ágil devido à alternância com metros menores. As rimas, libertas de esquemas preestabelecidos, percorrem livremente o poema, tal como a menina na colina sob o sol.

Claro está que o pequeno leitor ou ouvinte não perceberá esses pequenos/grandes detalhes estilísticos (e nem lhe interessará!), mas a nós, adultos, cabe saber que é devido a tais detalhes que a sua leitura, recitação ou cantarolar seduzem os leitores e propõem uma experiência vital diferente das brincadeiras comuns. A poesia (ou a arte em geral) é um *jogo* que enriquece interiormente aqueles que a ele se entregam.

Da mesma forma, o poema "Ou Isto ou Aquilo" propõe uma nova maneira de ver ou perceber algo que é comuníssimo no dia a dia de qualquer um de nós: a *necessidade de escolha*, ou o convívio com as *oposições*:

Ou se tem chuva e não se tem sol
ou se tem sol e não se tem chuva!

Ou se calça a luva e não se põe o anel,
ou se põe o anel e não se calça a luva!

Quem sobe nos ares não fica no chão,
quem fica no chão não sobe nos ares.

Uma grande pena que não se possa
estar ao mesmo tempo nos dois lugares!

Ou guardo o dinheiro e não compro o doce,
ou compro o doce e gasto o dinheiro.

Ou isto ou aquilo! Ou isto ou aquilo...
e vivo escolhendo o dia inteiro!

Não sei se brinco, não sei se estudo,
se saio correndo ou fico tranquilo!

Mas não consegui entender ainda
qual é melhor se isto ou aquilo.

Nessas contínuas oposições, o jogo poético, ao realçar para o leitor as diversas opções que a vida nos exige, transmite-lhe uma importante lição de vida: toda escolha que dependa de nós deve ser bem pensada, pois sempre acarreta o abandono ou a desistência de outra. Esse é um dos segredos da vida (e que a literatura nos ensina): conseguirmos escolher o mais acertado dentro das circunstâncias que nos cabe viver.

Caderno de Capazul (1968)

Outro marco da nova poesia infantil dos anos 60 é *Caderno de Capazul*, de Stella Carr (conhecida ficcionista e poeta, atenta ao experimentalismo da linguagem e autora do romance *O Homem do Sambaqui*, já traduzido para o inglês).

Destinado aos leitores mirins, a poesia de *Caderno de Capazul* estimula novas interrogações a respeito do mundo; desafia os leitores a *ver* e a *interrogar* as novas realidades que a ciência está descobrindo. Da realidade *virtual* para a *real*, medeia um passo... aquele que precisará ser dado pelas novas gerações.

> Mercúrio Vênus Terra Marte.... será que...
> Será que gente marciana
> é   bicho?
> Com multipernas
> e pluribraços
>   nadando no espaço?
>
> Comem azuis e rosuras
> como comemos   verduras?
> Será que entre foguetes
> ainda possíveis
>   fadas?
>
> E anjos de asas
> sem jato
> podem voar de fato?
> Saturno Urano Netuno Plutão...
> Nana nenê,
> saturninos
> vêm assustar os   meninos.
> Não faz mal, eu vou pra
>   lua
> e lá a Terra é uma
>   canção.

A visão poética parte do real-objetivo (planetas) e expressa a curiosidade do menino, devido ao insuficiente conhecimento daquilo que a ciência vem descobrindo. Suprindo essa falta, ele tenta explicações a partir de analogias com realidades conhecidas. Indaga sobre os possíveis seres que habitariam esses planetas: O que comem? Como são?... e chega à possível conciliação entre o *maravilhoso mágico* (fadas, anjos, varinhas de condão...) e o *maravilhoso científico*. Logrando o indispensável grau de despersonalização poética, Stella Carr consegue manter-se por detrás do olhar ingênuo e, ao mesmo tempo, argutamente indagador dos meninos e das meninas deste nosso século atômico/espacial.

Arca de Noé (1971)

Um dos livros de poesia para crianças que fez grande sucesso nos anos 70 foi a *Arca de Noé*, de Vinícius de Morais. (Inclusive foi transformado num belíssimo show de formas, ritmos, cores e danças, com que a TV Globo homenageou o poeta, logo após a sua morte, em 1980.) Dele, reproduzimos:

O Pato

Lá vem o Pato / Pata aqui, pata acolá / Lá vem o Pato / Para ver o que é que há. // O Pato pateta / Pintou o caneco / Surrou a galinha / Bateu no marreco / Pulou no poleiro / No pé do cavalo / Levou um coice / Criou um galo / Comeu um pedaço / De jenipapo / Ficou engasgado / Com dor no papo / Caiu no poço / Quebrou a tigela / Tantas fez o moço / Que foi pra panela.

Nesse e nos demais poemetos da *Arca de Noé*, o dinamismo poético é provocado pelo humor, pela brincadeira com as palavras, os sons e ritmos, ou ainda pelo *non-sense*. Conjunto de qualidades que, para além de divertir o leitor/ouvinte com as inesperadas situações criadas (como as do "Pato pateta"), desperta-o para as mil possíveis correlações entre os sons e pode estimulá-lo a inventar outras tantas por si mesmo.

Pé de Pilão (1976)

Outro grande poeta que fez sucesso escrevendo para crianças foi o gaúcho Mário Quintana, com seus poemas narrativos, como os de *Pé de Pilão*:

O pato ganhou sapato,
Foi logo tirar retrato.

O macaco retratista
Era mesmo um grande artista.

Disse ao pato: "Não se mexa
Para depois não ter queixa."

E o pato, duro e sem graça
Como se fosse de massa!

"Olhe pra cá direitinho:
Vai sair um passarinho."

O passarinho saiu,
Bicho assim nunca se viu.

Com três penas no topete
E no rabo apenas sete."

E a narrativa poética vai-se desdobrando em outros inesperados acontecimentos que saem uns dos outros como de uma caixa de surpresas. Estruturado em *dísticos* (estrofes de dois versos) e versos *redondilhos* (7 sílabas), em rimas binárias (aa bb cc...), o fluxo poético se forma de lembranças de velhas histórias, tropelias de animais, situações absurdas e engraçadas, feitiçarias ou milagres de Nossa Senhora... tudo resultando num jogo divertido que atrai e estimula a imaginação criativa do leitor ou ouvinte.

Os coloridos desenhos de Edgar Koetz, interagindo com o pitoresco e o dinamismo do texto, concorrem para que todos os sentidos da criança sejam estimulados para uma apreensão global do mundo ali representado (de maneira visual, auditiva, gestual ou rítmica e conceptual).

A POESIA COMO DESCONSTRUÇÃO E CONSTRUÇÃO — A ECLOSÃO CRIATIVA DOS ANOS 70/80

Os poetas que surgiram nos anos 60 (tentando criar, em poesia, novos modos de *ver* e de *dizer* o novo mundo em formação) abriram caminho para a explosão de criatividade que aconteceu nos anos 70/80 na área da literatura para crianças.

É importante notar que a poesia que surgiu no Modernismo do início do século XX, como desconstrução do mundo antigo e como tentativa de construção de uma nova forma de *ver* e de *dizer*, só na segunda metade desse século alcançou a poesia para crianças.

Claro está que isso se deu não por falta de talento, arte e criatividade por parte daqueles que se sentem atraídos por essa difícil arte para crianças. Mas, sim, por razões extraliterárias. A verdade que a história nos ensina é que só depois que as novas ideias, valores e comportamentos se impõem nos adultos como "verdade" vivenciada, é que esse "novo" consegue ser expresso em linguagem lúdica e acessível às crianças ou às mentes imaturas, intelectualmente. Daí que cerca de cinquenta anos se tenham passado, para que o *novo* germinado no Modernismo do início do século pudesse brotar na literatura infantil, através de uma nova linguagem verbal e visual, lúdica, atraente e acessível aos pequenos.

Além disso, é preciso lembrar que esse fenômeno atinge não só a *literatura* (ou a arte) destinada aos pequenos, mas também o *sistema de ensino*. São essas duas esferas – a da criação literária para crianças e a do ensino – as últimas a serem atingidas pelas mudanças trazidas pelo tempo. Por quê? Simplesmente porque, por natureza, eles representam a *cúpula* do edifício social. Representam a *síntese das ideias e dos valores* que constituem a sociedade, e que precisam ser transmitidos às novas gerações que lhe devem dar continuidade.

É dentro desse contexto histórico-cultural que podemos entender o percurso seguido pela poesia destinada às crianças. E também entender o paradoxo atualmente vivido não só pela literatura infantil/juvenil, mas também pela Escola: ambas, ao mesmo tempo, estão sendo forçadas a ser *sementes e sínteses* do Novo. Ou, em outras palavras, têm de servir de *alicerce* para uma nova maneira de *ver*, *pensar* e *agir* e, simultaneamente, ser a *cúpula* ou a síntese provisória do novo sistema em gestação.

É esse, pois, o grande desafio da Educação neste início do Terceiro Milênio. Tal como aconteceu no âmbito da literatura, só nos anos 60 o nosso sistema curricular começou a ser *oficialmente* alterado. E, na prática escolar, diferentes métodos começam a ser experimentados, embora ainda de maneira caótica. Até hoje, como sabemos, predomina o desnorteamento metodológico e didático, muito embora já se multipliquem visivelmente os pequenos grupos, em escolas e faculdades, que já estão chegando a sistematizações e estratégias de orientação e ensino altamente positivas.

Dentro dessa perspectiva e voltando à poesia infantil, compreende-se que, naquele início dos anos 20, só tenha havido um modernista na seara literária para crianças: o gênio de Monteiro Lobato, que, encarnando o novo ou o libertário em uma boneca (e em outros seres imaginários e não em crianças "reais", como Narizinho, Pedrinho, etc.), soube infiltrar a semente da mudança, sem ferir frontalmente ou escandalizar os costumes vigentes – aqueles que cabia à Escola preservar e defender.

O fato é que o referido *boom* da literatura infantil veio provar um importante fenômeno: os novos valores, as novas ideias ou comportamentos que começaram a se impor, no início do séc. XX, já estavam sendo incorporados por todos; já haviam invadido o domínio público através da publicidade, novelas de TV, filmes, teatro, canções... e, portanto, já estavam alcançando o povo em geral, embora de maneira caótica. Daí poderem se manifestar na literatura e na poesia para crianças em uma linguagem verbal e imagística perfeitamente acessível.

A POESIA PARA CRIANÇAS E ADOLESCENTES NO INÍCIO DO TERCEIRO MILÊNIO

São múltiplos os caminhos e as intenções que podem ser detectadas na produção poética infantil e juvenil dos anos 70/90. Apesar de sua diversidade de temas, sonoridades, ritmos, etc., há algo de comum em sua variada manifestação: a valorização da poesia como um *modo de ver* o mundo e um *caminho* para a *autodescoberta* do *eu* em relação ao *tu* (ao *outro*) com o qual deve conviver para que a vida se cumpra em plenitude.

A poeta portuguesa Maria Alberta Menères definiu bem esse "algo comum", ao registrar em livro as "experiências poéticas" feitas por seus alunos (cujas idades iam dos 9 aos 12 anos). Diz ela:

O Poeta Faz-se aos 10 Anos, 1973.

"...poesia é a beleza e o sentido das coisas e de nós próprios. É uma maneira de olhar o mundo. É uma forma de atenção a tudo. Ela pode estar em toda parte: nós, às vezes, é que não estamos atentos a ela, só porque passamos por ela, distraídos. E outras vezes *estamos* atentos e a *encontramos* [...] mas não a sabemos escrever. Encontrá-la já é maravilhoso. E escrevê-la? Que difícil é o caminho da escrita! Tentar ir à raiz das coisas. Fugir do repetido, do habitual, do "já sabido". [...] É preciso sentir *alegria de escrever*."

É esse estado de espírito, incentivado pela poeta ("sentir a *alegria de escrever*"), que encontramos no melhor de nossa atual poesia para crianças e jovens.

Lembramos o poema de José Paulo Paes, de seu livro *Poemas para Brincar*, de 1990:

Convite

Poesia / é brincar com palavras / como se brinca / com bola, papagaio, pião.

Só que/ bola, papagaio, pião / de tanto brincar / se gastam.

As palavras não: / quanto mais se brinca / com elas / mais novas ficam.

Como a água do rio / que é água sempre nova.

Como cada dia / que é sempre um novo dia.

Vamos brincar de poesia?

CAMINHOS E TENDÊNCIAS

Tentando distinguir os diferentes caminhos, recursos ou temas mais encontradiços nesse brincar "a sério", em nossos poemas, registramos alguns:

1. O jogo lúdico com palavras e ideias

Os animais-personagens continuam sendo de grande atração para a meninada, principalmente quando colocados em situações cômicas ou insólitas, fora do comum. Situações expressas através de brincadeiras inteligentes com a palavra, seus jogos sonoros, seu duplo sentido, visando o puro entretenimento e prazer... mas que fazem ver as coisas comuns por outros prismas.

Guaraná com Canudinho

Uma vaca entrou num bar / e pediu um guaraná.

O garçom, um gafanhoto, / tinha cara de biscoito.

Olhou de trás do balcão, / pensando na confusão.

Fala a vaca, decidida, / pronta pra comprar briga:

– E que esteja geladinho / pra eu beber de canudinho!

Na gravata borboleta / gafanhoto fez careta.

Responde: vaca sem grana / se quiser, vai comer grama.

– Ah, é? muge a vaca matreira, / quem dá leite a vida inteira?

– Dou leite, queijo, coalhada, / reclamo, ninguém me paga.

Da gravata, a borboleta / sai voando, satisfeita.

Gafanhoto leva um susto, / acreditando, muito a custo.

E serve, bem rapidinho, / guaraná com canudinho.

(Sérgio Caparelli. *Boi da Cara Preta*, 1983.)

Ao toparem
Três tigres tagarelas
Três tatus
Ficaram tão atarantados
Que tocaram terra
Na própria toca.

(Elias José. *Quem Lê com Pressa, Tropeça*, 1992.)

Nas Nuvens

– Girraaafffaaa!
Ô girrraaaffaa!
Me escuta aqui!
tô cá na terra.
– Não precisa gritar
sou pescoçuda,
mas não sou surda.

(Wânia Amarante. *Cobras e Lagartos*, 1983.)

Ao ver uma velha coroca
fritando um filé de minhoca,
o Zé Minhocão
falou pro irmão
"Não achas melhor ir pra toca?"

(Tatiana Belinky. *Limeriques*, 1987.)

Último Acorde do Violino Solitário

nada sei sobre a vidinha do
pernilongo que mato indiferente
na parede.
mas desconfio que era a única
que ele tinha.

(Ulisses Tavares. *Caindo na Real*, 1984.)

Humor Lírico

Um sapo estica a língua / e futrica o céu /
pensando que as estrelas / são moscas de luz.

(Ulisses Tavares. *Come-Vento*, 1990.)

Passarinho Fofoqueiro

Um passarinho me contou / que a ostra é muito fechada, / que a
cobra é muito enrolada, / que a arara é uma cabeça oca, / que o
leão marinho e a foca... // Xô, passarinho, chega fofoca!

(José Paulo Paes. *É Isso ali*, 1984.)

2. A busca da identidade: a conscientização do próprio "eu" em relação com o "outro"

Identidade

Às vezes nem eu mesmo / sei quem sou, / às vezes sou / "o meu
queridinho", / às vezes sou / "moleque malcriado". / Para mim
/ tem vezes que eu sou rei, / herói voador / caubói lutador, /
jogador campeão. / Às vezes sou pulga, / sou mosca também,
/ que voa e se esconde de medo e vergonha. / Às vezes eu sou
Hércules, / Sansão vencedor, / peito de aço, / goleador! / Mas
o que importa / o que pensam de mim? / Eu sou quem sou, / eu
sou eu, / sou assim, / sou menino.

(Pedro Bandeira. *Cavalgando o Arco-Íris*, 1984.)

Um Rei e Seu Cavalo de Pau

Montado no meu cavalo de pau, / eu vou pra rua. / Vou e en-
frento os bandidos / e faço e refaço, / desfaço e aconteço. // Vou
e chocalho o mundo / e ai daquele que duvidar, / daquele que
fizer pouco-caso / da minha valentia. / Ai daquele que zombar /

de minha força e coragem, / da marcha solta e gostosa / do meu cavalo de pau.

(Elias José. *Um Rei e Seu Cavalo de Pau*, 1986.)

Palhaço Riso

Dou cambalhota / Dou piruetas / Faço mil risos / Faço careta.

Meu pé é grande, / Meu nariz, bola, / Uso gravata, Uso cartola.

Vivo a dar pulo, / Conto piada. / Espanto o triste / Com gargalhada.

Se você é alegre, / É meu amigo, / Se está chateado, / Conte comigo!

(Guiomar. *Gira, Mundo*, 1985.)

Equilibrista

Procura-se um equilibrista / que saiba caminhar na linha / que divide a noite do dia / que saiba carregar nas mãos / um fino pote cheio de fantasia / que saiba escalar nuvens arredias / que saiba construir ilhas de poesia / na vida simples de todo dia.

(Roseana Murray. *Classificados Poéticos*, 1984.)

3. O alerta solidário: poesia de conscientização humanitária

1 é 5, 3 é 10!

Desce o morro todo dia, / é preciso trabalhar. / Na rua, no mercado, / onde o trabalho pintar!

Na esquina, não se aperta, / trabalhando de engraxate. / Já tem freguesia certa, / porque engraxa com arte.

No sinal, revende atento / as ofertas do momento. / Se faz frio,
vende luva; / quando chove, guarda-chuva,

– Um é cinco, três é dez – / repete um monte de vez. / E o preço
sai parecido / com a cara do freguês.

Corre daqui e dali, / ganha um trocado suado. /
Mas apesar do batente / está sempre sorridente,

[...]

Olha no céu as estrelas / fazendo a sua oração. /
E sonha. Sonha com a cama, / e dorme. Dorme no chão.

(Santuza Abras. *1 é 5, 3 é 10!*, 1989.)

Mapa

Tinha tanto remendo
a calça do Raimundo
que ele estudava nela
a geografia do mundo.

(Maria Dinorah. *Barco de Sucata*, 1986.)

Daltonismo

olhe de novo:
não existem brancos.
não existem amarelos.
não existem negros.
somos todos arco-íris.

(Ulisses Tavares. *Caindo na Real*, 1984.)

Trocas

Troco um passarinho na gaiola
por um gavião em pleno ar

Troco um passarinho na gaiola
por uma gaivota sobre o mar
Troco um passarinho na gaiola
por uma andorinha em pleno voo
Troco um passarinho na gaiola
por uma gaiola aberta, vazia...

(Roseana Murray. *Classificados Poéticos*, 1984.)

"Zé" Moleque Negrinho

Moleque maroto, / engraxate que é / Ainda garoto... / Ainda de pé.

Moleque sem fone, / Sem lar e sem fé, / Querendo um nome, / Quem sabe... Zé!

[...]

Moleque, um dia, / o céu alcançou. / A praça, o mundo... / Esperou... esperou...

(Guiomar. *Gira, Mundo*, 1984.)

Além da Imaginação

Tem gente passando fome. / E não é a fome que você imagina /
entre uma refeição e outra. / Tem gente sentindo frio. /
E não é o frio que você imagina / entre o chuveiro e a toalha. /
Tem gente muito doente. / E não é a doença que você imagina /
entre a receita e a aspirina. / Tem gente sem esperança. /
E não é o desalento que você imagina / entre o pesadelo e o
despertar. /
Tem gente pelos cantos. / E não são os cantos que você imagina /
entre o passeio e a casa. / Tem gente sem dinheiro. /
E não é a falta que você imagina / entre o presente e a mesada. /
Tem gente pedindo ajuda. / E não é aquela que você imagina /

entre a escola e a novela. / Tem gente que existe e parece imaginação.

(Ulisses Tavares. *Caindo na Real,* 1984.)

4. Narrativas em verso
(Centradas em situações comuns do cotidiano ou situações fantasiosas; ora explorando o jocoso, a graça, o riso; ora se expandindo numa atmosfera emotiva.)

O *jocoso*

Rita, Não Grita!

Esta é a história de uma menina. / Vou contar como ela era. / Seu nome é Rita Magrela. / Além de ser gritadeira, / Rita é muito tagarela. / A tal Rita magricela / tem o nariz arrebitado, / sardas por todo o lado / e o cabelo espetado / amarrado com fita amarela.

(Flávia Muniz. *Rita, Não Grita!,* 1985.)

(A narrativa prossegue, ludicamente, mostrando como a "tal Rita magricela" que tinha a "mania de gritar à toa" e fazer birra acabou aprendendo a "resolver as coisas numa boa"... O tom coloquial, as situações vividas cotidianamente pelas crianças, a crítica bem-humorada... tudo isso em diálogo com os caricaturescos desenhos de Walter Ono divertem e sugerem aos leitores novas perspectivas de verem a vida de todo o dia.)

Kakinho

A bicharada está arisca: / as luzinhas pisca-pisca / Do circo anunciam: Kako. / No trapézio, pega um saco, // Cobre a cabeça e dá um salto / sensacional, lá bem alto! / Põe-se a Banda a repicar, / Que a função não vai tardar...

(Eduardo Moreira. *Kakinho,* 1984.)

(Aí começam as aventuras e desventuras do macaco Kakinho que, expulso do circo, sai pelo mundo...)

Historinhas de Horror

Certa noite eu sonhei
que embaixo da cama havia um monstro medonho
Acordei assustado
e fui olhar: de fato
embaixo da cama estava um monstro medonho.
Ele me viu, sorriu
e me disse, gentil:
"Durma! Sou apenas o monstro dos seus sonhos."

(José Paulo Paes. *É Isso Ali*, 1984.)

O *emotivo*

Coração Não Toma Sol

Por viver entre sólidas paredes, / era um coração que não tomava sol. / Ele tinha por tarefa represar tudo / aquilo encontrado, pensado e / sonhado pelo castelo – instável fortaleza. [...] Tudo se aninhava fielmente, no / coração. Se era de pedra o caminho / do castelo, o coração recolhia não / somente a dor do percurso, mas a / dimensão e a cor. Não era fácil ser / coração. Era um jamais deixar de / trabalhar. Mesmo durante o sono do / castelo, ele batia atento, velando os / sonhos. E guardar sonho não é ofício simples.

(Bartolomeu Campos Queirós. *Coração Não Toma Sol*, 1986.)

(E a narrativa poético-alegórica prossegue contando as circunstâncias em que vivia o coração prisioneiro. Narrativa que pode ser lida em vários níveis, desde o referencial (a história de um *coração* que morava num *castelo* e não tomava *sol*), até o nível alegórico e/ou metafórico, no qual esses três elementos – *coração, castelo* e *sol* – simbolizam respectivamente: a *inteligência* ou *intuição* (portas de entrada do verdadeiro conhecimento); o *corpo humano* (chamado pelos místicos de "morada" ou "castelo" da alma) e a *luz da sabedoria* (o verdadeiro conhecimento, entendido como iluminador da inteligência e/ou intuição).

O poético-alegórico

Uma Ideia Solta no Ar

Foi à tarde, na praia. / A coisa mais estranha. [...] não havia quase ninguém. / Quase ninguém, porque havia alguém. / O quase era um menino. / Só um menino. / Um menino só, sozinho. / Não sei se pobre, não sei se remediado. / Não sei o que fazia, nem se fazia. / Só que queria fazer.

(E o relato avança devagar, sinuoso, em ritmo lento, revelando a comunhão do menino com a natureza: pés enterrando na areia, "vento nos cabelos, sol na pele, o sal nos lábios" e uma vaga ideia sorrindo nos olhos. Outros meninos invadem o espaço; agitados, em confusão de alegrias e energias soltas no ar, desordenadas, se embaralham em mil papagaios coloridos ou pássaros e até em "canções". Enquanto o menino, olhando tudo, esperava, "sem pressa do que há de vir". Até que numa noite, depois de um grande silêncio, "de espera, de quase--surpresa, de enlevo-esperança, pelo que podia ser"...)

O menino, então,
vendo que sua hora era chegada
empinou sua ideia.

Sua ideia!

(E o canto-relato prossegue mostrando que a ideia criadora do menino transformou o mundo e as gentes à sua volta, dando início a uma nova vida, que todos construíram juntos. Poética alegoria daquilo que o mundo, neste início de novo milênio, espera das novas gerações: ideias e ações criadoras que tragam uma Nova Ordem para esta atual desordem.)

Qual buraco negro,
a ideia do menino tudo atraía,
tudo fazia subir,
tudo fazia crescer.

(Pedro Bandeira. *Uma Ideia Solta no Ar*, 1991.)

O Menino Que Tinha o Coração Cheio de Domingo

Pedro é um nome que a gente conhece em muitas línguas: Pedro, Pierre, Pietro, Peter, Pether, Petrus. Pedro pintou, um dia, em alguma parte do mundo o retrato de uma borboleta.
O papel tinha o tamanho de sua intenção. As cores, as de seu desejo.
Pintou ainda, sobre o papel, flores para a borboleta se esconder e galhos para descansar.
É mesmo fácil imaginar sua pintura ou fazê-la. Mas a consequência não foi ato simples. É melhor saber toda a história.

(Bartolomeu Campos Queirós. *Pedro*, 1977.)

(Como toda poesia de Bartolomeu, esta se empenha em mostrar que o "dentro" do menino Pedro transfigura o "fora" das coisas e seres com que ele entra em contato no seu dia a dia. Pedro tem uma maneira de *ver* e *sentir* que ultrapassa o *visível* das formas e percebe o *invisível* que lhes dá a verdadeira dimensão de *ser*. Poesia ideal para os que estão entrando na adolescência e amadurecendo definitivamente sua maneira de *ver* o mundo... hoje, mais do que nunca, necessitado de ser redescoberto em seus valores essenciais...)

O *dramático*

Ali no Rio

Ali no rio / eu vi a vida. / Eu vi a morte / ali no rio. //
Várzeas tão verdes! / Peixes tão puros! / E as serenatas /

entre cricrilos, / coaxos e pios! //
Eu vejo o rio, / meu rio morrendo, / da mesma morte / dos outros rios./

(Maria Dinorah. *Chapéu-de-Vento*, 1989.)

5. O jogo lúdico dos sons, ritmos e pensamentos

Estória em 3 Atos

Esta estória tem 3 atos. / O ato do gato / O ato do pato / O ato do rato. //
No primeiro ato / o gato vê o pato, / tem um susto, / cai o **G**. //
O pato vê o gato, / tem um susto, / perde o **P**. //
O **P** se esconde no pé do pato. / O **G** se esconde na garra do pato. //

(Bartolomeu Campos Queirós. *Estória em 3 Atos*, 1980.)

E o perde/busca se multiplica em divertidos "atos", desdobrados pelos coloridos desenhos de Igor Balbachersky.

Bicho-papão

Ô, Bicho-papão / leve a bola, / leve a cola, / leve a lanterna, /
leve o cão, / leve a espada, / leve o pião, / leve a atiradeira /
e o jogo de botão, / leve tudo / que é brinquedo, / até mesmo o carrão, /
só não leve / este menino / que vive / no meu coração.

(Cyro de Mattos. *O Menino Camelô*, 1992.)

6. O resgate das origens: a reinvenção do lastro popular arcaico

Paraíso

Se esta rua fosse minha, / eu mandava ladrilhar, / não para automóvel matar gente, / mas para criança brincar.

Se esta mata fosse minha, / eu não deixava derrubar. / Se cortarem todas as árvores, / onde é que os pássaros vão morar?

Se este rio fosse meu, / eu não deixava poluir. / Joguem esgotos noutra parte, / que os peixes moram aqui.

Se este mundo fosse meu, / eu fazia tantas mudanças / que ele seria um paraíso / de bichos, plantas e crianças.

(José Paulo Paes)

(Reinvenção da popular cantiga, "Se essa rua, se essa rua fosse minha.")

Palavra Puxa Palavra

O R é o rato que rói / a roupa do rei da Rússia / e ri de raiva da Rainha / Sem recear a ratoeira.

(Para apresentar o R, o poeta resgata o conhecido trava-língua: "O rato roeu a rolha do vidro de remédio do rei da Rússia e o rei morreu". É um livro lúdico para a fase da alfabetização.)

Encadeadinho

Segunda-feira / falo besteira. / Besteira nada, /
falo na fada. / Se a fada é boa, / falei à toa? /
Toa não ouve, / não come couve… / Que houve comigo? /
Não sei o que digo…

(Paulo Seben)

O poeta dá continuidade à popular lenga-lenga "Hoje é domingo / pé de cachimbo, / cachimbo é de ouro, etc., etc.".

Um Cordel para Menino

Guriatã-de-coqueiro, / quem você viu por primeiro, / o cavalo
ou o cavaleiro, / responda, Guriatã? / – O cavalo de Sucram.
/ – Me diga, meu passarinho, – Sucram estava sozinho, / me
diga, Guriatã?

– Estava com seu amigo / porém corriam perigo /
por causa do Papa-Figo. / – Voe logo, Guriatã, /
vá avisar a Sucram / e Leunam, vá, minha ave, /
senão não há quem se salve / da morte, Guriatã!

(Marcus Accioly. Guriatã, 1980.)

(Em alentado volume, com centenas de poemas, em que se fundem
o popular e o erudito, o poeta pernambucano Marcus Accioly resgata
toda uma tradição folclórica – a literatura de cordel – com vivências de
sua própria infância e memórias do imaginário que povoa o Nordeste
desde os tempos coloniais. É poesia para qualquer idade.)

7. *Flagrantes da vida citadina*
(Enquadrada entre muros e ruas asfaltadas; distanciada dos espaços
livres da natureza; mecanizada, informatizada.)

Vaca em Pó

Que dó / da vaca em pó / Não mugia / nem tinha alegria /
só ficava ali / no prato da gente / pastoso mingau.

(Almir Correa. Poemas Sapecas, 1997.)

Desmancha-prazeres

O tubarão assanhado / invadiu a festa das sardinhas. /
Coitadinhas! / Voltaram correndo / pras latinhas /
do supermercado.

(Ibidem)

Ecologia

Amanhece a cidade / em colorida cerração / ou será bonita / a poluição? // Olho gente / olho poluição / quanta gente / reclamando dela, / de carro / e cigarro na mão.

(Ulisses Tavares. *Viva a Poesia Viva*, 1997.)

Plim-plim

Cheguei em casa com a cabeça / cheia de grilos. / mas não deu no jornal nacional / e a família não ficou sabendo.

(Ibidem)

Boi

Boi de olhar tristonho, olhar perdido [...] Caminhas cada dia para a morte, / e nem sabes que amanhã presenciaremos / tua carne dourando a nossa fome / nosso prato diário desconhece / teu mugido tristonho, teu olhar descansado.

(Celina Ferreira. *Papagaio Gaio*, 1998.)

8. Apelo à visualidade gráfica do poema: o jogo entre a ideia e sua representação verbal estruturada em imagem

Multiplicam-se os textos que jogam com a *imagem* e a *palavra*, não apenas através do desenho, pintura ou ilustração, mas também com os múltiplos recursos computarizados. Novas técnicas estão sendo inventadas a partir das sucessivas conquistas da informática. E a área da literatura infantil vem sendo descoberta como o espaço ideal para essa nova arte experimental

Conclusão: selecionamos oito caminhos, recursos, intenções ou temas entre os mais encontradiços na poesia moderna destinada ao pequeno leitor. Ficam como sugestões aos professores, no sentido de escolherem outros livros ou textos, por analogia a estes ou, se diferentes, descobrirem como defini-los ou entender-lhes a natureza ou intenção maior.

A LINGUAGEM POÉTICA E SUA IMPORTÂNCIA EDUCACIONAL

Nunca será demais insistir no fato de que poesia (para crianças, jovens ou adultos) exige mais do que rimas e ritmos. O poema deve nascer de um *olhar inaugural*, de um *ver diferente* algo já conhecido ou *descobrir* algo ainda desconhecido.

Daí a importância que a moderna didática vem atribuindo aos *textos literários* (poéticos, narrativos, imagísticos...): eles resultam de uma atividade do *espírito humano*. Ou seja, resultam do *imaginário criador*, que entra em diálogo com *a razão* (com *o espírito lógico* que determina a *ordem* entre as coisas). No mundo atual (em pleno processo de transformação) é essa dialética entre *ordem* e *desordem* (ou entre *razão* e *intuição*) que caracteriza a literatura (em poesia ou prosa) moderna.

Sintetizando a complexidade do problema (e tendo em vista os ângulos pelos quais a poesia e a literatura podem ser lidas), propomos quatro tópicos para reflexão:

• Há duas formas distintas de conhecer: a que se dá pela *razão* (pela objetividade da lógica e do raciocínio) e a que resulta da *intuição* (da subjetividade do sujeito, de sua imaginação). Embora nenhuma delas exista em estado puro, em cada situação particular uma forma predomina sobre a outra.

• A *função referencial* da linguagem expressa basicamente o *conhecimento objetivo e lógico* da realidade. É a função primeira da linguagem informativa da ciência ou do convívio social, cotidiano ou comum. (Uma leitura "racional" seria aquela que se detém no significado referencial, imediato do texto ou da ilustração.)

• A *função poética* da linguagem expressa basicamente a *percepção intuitiva* da realidade observada ou as manifestações da *fantasia*, da *imaginação*, dos *sonhos*... É a função primeira da linguagem da poesia, do mito, da literatura... (Uma leitura "intuitiva" seria aquela que, buscando além do significado imediato e referencial do texto, pressente ou intui um outro significado que ali está latente, oculto).

• No momento atual (em que o mundo está passando por uma crise de transformação de suas antigas estruturas) é urgente que crianças e jovens, paralelamente ao *conhecimento objetivo* da herança cultural de seus maiores, sejam estimulados a desenvolver seu *potencial intuitivo e criativo* para redescobrir ou reinventar *hoje* as formas ou os valores em gestação que reestruturarão o mundo de *amanhã*. E, como sabemos, o convívio com a poesia (ou com a literatura ou a arte em geral) é uma das portas de entrada para o desenvolvimento das *potencialidades intuitivo-criativas* de cada indivíduo, bem como de sua *consciência crítica* (aquela que sabe discernir entre valores e desvalores; ou entre a "liberdade negativa" que está na base do caos atual, porque individualista-egocêntrica, e a "liberdade positiva" que, solidária, instaurará uma Nova Ordem entre os homens).

É nessa ordem de ideias que se inscreve a importância dada atualmente nas escolas à *leitura* de textos literários e/ou poéticos.

Hipóteses de leituras

A *leitura* é uma atividade mental e sensorial bastante complexa que exige exercícios gradativos de acordo com o nível de desenvolvimento global do educando.

Assim, para os *leitores aprendizes*, são aconselhados os livros que apelem para o seu *olhar* (ou também para suas mãos, no caso do livro-objeto de plástico, pano, madeira, etc.). São, pois, livros em que predomina a *linguagem visual* (desenhos, imagens, ilustrações), narrando uma *situação* facilmente compreendida pelas crianças e envolvendo personagens pertencentes aos diferentes ramos da natureza (animal, vegetal, mineral e fenômenos meteorológicos). No caso de livros de poesia (com ou sem ilustrações), a linguagem verbal dominante deve ser oralizante e lúdica (frases nominais, reiterações, onomatopeias, refrões, lenga-lengas...) que divertem de imediato (ver exemplos dados anteriormente para os pré-leitores e leitores iniciantes). O maior ou menor grau de intimidade leitor-poema dependerá inteiramente dos comentários a serem feitos pelo adulto, no sentido de ajudá-lo a descobrir novos detalhes ou novos significados no que leu, ou ainda inventar novas situações a partir daquela que o poema lhe apresentou.

Por exemplo, no poemeto de Sidônio Muralha:

Prisioneiro

Numa gaiola de pau
um pica-pau
fica mau
Fica
mau
fica,
e o pau
pica
o pica-pau.

Num primeiro contato o pequeno leitor é tocado ludicamente pelo jogo sonoro das vogais e consoantes que se repetem (au, ica, pê e éfe). Ao mesmo tempo, descobre ali uma situação triste (o pica-pau aprisionado) e poderá chegar a intuir ou compreender que a perda da liberdade torna a pessoa má. Não será difícil ao pequeno leitor sentir a intencionalidade semântica do poema, pois este resulta de uma perfeita coerência orgânica: o nome onomatopeico (pica-pau) expressa a função do pássaro (perfurar madeira em busca de larvas para se alimentar). Ao ser aprisionado, é impedido de exercer sua *função vital* e, consequentemente, privado do direito de *ser* pica-pau, é picado pelo "pau" da gaiola.

Da fruição e compreensão do poema, o pequeno aprendiz deve ser incentivado a criar novos jogos poéticos a partir das sugestões dadas pela leitura... é esse exercício que o enriquecerá interiormente e ampliará sua leitura de mundo. Para esse exercício, os processos de estímulo ou incentivos são inúmeros, mas sua eficácia depende de *como* o adulto os utilizará. Não há "fórmulas mágicas" que substituam o engajamento entusiasmado do professor ou orientador...

A partir dos níveis de *leitor fluente* e *leitor crítico*, o processo de leitura vai-se tornando mais complexo, pois depende da interação de fatores bem distintos, como:

• a *leitura de mundo* (Paulo Freire) pré-existente no leitor;

• sua capacidade de decodificar o *código verbal* do texto (a função de cada palavra na frase, da frase no parágrafo, do parágrafo no capítulo e deste no contexto global do livro);

• sua capacidade de ir além dessa decodificação do referencial e compreender ou intuir o sentido ou *significado* (mensagem) da situação ali criada; e

• sua capacidade de *interagir* com a leitura feita, através de exercícios de análise interpretativa ou crítica, que mobilizarão seus recursos interiores.

Resumindo: o *ato da leitura* é uma atividade mental que exige a interação de diferentes fatores; conhecimento da língua, percepção das relações existentes entre o *mundo real* em que vivemos e o *mundo da linguagem* (ou da arte) que o nomeia; dados culturais próprios do meio em que vive o leitor; condicionamentos psicológicos decorrentes de suas próprias experiências existenciais, etc.

Fazer convergir todos esses fatores (peculiares a cada educando) para o processo de aprendizagem é tarefa complexa que dificilmente pode ser orientada por normas ou regras objetivas e inflexíveis. O que precisa existir, *a priori*, no orientador, é um *projeto de trabalho*, cujas etapas resultarão dos objetivos imediatos e/ou mediatos e das circunstâncias reais que cada um tenha pela frente.

Como sugestão de trabalhos para o aproveitamento da matéria reunida neste volume, registramos a seguir alguns tópicos ou questões que podem servir de ponto de partida para a organização de um *projeto de trabalho*.

Da *leitura horizontal* para a *leitura vertical*

• Chamamos *leitura horizontal* à primeira fase de abordagem do texto, tendo em vista sua leitura interpretativa para além do prazer imediato do texto. Corresponde num primeiro momento a atividades *descritivas* ou meramente *reprodutoras* (paráfrase, resumo, sumário, sinopse, resenha, fichamento...). E, num segundo momento, a atividades *analítico-reflexivas* (análise ou caracterização das personagens ou do espaço; identificação do narrador ou dos diferentes recursos ou técnicas estilísticas simples: descrição, narração, diálogo, etc.).

Essas atividades propostas (paráfrase, resumo, etc.) têm como objetivo levar o educando a participar de uma *experiência humana* transfigurada em *matéria literária*, que deve envolvê-lo emocionalmente, diverti-lo, desafiá-lo, etc., etc.

Pela capacidade de resumir ou comentar com suas próprias palavras o que foi lido, é que começa o convívio fecundo do educando com a literatura. De inicio essa paráfrase pode ser *oral*, sob a forma de uma conversa informal com o professor. Posteriormente poderá ser *escrita*.

• Chamamos *leitura vertical* a que resulta do amadurecimento do leitor e o leva a buscar o significado oculto da matéria literária, sua possível simbologia, a natureza de suas estruturas, a problemática que dinamiza a efabulação, etc.

Inicialmente, essa *leitura vertical* pode se expressar oralmente (seminários, debates...) e, gradativamente, por escrito (dissertações, artigos, monografias...).

• Entre a fase da *leitura horizontal* e a da *leitura vertical*, necessariamente haverá a fase das *atividades ampliadoras* da experiência da leitura, tais como: *desenhos* que reproduzam a situação proposta pela história (exercícios de transposição do *nível verbal* da mensagem para o *nível iconográfico ou visual*); *modelagem* de personagens, em massa ou qualquer outro material (exercícios de transposição do *nível verbal* para a *dimensão espacial* – escultura ou fantoches...); *leitura dramatizada ou jogral* (exercícios de dinamização oral da linguagem escrita); *teatralização* (montagem de pequenos espetáculos com as histórias lidas, estimulando a criatividade dos leitores e pondo em movimento seus diferentes recursos de atuação: invenção do espaço cênico – cenário; transposição da linguagem escrita para a linguagem falada ou cantada; a iluminação adequada à situação em foco; representação da personagem – experiência psíquica: esforço do pequeno ator para se despersonalizar e assumir uma outra individualidade; exploração da expressão corporal; etc., etc.).

Como exercício de teatralização, o gênero popular do mamulengo (títeres, fantoches, bonecos de engonço, etc.) tem-se mostrado excelente como caminho para o necessário envolvimento da criança com a literatura.

Questões de reflexão e análise

Entre as *atividades ampliadoras* da *leitura vertical,* destacam-se os exercícios com a *escrita criativa.* Para aplicação da teoria exposta na 2ª parte – "Uma gramática da literatura infantil" – há uma série de questões a serem propostas:

1. Qual a natureza estrutural da *efabulação do texto* ou do livro lido? Linear, em retrospecto ou fragmentada? (Explicar essa estruturação valendo-se da teoria extraída de várias passagens dos roteiros sugeridos.)

2. As *personagens* em questão podem ser classificadas como tipo, caráter ou individualidade? (Analisar as principais e as secundárias, justificando as respostas ou análises.)

3. O *espaço* é natural ou social? É funcional ou decorativo (simples cenário)?

4. Caracterizar os *recursos narrativos* utilizados pelo autor: foco narrativo e natureza da linguagem (vocabulário popular ou culto? sintaxe simples ou complexa? predominância da narração ou do diálogo? linguagem metafórica ou realista?)

5. Classificar o *gênero,* a *forma* e/ou a *espécie literária* do texto ou livro em questão.

6. Descobrir os possíveis *valores ideológicos* (padrões morais, normas de comportamento, ideal de vida, preconceitos, etc.) que estariam sendo transmitidos através da matéria literária em análise. (Consultar principalmente o capítulo inicial deste volume: "A literatura infantil: abertura para a formação de uma nova mentalidade".)

7. Distinguir a *tendência literária* em que a obra se inscreve: Realismo Cotidiano? Realismo Mágico? etc. (Consultar "Linhas e tendências narrativas contemporâneas".)

8. Analisar a estrutura e a temática dos contos de fada e dos contos maravilhosos segundo o esquema de invariantes e variantes proposto por Propp. (Consultar "Análise estrutural dos contos de fada e contos maravilhosos".)

9. Organizar uma pequena *antologia de textos folclóricos*: contos de encantamento, religiosos, etimológicos, etc. (Consultar "Categorias de conto".)

10. Analisar a *adequação* ou inadequação de livros de figuras em relação às "faixas etárias" a que são destinados pelas editoras. (Consultar "Os livros infantis e o desenvolvimento da criança" e "O livro de gravuras no Brasil".)

11. Analisar *histórias em quadrinhos* ou *desenhos animados* que sejam sucesso de mercado. (Terão qualidades intrínsecas para isso? Ou tal sucesso se deve à engrenagem publicitária/comercial?)

12. Analisar as peculiaridades que distinguem as *ilustrações* dos livros tradicionais em relação às *imagens* ou aos *desenhos* nos livros infantis contemporâneos.

13. Analisar textos poéticos tradicionais confrontando-os com textos contemporâneos destinados às crianças. (Consultar "A poesia destinada às crianças".)

14. Analisar as *peculiaridades* que permitem ao texto poético uma *comunicação* imediata e fecunda com a criança. (Idem.)

Pesquisa original (temas para dissertações)

Os mesmos temas ou problemas sugeridos acima como exercícios de "escrita criativa" podem ser desenvolvidos em diferentes níveis, dependendo dos objetivos ou do estágio de evolução em que esteja o estudioso ou pesquisador. De qualquer forma, a "pesquisa original" pertence ao início dos estudos em nível universitário. Sugerindo alguns para esta fase:

1. A duplicidade inerente à literatura infantil: matéria literária e intencionalidade pedagógica.

2. O humor, a sátira ou a paródia, na literatura infantil, como denúncia dos erros, equívocos ou injustiças da sociedade.

3. A imagem da mulher: da literatura popular de raízes arcaicas à literatura infantil/juvenil contemporânea.

4. O maniqueísmo ético, inerente à literatura infantil tradicional, e o relativismo questionador, peculiar a certa linha da literatura infantil contemporânea.

5. A literatura infantil em face dos valores ideológicos: da criação literária romântica à criação literária dos nossos dias.

6. A literatura infantil de ontem e de hoje analisada em relação aos gêneros, subgêneros e formas narrativas.

7. A evolução do estilo literário adequado à criança: dos contos maravilhosos arcaicos às narrativas satíricas do presente.

8. A criação de personagens (tipo, caráter e individualidade) e a visão de mundo que estaria em sua gênese e evolução.

9. A simbologia dos contos maravilhosos (segundo Freud, Jung, Eric Fromm, Propp ou...).

10. Da novela de cavalaria medieval para os contos infantis (ou do trancoso), o teatro popular e a literatura de cordel no Nordeste.

11. O fabulário infantil contemporâneo e suas relações com a fábula tradicional.

12. Os temas básicos da literatura infantil: da tradicional à contemporânea.

13. A preocupação nacionalista (ou nativista) na literatura infantil brasileira: dos precursores (no entre-séculos) aos contemporâneos.

14. A literatura infantil no século XX e a ruptura do estilo tradicional. (Da narrativa exemplar, como representação de mundo, para a narrativa questionadora, como transformação de mundo.)

Como se vê, as sugestões de pesquisas arroladas acima limitam-se a *temas gerais:* ou melhor, a problemas ligados à *gênese, natureza* e *evolução* do gênero. Isso porque, a nosso ver, são esses os estudos mais urgentes a serem feitos para um melhor conhecimento dessa importante literatura. Concordamos, porém, que os *estudos monográficos* (de autores ou obras isoladas) são excelentes meios de preparação para as pesquisas de caráter comparativo e de áreas mais amplas. Há todo um mundo a ser descoberto no âmbito da literatura infantil brasileira, urge que as pesquisas se multipliquem...

Bibliografia

OBRAS CLÁSSICAS

AMICIS, Edmundo De. *Coração*. 48. ed. Rio de Janeiro, Francisco Alves, 1959.
ANDERSEN, Hans Christian. *Contos de Andersen*. 3. ed. Trad. do dinamarquês por Guttorm Hanssen. Revisão estilística por Herberto Sales. Il. originais de Vilh. Pedersen e Lorenz Frolich. Rio de Janeiro, Paz e Terra, 1981.
As Mil e Uma Noites. Versão Antoine Galland. Trad. M. V. Sotto Mayor. Lisboa, Editorial Estampa, s.d. 6 v.
Calila e Dimna. Versão árabe de Ibn Al/Mukafa/trad. Mansour Challita. Rio de Janeiro, Associação Cultural Internacional Gibran, 1975.
CARROLL, Lewis. *Aventuras de Alice no País das Maravilhas*. Il. John Tenniel. Interpr. Fernando de Mello. Rio de Janeiro, Ed. Brasília, 1976.
_____. *Aventuras de Alice no País das Maravilhas/Através do Espelho e o Que Alice Encontrou Lá*. 3. ed. Trad. e estudo de Sebastião Uchoa Leite. São Paulo, Summus, 1980.
COLLODI. *Le Avventure di Pinocchio*. Milão, Mondadori, 1950.
DEFOE, Daniel. *Aventures de Robinson Crusoé*. Il. Grandville. Paris, Garnier, 1894.
_____. *Aventuras de Robinson Crusoé*. Adapt. de Paulo Bacellar. Rio de Janeiro, Tecnoprint, s.d.
ESOPO. *Fábulas Completas*. Trad. Neide Smolka. São Paulo, Moderna, 1994.
FEDRO. *Fabulário*. 4. ed. Trad. do latim por João Ravizza. Niterói, Escolas Prof. Salesianas, 1934.
FONSECA, Branquinho da. (org.) *Contos Tradicionais Portugueses*. Lisboa, Portugália, s.d.
GRIMM, Frères. *Contes Choisis*. Trad. de l'allemand par Henri Mausvic. Paris, Flammarion, s.d.
GRIMM, Jacob & Wilhelm. *Contos*. Seleção, trad. e pref. Nair Lacerda. São Paulo, Cultrix, 1963.
LA FONTAINE. *Fábulas*. Il. G. Doré. São Paulo, Edigraf, s.d. 2 v.
LOBATO, José Bento Monteiro. *A Menina do Narizinho Arrebitado*. 1. ed. São Paulo, Monteiro Lobato & Cia., 1921. Ed. fac-similar pela Metal Leve.
_____. *Obras Completas*. São Paulo, Brasiliense, s.d. 17 v.
_____. *Reinações de Narizinho*. São Paulo, Nacional, 1934.
PERRAULT, Charles. *Contes de la Mère l'Oye*. Il. R. Placek. Paris, Maurice Glomeau, s.d.
_____ & AULNOY, D. *Contes des Fées*. Il. Lucien Métive. Trous, Mame, 1930.
PIMENTEL, Alberto Figueiredo. *Contos da Carochinha*. 18. ed. Rio de Janeiro, Liv. Quaresma, 1945.
SÉGUR, Condessa de. *Novos Contos de Fadas*. Trad. Marieta Pimenta. Porto, Liv. Figueirinhas, s.d.
SWIFT, Jonathan. *Gulliver's Travel*. London, Ward, s.d.
VERNE, Júlio. *Vinte Mil Léguas Submarinas*. 8. ed. Trad. Gaspar Borges de Avelar. Lisboa, Bertrand, s.d.

BIBLIOGRAFIA DE APOIO

ABRAMOVICH, Fanny. *O Estranho Mundo Que se Mostra às Crianças*. São Paulo, Summus, 1983.
ABRAMOWICZ, Anete/WAJSKOP, Gisela. *Educação Infantil. Creches*. São Paulo, Moderna, 1999.

ARAÚJO, Ulisses F. *Conto de Escola*. São Paulo, Ed. Unicamp/Moderna, 1999. (Col. Educação em Pauta – Teorias e Tendências)

ARNHEIM, Rudolf. *Arte & Percepção Visual*. São Paulo, Pioneira, 1983.

ARROYO, Leonardo. Literatura Infantil Brasileira. São Paulo, Melhoramentos, 1968.

BELINKY, Tatiana et alii. *A Produção Cultural para a Criança*. Org. R. Zilberman. Porto Alegre, Mercado Aberto, 1982.

BENJAMIN, Walter. *A Criança, o Brinquedo e a Educação*. São Paulo, Summus, 1984.

BETTELHEIM, Bruno. *A Psicanálise dos Contos de Fadas*. Rio de Janeiro, Paz e Terra, 1978.

BONNAZZI & Eco. *Mentiras Que Parecem Verdades*. São Paulo, Summus, 1980.

BRAGA, Teófilo. *Contos Tradicionais do Povo Português*. 2. ed. Lisboa, J. A. Rodrigues Editores, 1915.

BRANDÃO, Carlos Rodrigues. *O Que É o Método Paulo Freire*. 4. ed. São Paulo, Brasiliense, 1983.

CASCUDO, L. Câmara. *Cinco Livros do Povo*. Rio de Janeiro, s.d., 1953.

_____. *Contos Tradicionais do Brasil*. Rio de Janeiro, Americ Ed., 1946.

_____. *Dicionário do Folclore Brasileiro*. Rio de Janeiro, INL/MEC, 1962. 2 v.

_____. *Literatura Popular em Verso* (I): Rio de Janeiro, Fundação Casa de Rui Barbosa/INL/MEC, 1962.

CLAPARÈDE, Edmund. *Psychologies de l'Enfant et Pedagogie Experimentale*. Genêve, Kundig, 1911.

COELHO, Eduardo Prado. *O Reino Flutuante*. Lisboa, Edições 70, 1972.

COELHO, N. Novaes. *Dicionário Crítico de Literatura Infantil/Juvenil Brasileira*. 4. ed. rev. São Paulo, EDUSP, 1995.

_____. *O Conto de Fadas*. São Paulo, Ática, 1987. (Série Princípios)

_____. *Panorama Histórico da Literatura Infantil/Juvenil*. São Paulo, Ática, 1990. (Série Fundamentos)

COMENIUS, J. Amos. *Didática Magna*. Rio de Janeiro, Organização Simões, 1954.

CONDEMARÍN/GALDAMES/MEDINA. *Oficina de Linguagem*. São Paulo, Moderna, 1999.

FORSTER, E. M. *Aspects of the Novel*. London, Arnold, 1927.

FRACCAROLI, Lenyra C. *Bibliografia da Literatura Infantil em Língua Portuguesa*. São Paulo, Pref. Municipal de São Paulo, 1953.

FREIRE, Paulo. *Pedagogia do Oprimido*. Rio de Janeiro, Paz e Terra, 1997.

FROMM, Erich. *A Linguagem Esquecida*. Rio de Janeiro, Zahar, 1976.

GARRISON, H. C. *Psicologia da Criança*. São Paulo, Ibrasa, 1971.

GÓES, Lúcia Pimentel. Introdução à Literatura Infantil e Juvenil. São Paulo, Pioneira, 1984.

_____. *Em Busca da Matriz*. São Paulo, Faculdades Teresa Martin, 1998.

HELD, Jacqueline. *O Imaginário no Poder*. São Paulo, Summus, 1980.

HUBERT, René. *Tratado de Pedagogia General*. Buenos Aires, El Ateneo, 1957.

_____. *El Desarrollo Mental*. Buenos Aires, Kapelusz, 1965.

HUIZINGA, Johan. *O Declínio da Idade Média*. Lisboa, Ulisseia, s. d.

JOLLES, A. *Formas Simples*. Trad. Álvaro Cabral. São Paulo, Cultrix, s.d.

JUNG, Carl G. *Símbolos de Transformación*. Buenos Aires, Paidos, 1962.

KAYSER, W. *Interpretación y Análisis de la Obra Literária*. Madrid, Gredos, 1954.

LAUWE, Marie-José de. *Um Outro Mundo: a Infância*. Trad. Noemi Moritz et alii. São Paulo, Perspectiva/Edusp, 1991

LEWIS, Michael. *Alterando o Destino*. Trad. Dinah de Abreu Azevedo. São Paulo, Ed. Unicamp/Moderna, 1999.

LIMA, Lauro de Oliveira. *Piaget para Principiantes*. São Paulo, Summus, 1980.

LOEFELER, M. *Le Symbolisme des Contes de Fées*. Paris, Flammarion, 1949.

MAKARENKO, Anton. *Acerca de la Literatura*. Montevidéu, Pueblos Unidos, 1960.

MANTOVANI, Fryda Schultz de. *Sobre las Hadas*. Buenos Aires, Ed. Nova, 1974.

MARNY, Jacques. *Sociologia das Histórias em Quadrinhos*. Porto, Civilização Ed., 1970.

MARQUES JR., Henrique. *Achegas para uma Bibliografia Infantil*. Lisboa, Biblioteca Nacional, 1928.

MATUI, Jiron. *Construtivismo – Teoria Construtivista Sócio-histórica Aplicada ao Ensino*. São Paulo, Moderna, 1998.

MENÉRES, M. Alberta. *O Poeta Faz-se aos 10 Anos*. Lisboa, Assírio & Alvim, 1973.
MIRANDA, M. do Carmo Tavares de. *Educação no Brasil*. Recife, UFP, 1975.
MONTAIGNE, Michel de. Da Educação das Crianças. *Ensaios-I*, São Paulo, Abril, 1972. (Col. Os Pensadores)
MONTSERRAT MORENO. *Como se Ensina a Ser Menina*. Trad. Ana Venite Fuzatto. São Paulo, Ed. Unicamp/Moderna, 1999.
_____. et alii. *Falemos de Sentimentos – a Afetividade como um Tema Transversal*. Trad. Maria Cristina de Oliveira. São Paulo, Moderna, 1999.
MOYA, Álvaro. *Shazam!* São Paulo, Perspectiva, 1977.
MUNARI, Bruno. *Design e Comunicação Visual*. São Paulo, Pioneira, 1986.
O Mito da Infância Feliz. Org. Fanny Abramovich. São Paulo, Summus, 1983.
OSTROWER, Fayga. *Criatividade e Processos de Criação*. Rio de Janeiro, Imago, 1977.
PEARCE, Joseph Chilton. *A Criança Mágica*. Rio de Janeiro, Francisco Alves, 1983.
PIAGET, Jean. *A Construção do Real na Criança*. São Paulo, Ática, 1996.
_____. *Para onde Vai a Educação*. Rio de Janeiro, José Olympio, 1975.
_____. *A Formação do Símbolo na Criança*. Rio de Janeiro, Zahar, 1978.
PORCHER, Louis. *Educação Artística: Luxo ou Necessidade?* São Paulo, Summus, 1982.
POUILLON, Jean. *O Tempo no Romance*. Trad. Heloysa Dantas Mota. São Paulo, Cultrix/Edusp, 1974.
PROPP, Wladimir. *Morphologie du Conte*. Paris, Gallimard, 1970.
_____. *Las Raíces Históricas del Cuento*. Madrid, Ed. Fundamentos, 1979.
RODARI, Gianni. *Gramática da Fantasia*. São Paulo, Summus, 1982.
RODRIGUES, Marlene. *Psicologia Educacional*. São Paulo, McGrawHill, 1976.
ROUSSEAU, Jean-Jacques. *Émile ou De l'Éducation*. 16. ed. Paris, Classiques Larousse, s.d.
SAINTYVES, P. *Les Contes de Perrault* (Et les récits paralléles). Paris, Libraire Critique, 1923.
SEBER, Maria da Glória et alii. *Psicologia do Pré-escolar*. São Paulo, Moderna, 1995.
SORIANO, Marc. *Guide de Littérature pour la Jeunesse*. Paris, Flammarion, 1975.
SOUZA, Herbert de. *Ética*. São Paulo, Moderna, 1994.
SPENGLER, O. *La Decadencia de Occidente*. Buenos Aires, Espasa-Calpe Argentina, 1952. 2 v.
STAIGER, Emil. *Conceptos Fundamentales de Poética*. Madrid, Rialp, 1966.
TODOROV, Tzvetan. *As Estruturas Narrativas*. São Paulo, Perspectiva, 1969.
TRIGON, Jean. *Histoire de la Littérature Enfantine*. Paris, Hachette, 1950.
VON FRANZ, Marie Louise. *A Interpretação dos Contos de Fadas*. Rio de Janeiro, Achiamé, 1981.

BIBLIOGRAFIA DE LITERATURA INFANTIL
Obras citadas

ALMEIDA, Fernando Lopes de. *A Fada Que Tinha Ideias*. (Il. Elvira Vigna) São Paulo, Ática, 1975.
AZEVEDO, Ricardo. *Aquilo*. São Paulo, Melhoramentos, 1985.
_____. *Do Outro Lado da Janela*. São Paulo, Moderna, 1992.
_____. *Nossa Rua Tem Problema*. São Paulo, Paulinas, 1986.
_____. *Se Eu Fosse um Tomate*. São Paulo, Moderna, 1999.
_____. *Um Homem no Sótão*. São Paulo, Melhoramentos, 1982.
BANDEIRA, Pedro. *Pequeno Pode Tudo*. (Il. A. Llinares Martin) São Paulo, Moderna, 1987.
_____. *Sem Pé nem Cabeça*. (Il. Walter Ono) São Paulo, Moderna, 1992.
BARRETO, Antônio. *Balada do Primeiro Amor*. Belo Horizonte, Ed. RHJ, 1994.
BELINKY, Tatiana. Série Os Medinhos (Il. Carlos E. Herrero) São Paulo, Moderna, 1998.
_____. *Bumburlei*. (Il. Zéflávio) Belo Horizonte, Formato, 1996.
_____. *Medroso! Medroso!* (Il. Alcy) São Paulo, Ática, 1985.
BORGES, Rogério. *O Último Broto*. São Paulo, Moderna, 1993.
_____. *Silvino Silvério*. São Paulo, FTD, 1986.
BORTONE, Heleninha. *Precisa-se de um Avô*. (Il. Rodolfo Zalla) São Paulo, Moderna, 1987.

BRASIL, Francisco Assis. *Yakima, o Menino Onça*. São Paulo, Saraiva, 1995.

BRAZ, Júlio Emílio. *Na Selva do Asfalto*. São Paulo, Moderna, 1994.

CASTRO, Maria da Glória C. de. *Em Carne Viva*. São Paulo, Moderna, 1986.

CARR, Stella e RIBEIRO, Laís Carr. *Eu, Detetive – O Caso do Sumiço*. (Il. Carlos Brito) São Paulo, Moderna, 1998.

CHICO BUARQUE. *Chapeuzinho Amarelo*. Rio de Janeiro, Berlendis & Vertecchia, 1979.

COELHO, Ronaldo Simões. *Dormir Fora de Casa*. (Il. Robson Araújo) São Paulo, FTD, 1986.

_____. *Macaquinho*. (Il. Eva Furnari) Belo Horizonte, Editora Lê, 1985.

_____. *Nasceu Sabendo*. (Il. Edna de Castro) São Paulo, FTD, 1986.

COIMBRA, Hebe. *O Medo Medonho da Minda*. (Il. Claudio Martins) Belo Horizonte, Formato, 1999.

COSTA, Wagner. *O Segredo da Amizade*. São Paulo, Moderna, 1998.

FITTIPALDI, Ciça. *A Árvore do Mundo*. São Paulo, Melhoramentos, 1988.

FRANÇA, Mary & ELIARDO. *Buá... Buá... O Que Será?* São Paulo, Ática, 1991.

FURNARI, Eva. *Assim Assado*. São Paulo, Moderna, 1991.

_____. Coleção Peixe Vivo. São Paulo, Ática, 1980.

_____. *O Problema do Clóvis*. São Paulo, Vale Livros, 1992.

_____. *Quem Embaralha Se Atrapalha*. São Paulo, FTD, 1986.

_____. *Traquinagens e Estripulias*. São Paulo, Global, 1983.

GALDINO, Luiz. *O Matador de Passarinhos*. São Paulo, Moderna, 1994.

GANYMÉDES, José. *Amarelinho*. (Il. Grace Waddington) São Paulo, Moderna, 1983.

GIOMAR. *A Festa dos Espantalhos*. (Il. Marlette Menezes) Belo Horizonte, Ed. Lê, 1988.

GÓES, Lúcia Pimentel. *Amanhã e Já-Já*. (Il. Alice Góes) São Paulo, Ed. do Brasil, 1985.

_____. Coleção Mexe e Remexe. (Il. Alice Góes) São Paulo, Scipione, 1987.

_____. *Falando pelos Cotovelos*. (Il. Osney) São Paulo, Moderna, 1990.

_____. *Dráuzio*. (Il. Walter Ono) São Paulo, Melhoramentos, 1983.

_____. *Zé Diferente*. (Il. A. Lopez Fº) São Paulo, Melhoramentos, 1981.

GOUVEIA, Ricardo. *Amanhã Será o Deserto*. (Il. Odilon) São Paulo, Moderna, 1994.

GRISOLLI, Paulo. *Um Leão em Perigo*. (Il. Gerson Conforto) Rio de Janeiro, Salamandra, 1985.

GUEDES, Avelino. *Cobra-cega*. São Paulo, Moderna, 1990.

_____. *Parece, mas não É*. São Paulo, Scipione, 1990.

GUIMARÃES, Vicente. *João Bolinha Virou Gente*. Rio de Janeiro, LEMI, 1981.

HIRATSUKA, Lúcia. *Um Rio de Muitas Cores*. São Paulo, Studio Nobel, 1999.

IANNONE, Leila Rentróia. *Eu Gosto Tanto de Você*. São Paulo, Moderna, 1988.

JUNQUEIRA, Sonia. *O Macaco e a Boneca de Cera*. Belo Horizonte, Formato, 1997.

KIRINUS, Glória. *Formigarra Cigamiga*. Curitiba, Ed. Braga, 1993.

KRIEGER, Maria de Lourdes. *Irmão-Sanduíche*. (Il. Miadaira) São Paulo, Moderna, 1993.

KUPERMAN, Mario. *Na Terra Plantei Meu Sonho*. São Paulo, Moderna, 1991.

KUPSTAS, Marcia. *O Bolo do Lobo*. (Il. Paulo Manzi) São Paulo, Moderna, 1997.

LAGO, Ângela. *A Novela da Panela*. São Paulo, Moderna, 1998.

MACHADO, Ana Maria. *Alguns Medos e Seus Segredos*. (Il. Eliardo França) Rio de Janeiro, Ed. Nova Fronteira, 1980.

_____. *Bia Bisa Bisa Bel*. (Il. Regina Yolanda) Rio de Janeiro, Salamandra, 1982.

_____. *Era uma Vez um Tirano*. Rio de Janeiro, Salamandra, 1981.

_____. *Menina Bonita do Laço de Fita*. (Il. Walter Ono) São Paulo, Melhoramentos, 1986.

_____. *O Domador de Monstros*. Rio de Janeiro, Salamandra, 1995.

MACHADO, Ângelo. *O Ovo Azul*. (Il. Rachel Lourenço) Rio de Janeiro, Salamandra, 1998.

MACHADO, Juarez. *Ida e Volta*. Rio de Janeiro, Agir, 1984.

MACHADO, Maria Clara. "O Rapto das Cebolinhas", in *Teatro I*. Rio de Janeiro. Agir, 1981.

MARINS, Francisco. *O Bugre do Chapéu-de-Anta*. (Il. O. Storni) São Paulo, Melhoramentos, 1956.

MAZUR, Diane. *Uma Pedra no Sapato*. (Il. Pat Gwinner) Rio de Janeiro, Orientação Cultural, 1983.

MORAES, Antonieta Dias de. *Contos e Lendas de Índios do Brasil.* (Il. Heloísa Paula Santos) São Paulo, Ed. Nacional/INL, 1979.
_____. *O Mistério do Grande Rio.* (Il. Claudio Martins) Rio de Janeiro, Nova Fronteira, 1983.
MUNIZ, Flávia. *A Gatocleta do Miafino.* (Il. Alcy) São Paulo, FTD, 1985.
_____. *Fantasma só Faz Buuuuu!* (Il. Carlos E. Herrero) São Paulo, Moderna, 1984.
MURALHA, Sidônio. *A Televisão da Bicharada.* Rio de Janeiro, Nórdica, 1982.
NAVARRO, Jesse e MELO, Márcia. *O Dragão do Jardim.* (Il. Rogério Borges) São Paulo, Moderna, 1993.
NEIVA, Lia. *Chamuscou, não Queimou.* (Il. Roger Mello) Rio de Janeiro, Ediouro, 1994.
NICOLELIS, Giselda Laporta. *Um Dono para Buscapé.* (Il. Cecília Iwashita) São Paulo, Moderna, 1980.
NUNES, Lygia Bojunga. *A Bolsa Amarela.* (Il. Marie Louise Nery) Rio de Janeiro, Agir, 1976.
_____. *Corda Bamba.* Rio de Janeiro, Civilização Brasileira, 1974.
_____. *Meu Amigo Pintor.* Rio de Janeiro, José Olympio, 1987.
ORTHOF, Sylvia. *Maria Vai com as Outras.* (Il. Tato) São Paulo, Ática, 1983.
_____. *Se as Coisas Fossem Mães.* (Il. Ana Raquel) Rio de Janeiro, Nova Fronteira, 1984.
PACCE, Claudia. *A Cara das Minhas Ideias.* (Il. Leninha Lacerda) São Paulo, Moderna, 1991.
PIMENTEL, Luís. *O Peixinho do S. Francisco.* Rio de Janeiro, Agir, 1994.
PINSKY, Mirna. *As Muitas Mães de Ariel.* (Il. M. José Boaventura) São Paulo, Melhoramentos, 1980.
_____. *Assombramentos.* (Il. Helena Alexandrino) São Paulo, Paulinas, 1986.
_____. *Iniciação.* (Il. Sônia Ledic) Belo Horizonte, Ed. Comunicação, 1980.
_____. *Pequenininha.* (Il. Denise Frailed) Belo Horizonte, Miguilim, 1984.
_____. *Quebra-cabeça.* (Il. Helena Alexandrino) São Paulo, FTD, 1993.
PORTO, Cristina. *Para Onde Vai?* (Il. Tenê) São Paulo, FTD, 1986.
_____. *Se... Será, Serafina?* (Il. Michele Iaccoca) São Paulo, Ática 1980.
RAEDER, Romilda. *O Enigma dos Vikings.* São Paulo, Atual, 1999.
REGINO, Maria de. *O Planeta do Amor Eterno.* (Il. Roko) São Paulo, Moderna, 1993.
REIS, Lúcia. *O Gato Pirado.* São Paulo, Paulinas, 1995.
RENNÓ, Regina Coeli. *Que Planeta É Esse?* São Paulo, FTD, 1989.
RIBEIRO, Marcos. *Menino Brinca de Boneca?* Rio de Janeiro, Salamandra, 1990.
ROCHA, Ruth. *Azul É Lindo: o Planeta Terra.* Rio de Janeiro, Salamandra, 1997.
_____. *De Hora em Hora.* (Il. Helena Alexandrino) São Paulo, Quinteto Editorial, 1998.
_____. *O Menino Que Aprendeu a Ver.* (Il. Elisabeth Teixeira) São Paulo, Quinteto Editorial, 1998.
_____. *O Reizinho Mandão.* (Il. Walter Ono) São Paulo, Quinteto Editorial, 1990.
_____. *Sapo Que Vira Rei Vira Sapo.* (Il. Walter Ono) Rio de Janeiro, Salamandra, 1982.
_____. Série *O Livro dos Sentidos.* (Il. Walter Ono) São Paulo, FTD, 1988.
ROCHA, Wilson. *As Portas Fantásticas.* São Paulo, Atual, 1998.
_____. *O Filho das Estrelas.* São Paulo, Moderna, 1989.
ROMANELLI, Edgard. *O Planeta Berra.* São Paulo, Moderna, 1990.
SAINT-EXUPÉRY, Antoine de. *O Pequeno Príncipe.* São Paulo, Círculo do Livro, s/d.
SALES, Herberto. *O Burrinho Que Queria Ser Gente.* São Paulo, Ed. do Brasil, 1980.
SILVA, Amaury B. da. *Um Camelo no Último Andar.* Belo Horizonte, Comunicação, 1980.
SOUZA, Flávio de. *Homem não Chora.* Belo Horizonte, Formato, 1994.
_____. *Vida de Cachorro.* Belo Horizonte, Formato, 1996.
SOUZA, Herbert de. *A Zeropeia.* (Il. Bia Salgueiro) Rio de Janeiro, Salamandra, 1999.
_____. *Miltopeia. A Centopeia Solidária.* (Il. Chico Alencar) Rio de Janeiro, Salamandra, 1999.
STRAUSZ, Rosa Amanda. *Mamãe Trouxe um Lobo para Casa!* (Il. Fernando Nunes) São Paulo, Salamandra, 1995.
TELLES, Carlos Queiroz. *Anhenby Piá Tietê Menino.* São Paulo, Moderna, 1995.
VALE, Mário. *O Almoço.* Belo Horizonte, Formato, 1987.

VIANA, Vivina de Assis. *Eu Sou Isso?* (Il. Ana Raquel) Belo Horizonte, Ed. Lê, 1985.
VIEIRA, Isabel. *O Último Curumim.* (Il. Avelino Guedes) São Paulo, Moderna, 1994.
WERNECK, Leny. *Embaixo da Cama.* Rio de Janeiro, Salamandra, 1980.
XAVIER, Marcelo. *Asa de Papel.* Belo Horizonte, Formato, 1993.
_____. *O Dia a dia da Dadá.* Belo Horizonte, Formato, 1987.
_____. *Mitos.* (O Folclore do Mestre André) Belo Horizonte, Formato, 1997.
XUXA. *Só.* (Il. Denise & Fernando) Rio de Janeiro, Nova Fronteira, 1985.
ZÉLIO. *A Descoberta da Cornuália.* (Il. Rui de Oliveira) São Paulo, Atual, 1984.
ZIRALDO. *O Menino Maluquinho.* São Paulo, Melhoramentos, 1981.
_____. *O Menino Quadradinho.* São Paulo, Melhoramentos, 1995.

BIBLIOGRAFIA COMENTADA

AMARILHA, Marly. *Estão Mortas as Fadas?* (Literatura Infantil e prática pedagógica) Petrópolis, Vozes/EDUFRN, 1997. (93 pp.)
Volume que resulta das atividades da autora como docente, pesquisadora e coordenadora de grupos de trabalho, este enfeixa uma dezena de textos de reflexão e análises sobre a leitura de literatura e suas relações com a prática de ensino, visando principalmente a formação do próprio docente como leitor atento ou crítico.

BARBOSA, Ane Mae. *A Imaginação no Ensino da Arte.* São Paulo, Perspectiva/Fundação Iochpe, 1991. (134 pp.)
Dando destaque ao papel que a Arte deve desempenhar na formação das crianças e dos adolescentes, este livro analisa as metodologias de ensino que partem da concepção da obra de arte não apenas como um valor em si, mas também como expressão ou testemunho da história que a humanidade vem construindo. Destaque especial à *metodologia triangular* do ensino da arte, isto é, a que inter-relaciona o fazer artístico à leitura da obra de arte e à história da arte, tendo a Imagem como centro de interesse.

BARBOSA, S. Antônio & AMARAL, Emília. *Escrever É Desvendar o Mundo.* (A linguagem criadora e o pensamento lógico) Campinas, Papirus, 1986 (Série Educar Aprendendo). (179 pp.)
Entendendo a leitura e a escrita como processos de liberação do pensamento e da linguagem, que levam o sujeito a ampliar os limites do seu eu e a "desvendar o mundo", os autores oferecem aqui uma síntese de muitos anos de experiência com orientação dos processos de redação. Experiência essa concretizada aqui em dezenas de recursos, técnicas, roteiros, propostas de exercícios de leitura e de escrita, que visam trabalhar "linguagem e pensamento, escritura e leitura" de maneira criativa.

BORDINI, M. G. & AGUIAR, V. Teixeira. *Literatura: A Formação do Leitor.* (Alternativas metodológicas) Porto Alegre, Mercado Aberto, 1988. (173 pp.)
Considerando a formação do leitor como um fenômeno complexo que, centrado no texto, necessariamente se inter-relaciona com as mais diversas áreas da cultura, as autoras enfatizam a necessidade de preparação teórica dos professores e educadores, a fim de que possam desenvolver práticas inovadoras e dinâmicas. Entre os métodos analisados estão: o Científico, o Criativo, o Recepcional, o Comunicacional e o Semiológico. A cada um deles correspondem sugestões de currículos adequados.

COELHO, Betty. *Contar Histórias: uma Arte sem Idade.* São Paulo, Ática, 1986. (78 pp.)
Resultante da longa experiência da autora na "arte de contar histórias" para crianças e adultos, este registro didático constitui um roteiro esclarecedor dos segredos e técnicas a serem utilizadas pelo "contador de histórias" para fascinar seu auditório. Essa arte é um dos grandes instrumentos de que podem lançar mão os responsáveis pela orientação dos leitores aprendizes, seja na escola, seja em oficinas de literatura e criatividade.

LITERATURA INFANTIL

Coleção Aprender e Ensinar com Textos
GERALDI, J. W. & CITELLI, A. *Aprender e Ensinar com Textos de Alunos*. Vol. 1. São Paulo, Cortez, 1997. (203 pp.)
BRANDÃO, H. & MICHELETTI, G. *Aprender e Ensinar com Textos Didáticos e Paradidáticos*. vol. 2 (Idem)
CITELLI, Adílson (coord.). *Aprender e Ensinar com Textos não Escolares*. vol. 3. (Idem)
Destinados a professores de ensino fundamental e de ensino médio, os títulos dessa coleção resultam de uma pesquisa coordenada por professores da USP e Unicamp e desenvolvida em escolas de ensino fundamental de diferentes regiões de São Paulo. Seu principal objetivo foi analisar as práticas referentes à leitura e produção de textos verbais, bem como detectar as possíveis relações mantidas pela escola com as linguagens dos meios de comunicação de massa.

FRIEDMAN, Adriana. *Brincar, Crescer e Aprender*. (O resgate do jogo infantil) São Paulo, Moderna, 1999.
Reflexões e propostas de ação educacional, que se inscrevem na atual corrente de revalorização ou redescoberta do jogo, da brincadeira, como atividade essencial para o desenvolvimento integral da criança. Destaca a visão de Piaget e de seus discípulos sobre o jogo, desenvolvimento e aprendizagem. Registra uma relação de jogos tradicionais desde o começo do século até os anos 90.

FREIRE, Paulo. *Pedagogia da Autonomia*. (Saberes necessários à prática educativa) Rio de Janeiro, Paz e Terra, 1996 (Col. Leitura). (165 pp.)
Reflexões sobre a tarefa do educador, como exercício permanente de autoaprendizado, de busca e de rigor de conhecimento, de consciência crítica e ética, de aceitação do risco que representa a busca do novo e, acima de tudo, o comprometimento generoso e solidário com o educando.

GÓES, Lúcia Pimentel. *Olhar de Descoberta*. (Il. Eva Furnari) São Paulo, Mercuryo, 1996. (166 pp.)
Privilegiando a leitura da intertextualidade verbal/visual patente na atual literatura para crianças – a Literatura Infantil/Juvenil (LIJ), chamada de "objeto novo" –, a matéria analisada e reunida pela autora neste volume visa a formação do Leitor Sujeito, isto é, o leitor ativo e criador, que redescubra a leitura e o mundo com um "olhar de descoberta" e encontre uma determinada "ordem" em meio à aparente "desordem" do mundo atual.

KHEDE, Sônia Salomão (org.) *Literatura Infantil/Juvenil: um Gênero Polêmico*. Porto Alegre, Mercado Aberto, 1986. (166 pp.)
Coletânea de artigos acerca de problemas ligados à literatura destinada às crianças e seu comprometimento com a escola, com as inovações exigidas pelo mundo em transformação. Colaboram, entre outros, Regina Zilberman, Laura Sandroni, Marisa Lajolo, Ezequiel Theodoro da Silva, Edmir Perrotti, Maria da Glória Bordini, Francisca Nóbrega.

KRAMER, Sônia. *Por entre as Pedras: Arma e Sonho na Escola*. (Série Educação em Ação) São Paulo, Ática, 1993. (213 pp.)
Originalmente tese de doutorado, este livro resulta de um trabalho de pesquisa e prática, feito com paixão e inteligência, no âmbito do Ensino, buscando analisar as complexas relações que ali interagem, e chegar a sínteses provisórias (e aplicáveis à nossa realidade) de propostas inovadoras que são básicas para a renovação pedagógica e didática (Mikhail Bakhtin, L. S. Vygotsky, Walter Benjamin...)

KRAMER (org.) *Com a Pré-escola nas Mãos*. (Uma alternativa curricular para a educação infantil.) São Paulo, Ática, 1989. (110 pp.)
Realizado por diversos professores e pesquisadores, este livro reúne experiências e reflexões que se mostraram positivas dentro das circunstâncias reais que a realidade educacional brasileira oferece.

LENHARD, Rudolf & SPÍNOLA, Heloisa. *Escola – Dúvidas e Reflexões.* (Problemas sociopolíticos da estrutura e funcionamento do ensino fundamental) São Paulo, Moderna, 1999. (190 pp.)
Discussão de questões de grande atualidade e relevância para a Educação, tais como: objetivos e funções da escola; interesses e disciplina dos alunos; burocracia e ensino; formação de professores e ética profissional.

LEWIS, Michael. *Alterando o Destino: Por que o Passado não Prediz o Futuro?* Trad. Dinah de Abreu Azevedo. São Paulo, Ed. Unicamp/Ed. Moderna, 1999. (271 pp.)
Instigante estudo sobre o desenvolvimento psíquico humano, este, realizado pelo pediatra e psiquiatra americano Michael Lewis, põe em questão o clássico paradigma organicista e determinista da psicologia da educação. Aquele que interpreta o fenômeno das transformações ou aquisições psíquicas pelas quais passa o ser humano, desde a infância, como resultantes de um processo mais ou menos linear, gradual, contínuo e ordenado. Processo que, sendo orientado por determinadas *causas* e circunstâncias, permitiria "cartografar" (via instrumentos de mensuração) a construção da "personalidade" humana e "predizer" o seu futuro desenvolvimento.
Problematizando essa visão determinista da personalidade humana, e sua consequente atuação no mundo, o autor se empenha, na linha do *pensamento complexo*, em mostrar e demonstrar a presença do imponderável e imprevisível na formação do ser humano, e a necessidade de se introduzir a *casualidade*, o *acaso*, na construção de um novo saber sobre o desenvolvimento humano, pautado agora por uma perspectiva contextual e histórica, em que "o passado não prediz o futuro".

LIPMAN, Mattew. *A Filosofia Vai à Escola.* Trad. M. A. B. Prestes et alii. São Paulo, Summus, 1990. (252 pp.)
Inserindo-se no âmbito dos debates sobre os novos rumos que se propõem à Educação, este livro defende a introdução da Filosofia nos currículos dos Ensinos Fundamental e Médio. Sua defesa se apoia no fato de que, nestes tempos em mutação, mais do que nunca se faz urgente orientar as novas gerações para o desenvolvimento de sua potencialidade intelectual, através de discussões sobre conceitos universais, aplicados à vida cotidiana, que provoquem o desenvolvimento do espírito crítico.

MACHADO, Irene. *Literatura e Redação.* (Conteúdo e Metodologia da Língua Portuguesa) São Paulo, Scipione, 1993. (271 pp.)
Excelente proposta de práticas experimentais com língua e literatura em sala de aula. Fundamentada numa inteligente seleção de dados teóricos de base e de novas estratégias metodológicas e didáticas, a matéria aqui reunida desenvolve tópicos-chaves para o estudo atualizado da literatura em vários níveis do ensino, combinados de maneira objetiva e criativa com uma centena de inteligentes análises de livros ou textos literários.

MATUI, Jiron. *Construtivismo.* (Teoria Construtivista Sócio-histórica Aplicada ao Ensino). São Paulo, Moderna, 1999.
Na linha do construtivismo sócio-histórico, que integra Piaget, Vygotsky e Wallon, este livro discute de maneira objetiva o processo pelo qual o conhecimento é construído na mente infantil, e tendo em vista esse processo sugere múltiplas estratégias de como aplicar os princípios construtivistas no ensino.

RODRIGUES, Vera Regina (org.). *Muda o Mundo, Raimundo* (Educação Ambiental no Ensino Básico do Brasil). Brasília, WWF/Ministério do Meio Ambiente, 1997. (188 pp.)
Em estilo coloquial/dialogante, desenvolve-se uma narrativa lúdica, lastreada em dados rigorosamente pesquisados e que se oferece como possível caminho para a educação ambiental ou ecológica no curso fundamental. Educação que implica numa nova concepção da experiência escolar e do papel da própria escola. Em sua trama narrativa, sucedem-se conceitos, métodos, estratégias e objetivos que articulam entre si aspectos ecológicos, históricos, culturais, sociais, políticos e econômicos da realidade atual – todos eles convergindo para o objetivo maior: a construção de uma sociedade consciente de si mesma e orientada pela ética da solidariedade.

OLIVEIRA, Maria Alexandre. *Leitura Prazer.* (Interação Participativa da Criança com a Literatura Infantil na Escola) São Paulo, Paulinas, 1996 (Col. Comunicar). (294 pp.)
Fruto de longa experiência em salas de aula, testando "dinâmicas" de leitura literária para crianças do ensino fundamental, este volume alia reflexões teóricas, jogos de leitura e atividades correlatas que, de maneira objetiva e inteligente, oferecem-se como bons guias para o trabalho docente nessa importante fase: a formação do pequeno leitor.

PACHECO, Elza Dias (org.) *Comunicação Educação e Arte na Cultura Infantojuvenil.* São Paulo, Ed. Loyola, 1991. (167 pp.)
Apresentados originalmente em um curso de extensão universitário, os estudos aqui reunidos concentram-se na análise da produção cultural veiculada pelos multimeios de comunicação (TV, vídeo, quadrinhos, etc.) e seus efeitos positivos e negativos no processo de educação de crianças e jovens.

PACHECO, Elza Dias (org.). *Televisão Criança Imaginária e Educação.* São Paulo, Papirus, 1998. (160 pp.)
Reunião de ensaios de vários autores, esta coletânea versa sobre o papel da TV em relação à criança no final do século XX. A ideia dominante é mostrar esse controvertido meio de comunicação como "escola paralela", cuja força de persuasão não pode ser ignorada pelo educador. Este é alertado para a necessidade de, através do lúdico, levar a criança a realizar "uma leitura crítica da realidade, para que desde cedo ela participe ativamente das transformações sociais".

PAPERT, Seymour. *Logo: Computadores e Educação.* Trad. J. A. Valente et alii. São Paulo, Brasiliense, 1985. (254 pp.)
Estudo que, em face da atual crise da educação, descreve uma filosofia educacional (*logo*), pela qual o computador é analisado não só como um processo muito eficiente na transferência de informações, mas principalmente como "ferramenta" que propicia à criança condições internas para entrar em contato com algumas das mais profundas ideias em ciência, matemática, etc. Com essa nova filosofia, Papert inverte o atual uso do computador na escola: este deixa de ser um mero meio de transferir informação, para ser o meio pelo qual a criança pode formalizar seus conhecimentos intuitivos. Trata-se, pois de um novo programa de educação que, usando o computador como objeto de reflexão, se torna uma fecunda fonte de aprendizagem.

REGO, Lúcia Lins Browne. *Literatura Infantil: Uma Nova Perspectiva de Alfabetização na Pré-Escola.* São Paulo, FTD, 1988 (Col. Por onde começar?). (78 pp.)
Aos interessados, especialmente nos novos conceitos e consequentes práticas para a alfabetização, este livro oferece de maneira objetiva e didática um sem-número de interrogações, reflexões e sugestões sobre o controvertido e complexo fenômeno educativo que é a orientação dos pequenos aprendizes para a aquisição do saber, no mundo da leitura e da escrita, onde devem se realizar, como seres conscientes do lugar que ocupam ou sonham ocupar neste mundo.

RESENDE, Vânia Maria. *Literatura Infantil & Juvenil.* (Vivências de leitura e expressão criadora) Rio de Janeiro, Saraiva 1993. (319 pp.)
Coletânea de interpretações teórico-literárias e exercícios de criatividade, realizados a partir de leituras feitas em sala de aula, dentro de programas especificamente destinados a estimular o encontro das crianças e adolescentes com a literatura. Toda a fundamentação teórica ou metodológica e também as táticas que nortearam as "vivências" de leitura e escrita estão expostas de maneira a orientar os professores para aplicá-las ou, por analogia, criar outros exercícios ou vivências.

RICHE, Rosa & HADDAD, Luciane. *Oficina da Palavra.* São Paulo, FTD, 1988. (208 pp.)
Registro de experiências criativas feitas com crianças a partir de exercícios de leitura que levam à descoberta da palavra como um jogo de armar e também como caminho aberto para dramatizações, para invenções de histórias em quadrinhos, literatura de cordel, modelagem, animação com

bonecos etc. Trata-se de um dos resultados do método APLIC (Aprimoramento da Linguagem e da Criação), aplicado por uma equipe de professores no Rio de Janeiro (com livros selecionados pela Fundação Nacional do Livro Infantil/Juvenil) e que procura provar que "falar, ler, criar e escrever são partes de um mesmo método, elos de uma mesma corrente".

SEBER, M. Glória et alii. *Psicologia do Pré-Escolar*. (Uma visão construtivista) São Paulo, Moderna, 1999. (272 pp.)
Análise de diferentes correntes educacionais e o modo como influenciam a interação professor--aluno. Processos de aprendizagem: brincadeiras de faz-de-conta, jogos, desenho, escrita, relações lógicas e socialização.

SILVA, Ezequiel da. *De Olhos Abertos*. (Reflexões sobre o desenvolvimento da leitura no Brasil.) São Paulo, Ática, 1991 (Série Educação em Ação). (128 pp.)
Fruto de pesquisa e prática do texto literário na escola, este estudo se desenvolve dentro de duas coordenadas básicas: a valorização da leitura como instrumento básico na formação do professor e do bibliotecário; e a leitura como eixo motriz da consciência crítico-política a ser estimulada no contexto escolar.

SILVA, Vera Maria Tietzmann. *Literatura InfantoJuvenil*. (Seis Autores, Seis Estudos) Goiânia. Edição da UFG, 1994 (Coleção Hórus). (174 pp.)
Reunião de seis argutos estudos sobre autores de presença definitiva na produção de literatura para crianças ou jovens (Ana Maria Machado, Bartolomeu Campos Queirós, Lygia Bojunga Nunes, Maria Collasanti e Stella Carr), esta publicação não só confirma a segura e atualizada formação da autora goiana como docente, pesquisadora e crítica, como também oferece um variado leque de possíveis e instigantes abordagens de leitura e análise das diferentes obras analisadas.

TORRES NETO, Pedro. *Educação pela TV*. Rio de Janeiro, Ed. O Cruzeiro, 1971. (184 pp.)
Criteriosa análise de vários aspectos e problemas ligados ao projeto em processo de Educação pela Televisão; incluindo um "panorama das comunicações" e reflexões sobre "televisão educativa", "produção de programas", "coordenação e controle da recepção", etc.

VARGAS, Suzana. *Leitura: Uma Aprendizagem de Prazer*. Rio de Janeiro, José Olympio, 1993. (70 pp.)
Como diz o título, trata-se de uma coletânea de textos de reflexão acerca do ato de ler literatura, como um ato de prazer, de conhecimento de mundo e de enriquecimento interior.

YUNES, Eliana & PONDÉ, Glória. *Leitura & Leituras da Literatura Infantil*. São Paulo, FTD, 1988. (151 pp.)
Destinados à reflexão de professores, pais ou pesquisadores etc., os textos enfeixados neste volume organizam-se em torno de um dos mais graves problemas na formação dos novos – a questão da iniciativa literária – pelo incentivo à leitura e à escrita. Nesse sentido são analisadas, sob diferentes perspectivas, as relações entre literatura, escola, meios de comunicação de massa e os leitores, chegando à conclusão de que se faz urgente uma modificação profunda nas relações entre os indivíduos (principalmente as crianças) e a literatura, a fim de que uma nova visão de mundo venha pôr uma certa ordem no caos atual. As reflexões sobre leitura e literatura são assim desenvolvidas em dois níveis que se influenciam reciprocamente: o cultural e o político.

Índice de autores e personagens

A
Abel, 170
Abras, Santuza, 257
Abreu, Casimiro de, 225
Accioly, Marcus, 160, 265
Adão, 22, 170
Aguiar, Luiz Antônio, 157
Alcy, 214-5
Alencar, Chico, 215
Alexandrino, Helena, 208, 215-6
Alice, 73, 85, 87, 118, 126-7, 133-4, 136-7
Almeida, Fernanda Lopes de, 76, 159, 202
Almeida, Lúcia Machado de, 159-161, 187
Alvarenga, Terezinha, 157
Alves, Castro, 225
Amadis de Gaula, 72, 137
Amarante, Wânia, 254
Amicis, Edmundo De, 20, 131, 135
Ana Raquel, 206, 214
Andersen, Hans Christian, 65-6, 74, 93-6, 101-2, 109
Andrade, Carlos Drummond de, 221
Andrade, Mário de, 171
Aquiles, 170
Araújo, Henry Correa de, 156
Assis, J. M. Machado de, 146
Astronauta, 219
Azevedo, Álvares de, 225
Azevedo, Ricardo, 157, 160, 162, 210, 214-5
Ayala, Walmir, 159-160
Aymé, Marcel, 167

B
Bacellar, Paulo, 120
Bakulé, Frandisck, 188
Bambi, 167
Bandeira, Manuel, 237

Bandeira, Pedro, 157, 159, 161, 209, 215, 255, 262
Barreto, Antônio, 90
Bela e Fera, 74, 111
Belinky, Tatiana, 161, 215, 254
Bergson, Henry, 80
Bettelheim, Bruno, 55-6
Bidu, 219
Bilac, Olavo, 135-6, 225, 227, 230
Boaventura, M. José, 214
Blondina, 73, 124, 136
Bola Bola, 219
Bonomi, Maria, 244
Borges, Rogério, 156, 161, 211, 216
Bortone, Heleninha, 215
Boto, 172
Boy George, 14
Braga, A. Henrique, 216
Branca de Neve, 55-6, 74
Branco, C. A. Castelo, 215
Brandão, Toni, 216
Brasil, Assis, 160
Braz, Júlio Emílio, 157
Brentano, Gerda, 244
Brunhoff, Jean e Laurent, 167
Bruno, Haroldo, 160
Buarque, Chico, 159, 216
Buster, Brown, 218

C
Caim, 170
Cainamé, 172
Calila, 45, 81, 103, 107
Camaleão, 86
Camões, Luís de, 225
Caparelli, Sérgio, 156-7, 253
Capitão Nemo, 129, 134
Cardoso, Fernando, 37
Carr, Stella, 91, 158-162, 246-7
Carrasco, Walcir R., 157
Carroll, Lewis, 126-7, 131, 138, 167

Carvalho, J., 218
Carvalho, Tônio, 215
Cascudo, Luís da Câmara, 171-2, 182, 235
Cassirer, E., 174
Castro, Edna de, 214
Castro, Josué de, 239
Castro, Luiz Paiva de, 159
Castro, Maria da Glória C. de, 157
Cavaleiros da Távola Redonda, 72, 137, 175
Cebolinha, 219-220
Celso, Maria Eugênia, 225, 236
Cervantes, Miguel, 72, 76
Chamlian, Regina, 216
Chapeuzinho Vermelho, 72
Chico Bento, 219-220
Claparède, E., 217
Clara Luz, 76
Cobra Grande, 172
Coelho, Eduardo Prado, 63
Coelho, Ronaldo Simões, 157, 203, 213
Coimbra, Hebe, 36, 215
Colasanti, Marina, 39, 158-9
Cole, Babete, 37
Collodi, 130-1, 138
Comparato, Doc, 159
Corrêa, Raimundo, 225
Costa, Wagner, 39, 215
Cunha, Fausto, 159-160
Curupira, 173

D
Dama Ginevra, 175
Defoe, Daniel, 119, 123
Denise & Fernando, 215
Dias, Gonçalves, 225
Dimna, 45, 81, 107
Disney, Walt, 167
Donato, Hernâni, 160
D. Quixote, 72, 76, 78

285

E

Esopo, 94, 97, 103, 165
Eva, 170

F

Fahrion, João, 239
Faucher, François, 191-2, 194
Faucher, Paul, 186-9, 194
Fedro, 94, 165
Felton, Richard, 218
Ferreira, Ascenso, 233
Fittipaldi, Ciça, 216
Fontes, Hermes, 236
Fraifeld, Denise, 215
França, Eliardo, 34, 36, 161, 199, 214-6
França, Mary, 34, 36, 161, 199, 214
Francisca Júlia, 225, 233-4
Franco, Márcia, 213
Franjinha, 219
Freire, Paulo, 270
Freud, Sigmund, 80, 274
Froebel, 238
Fromm, Erich, 274
Furnari, Eva, 34, 161-2, 200-1, 203, 205, 209, 213-6

G

Galdino, Luiz, 160-1
Ganymédes, José, 156-161
Garret, Almeida, 225
Gelli, Letícia, 214
Geszti, Gabor, 216
Góes, Alice, 34, 214
Góes, Lúcia Pimentel Sampaio, 34, 36, 157-160, 162, 204, 213-4, 216
Goethe, Wolfang, 43
Gouveia, Ricardo, 159
Grimm, Irmãos, 94, 101, 110, 118, 235
Grisolli, Paulo, 158
Guedes, Avelino, 214
Guiomar, 256, 258
Guimarães, Humberto, 213
Guimarães, Vicente, 90, 239
Gulliver, 73, 121, 123, 134, 136-7
Gwinner, Patrícia, 215

H

Herculano, Alexandre, 225
Herrero, C. Edgard, 215
Hiratsuka, Lúcia, 39, 161, 216
Hubert, René, 50-1

I

Iaccoca, Michele, 214
Iannone, Leila R., 156, 160-1
Iwashita, Cecília, 215

J

Jakobson, Roman, 30
Jatobá, Roniwalter, 160
João Bolinha, 90
João de Deus, 225-6
Jolles, André, 164
José, Elias, 156-7, 161, 254, 256
Joyce, James, 88
Jung, Carl G., 54, 274
Junqueira, Sonia, 158, 160
Junqueiro, Guerra, 225

K

Kafka, 68, 82, 167
Kayser, W., 67
Kirinus, Glória, 214
Koetz, Edgar, 249
Krieger, Maria de Lourdes, 157
Kuperman, Mario, 156
Kupstas, Marcia, 161-2, 214
Kuroda, Naomy, 34, 36, 204

L

Lacerda, Leninha, 215
La Fontaine, Jean de, 94, 97-9, 103, 107, 118, 165-8
Lago, Ângela, 39, 157, 159, 161-2, 214
Langerlof, Selma, 167
Lemos, Fernando, 243-4
Llinares, A., 215
Lins, Guto, 215
Lispector, Clarice, 158
Lobato, José Bento Monteiro, 20, 76, 97-9, 138-140, 144-9, 236, 251
Loeffler, M., 175
Lopes F^b., A., 214
Lubbock, Percy, 83-4
Lúcia (v. Narizinho)
Lukács, Georg, 84

M

Machado, Ana Maria, 36-7, 156-7, 159-161, 215-6
Machado, Ângelo, 216
Machado, Juarez, 187
Machado, Maria Clara, 86
Macunaíma, 171
Mãe-da-Lua, 172
Malraux, André, 185
Mantovani, Fryda Schultz de, 174

Manzi, Paulo, 214
Marco Polo, 73
Maria Dinorah, 157, 257, 263
Marigny, Carlos, 156, 161
Marinho, João Carlos, 39, 157
Marins, Francisco, 89, 158
Martins, Claudio, 37, 215
Mazur, Diane, 157, 159, 215
Mead, Margaret, 13
Meireles, Cecília, 239-240, 244
Melo, Márcia, 158
Mello, Roger, 216
Menères, M. Alberta, 252
Moby Dick, 128
Moisés, 170
Mônica, 219-220
Montessori, 238
Moraes, Carlos, 157
Moraes, Antonieta Dias de, 158, 160
Mott, Odette Barros, 156, 158
Moya, Álvaro, 219
Mula-sem-Cabeça, 172
Müller, A. Simões, 227
Muniz, Flávia, 157, 162, 206, 213-4, 259
Muralha, Sidônio, 243, 269
Murray, Roseana, 256, 258

N

Narizinho (Lúcia), 138-142, 144, 251
Nascimento, Esdras do, 122
Navarro, J., 158
Neiva, Lia, 216
Neto, Oliveira Ribeiro, 233
Neves, Marta, 37
Nicolelis, Giselda Laporta, 39, 156-8, 161, 215
Nietzsche, 14
Noronha, Teresa, 157, 161
Nunes, Lygia Bojunga, 39, 76, 157-8, 160

O

Oliveira, Ganymédes José (v. Ganymédes José)
Olivieri, Antonio Carlos, 158
Ono, Walter, 209, 213, 215-6, 259
Orfeu, 170
Ortega y Gasset, 50
Orthof, Sylvia, 156, 158-160, 162, 206, 214
Osnei, 213
Outcault, 218

P

Pacce, Cláudia, 157, 215
Paes, J. Paulo, 252, 255, 260, 264
Pallotini, Renata, 161
Pandora, 170
Patinho Feio, 65, 74, 92
Paula Valéria, 34
Pedro Malasartes, 73
Pelezinho, 220
Pellegrini, Domingos, 158
Penadinho, 219
Penteado, M. Heloisa, 160, 204, 215
Pequeno Polegar, 78
Père Castor, 186-9, 193, 195
Perrault, Charles, 94, 99, 118
Pestalozzi, 238
Pilpay, 165
Pimentel, Luís, 216
Pinóquio, 73, 90, 118, 130-1, 133-7
Pinsky, Mirna, 87, 157-8, 162, 214-5
Pinto, A. Magalhães, 225, 233
Piroli, Wander, 157
Piteco, 219
Porto, Cristina, 34, 162, 213-4
Pouillon, Jean, 69-70, 87
Prado, Adélia, 221
Prof. Aronnax, 129, 137
Prokofiev, Serge, 167
Prometeu, 170
Propp, Wladimir, 109, 273-4
Puntel, Luiz, 156

Q

Queirós, Bartolomeu Campos, 39, 260, 262-3
Quental, Antero de, 225-6
Quintana, Mário, 248
Quintella, Ary, 156

R

Rabier, Benjamim, 167
Raedes, Romilda, 158
Ramos, Graciliano, 158
Regino, Maria de, 159
Rei Artur, 72, 137, 173, 175
Reis, Lúcia, 214
Rennó, Regina Coeli, 216
Ribeiro, Noemi, 214
Ribeiro, Laís Carr, 91, 157, 161
Ribeiro, Marcos, 214
Ricardo, Cassiano, 222
Rios, Rosana, 158, 209
Robinson Crusoé, 76, 118-121, 134, 136-7
Rocha, Ruth, 36-7, 156-7, 159-160, 162, 208, 213-6
Rocha, Wilson, 158, 160
Rochael, Denise, 216
Rolim, Zalina, 225, 233, 235
Roth, Otávio, 216

S

Saint-Exupéry, 76, 167
Sales, Herberto, 87, 89, 160
Salgueiro, Bia, 214
Salten, Félix, 167
Sallut, Elza, 161
Santos, Jair Ferreira dos, 14
Santos, Joel Rufino dos, 161
Ségur, Condessa de, 20, 53, 124-5, 167
Sendacz, Marina, 159, 167
Silva, Amaury B. da, 158
Silva, Fernando C. da, 244
Soriano, Marc, 30-1, 167
Sousa, Maurício de, 219-220
Souza, Flávio de, 157, 214-5
Souza, Herbert de (Betinho), 214-5
Spengler, O., 42-3, 176-7
Strausz, Rosa Amanda, 158
Swift, Jonathan, 119, 121-3

T

Tavares, Adelmar, 233
Tavares, Ulisses, 254-5, 257-9, 266
Teixeira, Elisabeth, 214
Teixeira, Zéflávio, 161
Telêmaco, 73
Tenê de Casa Branca, 34, 36, 213
Trancoso, Gonçalo, 181
Turma da Mata, 219

U

Ulisses, 88, 170

V

Vale, Mário, 161
Vargas, Demóstenes, 215
Veneza, Maurício, 37
Verne, Júlio, 89, 127-9, 134
Viana, Vivina de Assis, 39, 214
Vicente, Gil, 99, 181
Vieira, Isabel, 160-1
Vigna, Elvira, 158
Vinci, Leonardo da, 165
Vitry, Cardeal Jacques, 174
Vovô Felício (Vicente Guimarães), 90, 239

W

Werneck, Leny, 158

X

Xuxa, 215
Xavier, Marcelo, 161, 215-6

Y

Yamashita, Michio, 206
Yellow Kid, 218

Z

Zalla, Rodolfo, 215
Zatz, Lia, 157, 210, 214
Zélio, 160
Ziraldo, 161, 214
Zotz, Werner, 156, 159-160

Este livro foi impresso em baskerville, e impressa pela
Lis Gráfica Editora
em papel pólen bold 70g para a Editora Moderna.